Microsoft OneNote 2016 & 2013

Den digitalen Office-Notizblock effizient nutzen

Stefan Wischner

Markt+Technik

ISBN 978-3-95982-009-7

Espenpark 1a
90559 Burgthann

Produktmanagement Christian Braun, Burkhardt Lühr
Lektorat, Herstellung Jutta Brunemann
Covergestaltung David Haberkamp
Coverfoto © Oleksiy Mark – Fotolia.com
Satz Gerhard Alfes, mediaService, Siegen
Druck Media-Print, Paderborn
Printed in Germany

Inhaltsverzeichnis

Vorwort

Wenn ich mir nur zwei Programme auf meinem PC installieren dürfte, wäre das eine vermutlich ein Webbrowser – das andere aber definitiv OneNote!

Keine andere Software kommt meiner Vorstellung vom Nutzen eines Computers näher: ganz einfach alles speichern, was ich mir merken will oder muss – völlig unabhängig von Form, Umfang oder Herkunft. Und alles sofort wiederfinden, wenn ich es brauche – nicht nur auf dem Windows-PC oder -Notebook, sondern gleichzeitig auch auf Smartphones, Tablets oder Mac.

Lassen Sie sich auf OneNote ein! Ich bin mir fast sicher: Früher oder später werden Sie sich fragen, wie Sie bisher ohne so ein Programm auskommen konnten.

Ihr

Für Django

1 Einführung

Ich schrieb [Zettel], weil ich alles vergesse, was ich aufgeschrieben habe, sodass ich also Zettel brauche, auf denen ich ablesen kann, wo ich die Zettel hingelegt habe, auf denen zu lesen ist, wo die Zettel sind, auf denen steht, was ich mir merken soll, was aber nur geht, wenn ich die drei Lesebrillen, deren Liegeplatz auf einem Zettel notiert ist, wiederfinde.

Dieter Hildebrandt

Es ist wirklich erstaunlich, wie gut sich eine Software verstecken kann. Seit der 2007er-Version enthält Microsoft Office neben den Hauptprogrammen Word, Excel, PowerPoint und gegebenenfalls Outlook und Access eine Anwendung namens OneNote. Sie wird wenig beachtet, von Microsoft nicht großartig beworben und vor allem stark unterschätzt.

Die meisten Benutzer, die einen zweiten und dritten Blick auf OneNote gewagt haben, sind sich einig: OneNote ist ein Werkzeug, das – sobald man es einmal in den täglichen Umgang mit dem PC eingebunden hat – kaum noch wegzudenken ist.

1.1 OneNote – was ist das?

Es tut fast schon weh, OneNote einfach als Notizprogramm zu bezeichnen. Dabei ist das im Grunde völlig richtig. OneNote ist dafür ausgelegt, die tägliche Informationsflut in Beruf, Schule, Studium und Privatleben in den Griff zu bekommen. OneNote ist Schmierzettel, Karteikasten, Schreibtischunterlage, Spiralblock oder Pinnwand in einem.

Die Post-it-Zettelchen vom Monitorrand zu entfernen, den Schreibtisch von bekritzelten Zettelchen und Briefumschlägen zu befreien oder Aktenordner und Regale zu leeren – diese Aufgabe haben sich schon viele Programme auf die Fahne geschrieben. Die Legende vom papierlosen Büro hält sich hartnäckig. Diesbezügliche Lösungsansätze scheitern aber allzu oft daran, dass sie eine Anpassung der persönlichen Arbeitsweise und des ganz eigenen Workflows an die Software fordern. Was als Arbeitserleichterung gedacht ist, aber in der Praxis als zu umständlich empfunden wird, hat kaum eine Chance.

OneNote ist anders. Es erlaubt genau das, was Sie bisher auch tun: jedwede Information mal eben schnell festzuhalten, idealerweise ohne dabei das zu unterbrechen, was Sie gerade tun. Organisation und Sortierung sind erst einmal zweitrangig, genau genommen niemals notwendig, aber auf Wunsch sehr wohl möglich.

Die Benutzeroberfläche orientiert sich an einem herkömmlichen Ringbuch oder Ordner: In virtuellen Notizbüchern heften Sie beliebig viele (und beliebig große) Seiten ab. Wenn Sie möchten, organisieren Sie diese zusätzlich in Abschnitten – als würden Sie farbige Trennblätter einlegen.

OneNote ersetzt (oder ergänzt) Ihre liebgewonnenen Schmierzettel und Loseblattsammlungen, kann aber noch so viel mehr:

- Notizbuchseiten sind in OneNote absolut unbegrenzt. Sie können Texte, Bilder, handschriftliche Notizen, Zeichnungen, eingebettete Dateien und andere Objekte völlig wahlfrei auf der Seite platzieren, verschieben, und umsortieren. Neuen Platz schaffen Sie genau da, wo Sie ihn brauchen, und zwar so viel, wie Sie möchten – OneNote-Seiten haben keinerlei Größenbeschränkung.
- Halten Sie Inhalte von Webseiten fest – nicht nur die Adresse mit einer vielleicht nichtssagenden Titelzeile, wie das die Favoritenverwaltung Ihres Browsers erlaubt, sondern ganze Webseiten, Auszüge im Originaldesign mit Bildern und Links. Dies bedeutet Informationsbeschaffung und Recherche mit wenigen Mausklicks.
- Verlinken Sie Notizen – und zwar mit externen Dateien, bestimmten Stellen in Audio- oder Videoaufzeichnungen, einer Textstelle in einem Word-Dokument, einer PowerPoint-Präsentationsfolie. Oder verknüpfen Sie Notizen mit anderen Notizen – sogar in einem anderen Notizbuch. Bauen Sie Wikis oder eine persönliche Wissensbibliothek auf.
- Machen Sie sich keine Gedanken über das Speichern von Informationen. Alles, was Sie hinzufügen oder ändern, wird vollautomatisch sofort gesichert. Zudem verwahren mehrere Papierkörbe versehentlich Gelöschtes; ein integriertes Backup-System mit Versionsverwaltung nimmt Hardwareschäden und Datenpannen den Schrecken.
- Greifen Sie von überall aus mit unterschiedlichen Geräten auf Ihre Notizen zu. Wenn Sie die Notizbücher zudem in Ihrem OneDrive-Speicher oder auf einer SharePoint-Webseite ablegen, ist der Zugriff auch über Smartphones oder Tablet-PCs mit Windows, Android oder iOS und sogar per Webbrowser auf Rechnern ohne OneNote möglich. Jede Änderung wird sofort synchronisiert und gilt überall.
- Suchen Sie nach Inhalten nicht nur in Texten. Sie finden jedes Stichwort auch innerhalb von Bildern (gescannte Dokumente, Fotos usw.) und sogar in Audio- oder Videoaufzeichnungen, die Sie von OneNote aus angefertigt haben.
- Teilen Sie ganze Notizbücher oder Auszüge daraus mit anderen. Wenn Sie wollen, können Sie sogar mit mehreren Personen gleichzeitig an Aufzeichnungen arbeiten, Projekte planen, kommentieren, brainstormen. Jede Änderung wird nahezu sofort für alle sicht- und nachvollziehbar.

1.2 Mögliche Anwendungen

Beginnen Sie damit, OneNote ganz sporadisch als Zettelkasten zu nutzen. Wann immer Sie etwas zu notieren haben, vertrauen Sie es Ihrem OneNote-Sammelnotizbuch an. Oder halten Sie interessante Webinhalte fest (am einfachsten als Bildschirmausschnitt, siehe Abschnitt 4.3). Der Wunsch nach mehr kommt früher oder später automatisch. Sie werden sehr schnell auf Ideen kommen, wie Sie mit OneNote ganze Projekte oder Bereiche Ihres privaten oder beruflichen Lebens deutlich einfacher und effizienter gestalten können. Hier nur ein paar Anwendungsbeispiele und Anregungen für den Einsatz von OneNote:

Im Beruf

- Protokollieren Sie Meetings und Besprechungen direkt in OneNote.
- Legen Sie ein Archiv wichtiger oder thematisch zusammengehörender Mails an. Dank direkter Outlook-Anbindung braucht's nicht mehr als einen Mausklick.
- Bauen Sie Wissens- und Informations-Wikis für alle Mitarbeiter auf, oder stellen Sie eine Dokumentation für Teilzeitarbeiter oder Urlaubsvertretungen zusammen. Verlinken Sie alles mit den entsprechenden Ordnern oder Dokumenten.
- Speichern Sie Dokumente zu Projekten (z. B. Umsatzlisten, Diagramme, Memos, Schriftverkehr, Berichte usw.), indem Sie die zugehörigen Dateien in die zugehörigen Notizseiten einbinden oder direkt einscannen.

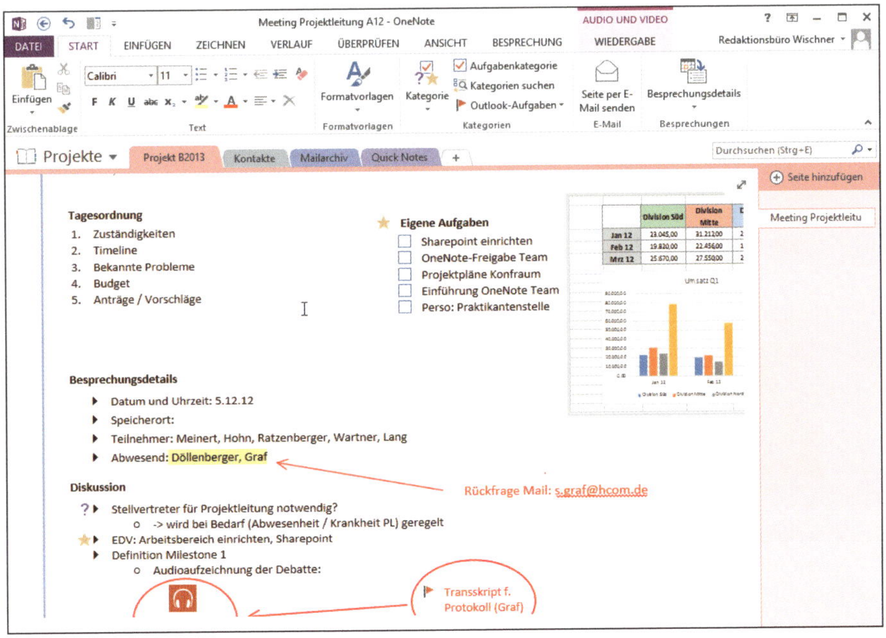

Protokollieren Sie Meetings und Besprechungen direkt in OneNote. Zeichnen Sie wichtige Passagen per Mikrofon auf.

- Organisieren Sie Projekte in Arbeitsgruppen, bei denen alle Beteiligten gemeinsam an Notizen und Dokumenten arbeiten. OneNote dokumentiert alle Änderungen, Verläufe und Urheber.

Im privaten Bereich

- Planen und organisieren Sie Aktivitäten wie einen Umzug, Feiern, Urlaubsreisen oder Renovierungsarbeiten – vielleicht auch zu mehreren. Legen Sie Aufgaben- oder Einkaufslisten an, binden Sie Straßenkarten und Anfahrtspläne ein, halten Sie Angebote, Hintergrundinfos oder To-do-Listen fest.
- Organisieren Sie Ihre Rezepte in einem Notizbuch – schreiben Sie Ihre eigenen auf, importieren Sie Rezeptideen von Webseiten wie *chefkoch.de*, teilen Sie Ihre Lieblingsgerichte mit Freunden und Verwandten, oder veröffentlichen Sie sie in sozialen Netzwerken oder in Ihrem Blog.
- OneNote ist auch ein idealer Shoppingpartner. Stöbern Sie nach Herzenslust im Internet, und schieben Sie alles, was Sie mögen, in ein OneNote-Notizbuch. Mit ein paar Mausklicks wird daraus ein anschaulicher Weihnachts- oder Geburtstagswunschzettel.
- Die nächste Steuererklärung kommt bestimmt! Scannen Sie Ihre Belege direkt in ein OneNote-Notizbuch.

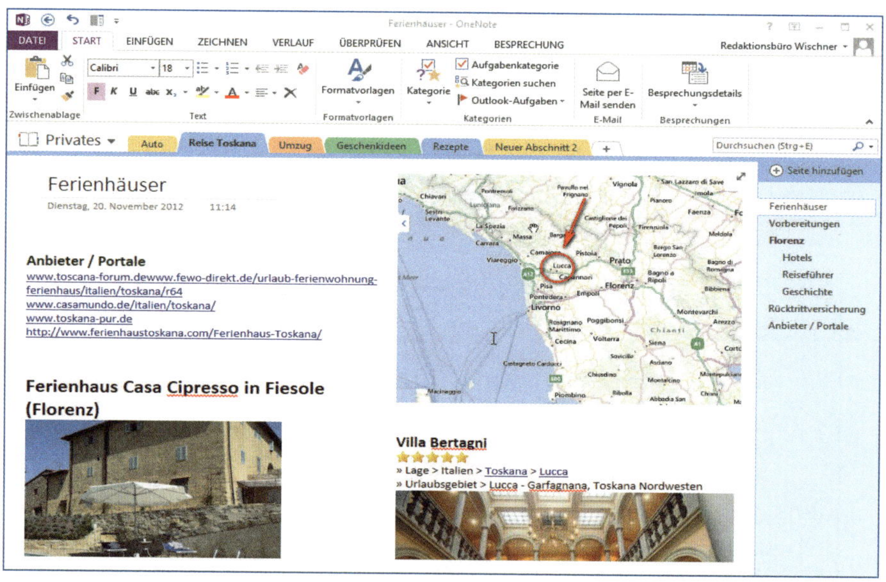

OneNote hilft bei der Urlaubsvorbereitung: Sammeln und vergleichen Sie Angebote für Flug und Unterkünfte, speichern Sie Wegbeschreibungen, oder führen Sie Aufgaben- und Einpacklisten.

In Schule, Studium und Fortbildung

- Speichern und organisieren Sie zum Beispiel Vorlesungs- oder Stundenpläne.
- Stellen Sie Literaturverzeichnisse zusammen – einfach per Klick aus Amazon & Co.
- Wichtige Inhalte scannen Sie von der Quelle ein – direkt in die OneNote-Notiz. Finden Sie jedes Stichwort blitzschnell – sogar in Bildern.
- Schreiben Sie Vorlesungen direkt in OneNote auf dem Notebook mit oder zeichnen Sie Vorträge einfach auf. Selbst in Audioaufnahmen findet OneNote Textstellen wieder. Tauschen Sie Vorlesungsnotizen mit Mitschülern und Kommilitonen aus.
- OneNote ist der ideale Materialsammelplatz für Referate, Seminar-, Abschluss- oder Bachelor-/Master-Arbeiten.

1.3 Die OneNote-Versionen

In diesem Buch geht es vor allem um OneNote 2016 (und auch 2013), das jedem aktuellen Microsoft Office beiliegt und standardmäßig mitinstalliert wird. Dies ist zwar die kompletteste und funktionsreichste OneNote-Version, aber nicht die einzige Möglichkeit, um mit OneNote-Notizbüchern zu arbeiten. Dem Hauptprogramm steht eine ganze Reihe von durchweg kostenlosen Verwandten zur Seite. Mehr dazu in Kapitel 10. Nutzen Sie Microsofts kostenlosen Cloud-Speicher OneDrive als Aufbewahrungsort für Ihre Notizen, bleiben diese zwischen allen OneNote-Versionen und Geräten synchron.

- **OneNote Online:** Die Webversion von Microsoft Office braucht nichts als einen Internetzugang und einen HTML5-fähigen Webbrowser, also zum Beispiel Mozilla Firefox, den Internet Explorer, Apple Safari oder Google Chrome in einer halbwegs aktuellen Version. Sie bietet zwar zum Bearbeiten von Notizen nur die wichtigen Grundfunktionen, zeigt aber alle vorhandenen Inhalte an. Sie ist nicht nur nützlich, wenn gerade kein Rechner mit MS-Office zur Hand ist, sondern auch zur Freigabe von Notizen an Anwender, die selbst kein OneNote installiert haben.
- **OneNote-Universal-App für Windows 10:** Mit Windows 8 eingeführt, gehört die touchoptimierte, aber funktionell eingeschränkte OneNote-App fest zu Windows 10 und wird mit dem System automatisch installiert. Sie manifestiert sich im Startmenü schlicht als *OneNote* ohne Versionsnummer.
- **OneNote Mobile:** Spezielle Apps sowohl für Google Android als auch für Windows Phone/Windows 10 Mobile sowie Apples iPhone und iPad bringen einen kompakten OneNote-Client auf Smartphones und Tablet-PCs. Er lässt sich aus dem jeweiligen App Store kostenlos herunterladen. Gegenüber den Desktop-Ausgaben sind die mobilen OneNote-Versionen allerdings stark eingeschränkt.

- **OneNote für OS X:** Seit März 2014 dürfen sich auch Mac-Nutzer über eine native OS-X-Ausgabe von OneNote freuen. Diese ist ebenfalls kostenlos, in Design und Funktionsumfang allerdings stark an die iOS-Mobilversion angelehnt. Damit kommt sie in puncto Funktionsumfang leider nicht mal in die Nähe von OneNote 2016. Apropos 2016: OneNote wird auf dem Mac auch automatisch mit dem neuen MS-Office 2016 installiert. Es handelt sich dabei aber nicht etwa um das Gegenstück von OneNote 2016 für Windows, sondern nur um die eingeschränkte App, die sich auch unabhängig von Windows kostenlos aus dem App Store installieren lässt.

1.3.1 OneNote 2010 vs. OneNote 2013 vs. OneNote 2016: die Unterschiede

Für alle, die sich noch nicht für ein Upgrade von Microsoft Office oder Windows entscheiden können oder wollen, gibt es ziemlich gute Nachrichten:

- OneNote 2013 und 2016 laufen problemlos auf Windows 7. Lediglich ältere Systeme (zum Beispiel Windows XP oder Vista) werden nicht mehr unterstützt. Ein Umstieg auf Windows 8.1 oder Windows 10 ist also für die Nutzung von OneNote nicht unbedingt erforderlich.
- Waren die Unterschiede zwischen OneNote 2010 und 2013 schon nicht gravierend, hat sich mit OneNote 2016 im Vergleich zum Vorgänger nahezu gar nichts geändert. Demzufolge gelten fast alle Anleitungen in diesem Buch gleichermaßen für OneNote 2010, 2013 und 2016.

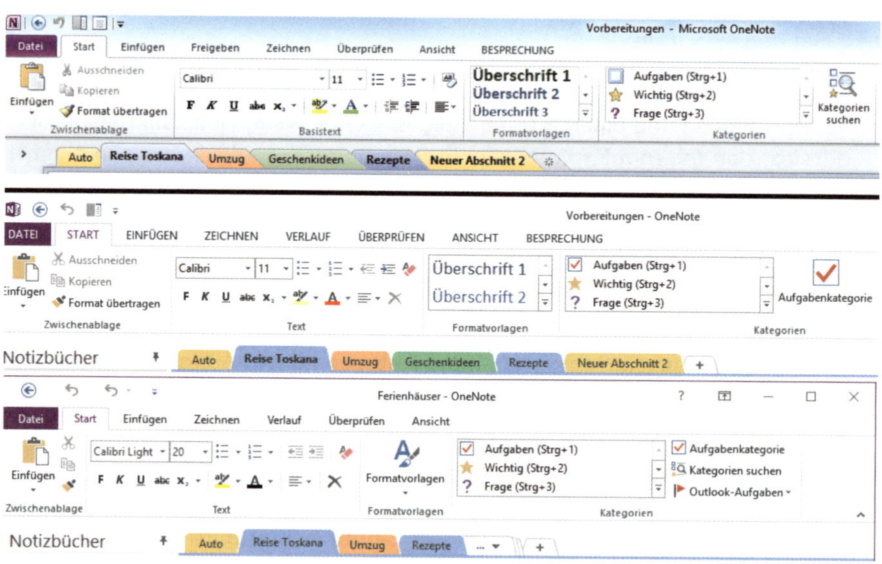

Der auffälligste Unterschied zwischen OneNote 2010 (oben) und 2013 (Mitte) war die Optik. Fast alle Bedienelemente sind identisch. In OneNote 2016 (unten) sind die Menüpunkte nicht mehr in Großbuchstaben gehalten und ein paar Befehle wurden neu angeordnet.

Die wesentlichsten Unterschiede zwischen OneNote 2010 und der 2013er-Version lagen an der Oberfläche, und zwar sprichwörtlich. Wie auch bei den restlichen Modulen von Microsoft Office wich das Aero-Design einer flachen und klaren Optik. Praktisch alle Bedienungselemente fanden sich aber an gewohnter Stelle und trugen dieselben Bezeichnungen wie zuvor. In OneNote 2016 fiel die Kosmetik noch behutsamer aus. Die Menüpunkte sind nun nicht mehr wie in der 2013er-Version komplett in Großbuchstaben gehalten, ein neues Farbschema (*Bunt*) ist hinzugekommen und ein paar wenige Befehle haben in den Menüleisten ihren Platz gewechselt.

Abgesehen davon zeichnete sich OneNote 2013 gegenüber seinem Vorgänger vor allem durch kleinere Verbesserungen im Detail aus:

- Die Tabellenfunktion wurde überarbeitet und erlaubt jetzt zum Beispiel auch das Sortieren nach Spalteninhalten.
- Excel-Tabellen und Visio-Diagramme lassen sich nicht nur als Dateilink in eine Notiz einfügen, sondern auch mit ihrem Inhalt darstellen. Das Bearbeiten innerhalb von OneNote 2013 ist jedoch nicht möglich – hierfür wird nach wie vor das entsprechende Office-Programm gestartet.
- Die Menüs und Dialogfelder für die OneDrive-Anmeldung und -Verbindung sowie für die Freigabe von Notizbüchern wurden gegenüber OneNote 2010 vereinfacht. Beim Vorgänger waren diese Funktionen erst mit dem Service Pack 1 für Microsoft Office 2010 hinzugekommen, was man der Benutzeroberfläche angemerkt hat. Somit gelten einige der Anleitungen in Kapitel 8, »Teilen und Teamwork«, nicht für OneNote 2010. Das Prinzip und die Funktionsweise sind aber gleich geblieben, sodass Sie sich auch mit der älteren OneNote-Version zurechtfinden sollten. In OneNote 2016 hat Microsoft noch ein bisschen an diesen Menüs gebastelt, aber nicht so sehr, dass man sich umstellen müsste.
- Das externe Tool *An OneNote senden* (zuständig zum Beispiel für Bildschirmausschnitte und schnelle Notizen) ist vereinfacht worden. Da die entsprechenden Tastenkürzel aber weitgehend beibehalten wurden, müssen Sie sich kaum umstellen. In OneNote 2016 scheint dieses Tool verschwunden zu sein. Es ist aber noch da, nur nicht mehr mit eigenem Symbol in der Taskleiste und ohne eigenes Fenster mit drei Schaltflächen. Sie finden es aber noch als Icon im Benachrichtigungsbereich (Systray).

1.3.2 OneNote 2016: keine Revolution

Genau genommen nicht einmal eine Evolution. Tatsächlich hat Microsoft der aktuellen OneNote-Version nicht eine einzige neue Funktion spendiert. Im Gegenteil – gegenüber dem Vorgänger OneNote 2013 wurde sogar ein Feature ersatzlos gestrichen: Die Möglichkeit, direkt aus der OneNote-Oberfläche heraus Bilder von einem Scanner einzufügen (siehe Abschnitt 3.4.4), wurde komplett entfernt. Als Begründung nennt Microsoft Instabilitäten vor allem mit den 64-Bit-Versionen von MS-Office. Ob und wann diese Funktion wiederkehrt, ist unklar. Abgesehen davon kann man es natürlich auch positiv sehen: Wer OneNote 2013 gewöhnt ist, braucht sich in der neuen Version kein bisschen umzustellen. Und alle Anleitungen in diesem

Buch (von der Sache mit dem Scanner abgesehen) funktionieren ausnahmslos für beide Ausgaben.

Das eine oder andere Menü ist ein bisschen anders sortiert, die Backstage-Ansicht (das Fenster, das sich beim Klick auf *Datei* öffnet) hat sich minimal verändert. Alles andere ist gleich geblieben.

1.3.3 OneNote 2016 kostenlos: die Unterschiede zur Office-Version

Seit Anfang 2014 bietet Microsoft OneNote auch unabhängig von einem installierten Office oder einem Office-365-Abonnement auf *www.onenote.com* kostenlos zum Download an. Es handelt sich dabei um das komplette OneNote 2016 für Windows. Na ja, fast komplett. Aber immerhin hat Microsoft die meisten Einschränkungen, denen das Gratis-OneNote anfangs noch unterlag, inzwischen zurückgenommen. Geblieben sind nur folgende:

- **Nur OneDrive als Speicherort**
  Die wohl schmerzhafteste Beschränkung von OneNote Free: Als Speicherort für Notizbücher ist lediglich OneDrive zugelassen. Lokale Datenträger, LAN oder SharePoint-Server fehlen. Die entsprechenden Auswahlmöglichkeiten in der Backstage-Ansicht sind da, liefern aber lediglich eine Fehlermeldung.
- **Keine eingebetteten Excel- oder Visio-Files**
  Die in OneNote 2013 neu hinzugekommene visuelle Einbindung von Excel-Tabellen und Visio-Diagrammen fehlt in der Free-Version ebenfalls. Als Dateianhänge lassen sich diese Files jedoch problemlos in Notizen einbinden und von dort aus auch öffnen.
- **Keine Outlook-Anbindung**
  Der kostenlosen OneNote-Ausgabe fehlen zudem sämtliche Verbindungen mit MS-Outlook. Es gibt also weder synchronisierte Aufgabenlisten noch die Übertragung von Outlook-Notizen, -Kontakten oder -Nachrichten. Das macht aber nichts, denn: Wer Outlook nutzt, besitzt wohl auch MS-Office – und damit auch das »ausgewachsene« OneNote ohne diese Einschränkungen.

Von den genannten Einschränkungen abgesehen, können Sie aber sämtlichen Anleitungen in diesem Buch auch mit der kostenlosen Ausgabe von OneNote 2016 folgen.

Genug der Vorrede – ab dem nächsten Kapitel geht es an die Praxis.

2 Benutzeroberfläche und erste Schritte

Die Bedienung von OneNote 2016 lehnt sich weitgehend an die Arbeit mit den anderen Office-Modulen wie Word, Excel oder PowerPoint an. Auch dürften Sie sich als Umsteiger von der Version 2010 sofort zurechtfinden – von der Optik abgesehen hat sich nicht viel geändert. Mit der von OneNote 2013 ist sie ohnehin identisch.

Als OneNote-Neuling mag die Benutzeroberfläche Sie auf den ersten Blick vielleicht ein wenig verwirren. Der Aufbau ist im Grunde aber ganz einfach. Sie müssen lediglich wissen, dass sich ein OneNote-Notizbuch an einem herkömmlichen Ringbuch orientiert, in das Sie beliebig viele einzelne Seiten einheften und auf Wunsch mit farbigen Trennblättern in Abschnitte unterteilen können.

Dieses Kapitel zeigt Ihnen den Weg zu Ihrem ersten Notizbuch. Es beschreibt, wie Sie Abschnitte und Seiten hinzufügen, weitere Notizbücher anlegen, und es macht Sie mit der Benutzeroberfläche von OneNote 2016 vertraut. Außerdem erfahren Sie, wie Sie Notizbücher von älteren OneNote-Versionen in das aktuelle Format konvertieren.

2.1 Der erste Kontakt

Wenn Sie OneNote 2016 nach der Installation von Microsoft Office zum ersten Mal starten, fordert es als Erstes eine Anmeldung mit einem Microsoft-Account. Ein Klick auf die Schaltfläche *Anmelden* bringt Sie zum Anmeldeprozess und gegebenenfalls der Neueinrichtung eines Kontos. Klicken Sie dagegen auf das kleine Kreuz rechts oben, um das Fenster zu schließen, überspringen Sie dadurch diesen Schritt vorerst. Sie können die Microsoft-Anmeldung später jederzeit nachholen, etwa um ein neues Notizbuch auf OneDrive anzulegen. Die Anmeldung erfolgt auch dann automatisch, wenn Sie Windows 8, 8.1 oder 10 benutzen und Ihr Konto dort kein lokales, sondern ein Microsoft-Account ist.

> TIPP
>
> Sowohl den Anmeldevorgang (abhängig davon, ob Sie ein lokales Windows-Konto nutzen oder sich schon im System mit einem Microsoft-Konto anmelden) als auch die Namensgebung des ersten, automatisch angelegten Notizbuchs und der enthaltenen Beispieldaten hat Microsoft im Laufe der letzten Patches für Office 2013 und 2016 immer wieder geändert. Deshalb kann es sein, dass die erste Anmeldeprozedur in Ihrem Fall wieder etwas anders abläuft als hier beschrieben. Das spielt aber keine große Rolle, Sie werden sich auf jeden Fall zurechtfinden. Das Wesentliche, was Sie wissen müssen: Ein Microsoft-Konto ist für den Betrieb von OneNote 2013/2016 in der Office-Version nicht unbedingt nötig, wenn Sie Notizbücher nicht in der Cloud (auf OneDrive) speichern wollen. Letzteres ist aber dann erforderlich, wenn Sie Ihre Notizen auch von anderen Geräten und Systemen aus nutzen möchten (siehe Kapitel 8 und 10).

Im Gegensatz zu OneNote 2010, wo Sie nach dem ersten Start gebeten werden, den Namen eines neuen Notizbuchs einzugeben, legen OneNote 2013 und 2016 ungefragt ein neues Notizbuch an. Es heißt *Mein Notizbuch* (nutzen Sie Windows 8/8.1/10 und sind Sie dort mit einem Microsoft-Konto angemeldet, heißt es *Notizbuch von <Ihr Name>*) und wird automatisch geöffnet. Darin gibt es einen einzigen Abschnitt namens *Schnelle Notizen*. Dieser erfüllt zwar eine Sonderfunktion, unterscheidet sich also von allen anderen Abschnitten in OneNote-Notizbüchern (siehe Abschnitt 4.2), aber das braucht Sie im Moment nicht zu kümmern.

In diesem Abschnitt wurden zwei neue Seiten angelegt und mit Beispielinhalten gefüllt. Neben ein paar Textelementen und einer sehr rudimentären Grundanleitung finden Sie auf der ersten Seite einige Links zu kurzen Video-Tutorials im Internet. Wenn Sie möchten, klicken Sie einen Link an, um das entsprechende Kurzvideo im Webbrowser zu betrachten. Auf die zweite Seite wechseln Sie, indem Sie in der Seitennavigation (dem orange unterlegten Bereich ganz rechts) auf *OneNote-Grundlagen* klicken.

Es bleibt Ihnen überlassen, ob Sie das automatisch (auf der lokalen Festplatte) angelegte Notizbuch *Mein Notizbuch* direkt für Ihre Aufzeichnungen verwenden möchten. Die beiden Beispielseiten löschen Sie ganz einfach:

1. Klicken Sie mit der rechten Maustaste in der Seitennavigation auf den Seitentitel (zum Beispiel *OneNote-Grundlagen*).
2. Wählen Sie im Kontextmenü den Befehl *Löschen* aus.
3. Wiederholen Sie diese beiden Schritte mit dem anderen Seitentitel (*OneNote: der Ort für Ihre Notizen*).

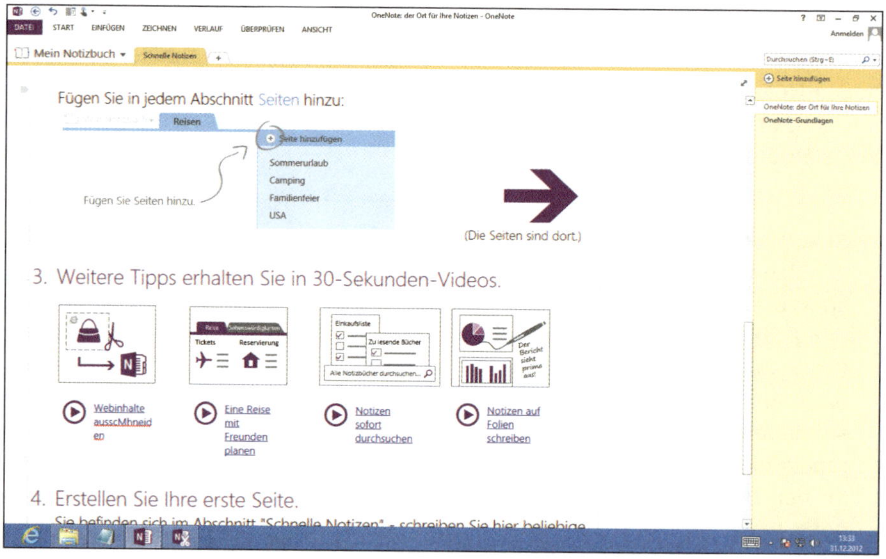

Beim ersten Start legt OneNote automatisch ein Notizbuch und zwei Beispielseiten mit ein paar Bedienungshinweisen an.

2.2 Die Benutzeroberfläche

Sobald Sie ein Notizbuch angelegt oder geöffnet haben, erscheint die Benutzeroberfläche von OneNote. Wenn Sie von OneNote 2010 umsteigen, dürfte Ihnen das meiste bekannt vorkommen. Abgesehen von der allgemeinen Umstellung des Designs hat sich zwischen Office 2010 und Office 2013 nicht allzu viel geändert – mit OneNote 2016 praktisch gar nichts.

Auch mit anderen Office-Programmen, wie zum Beispiel Word oder Excel, hat OneNote viele Elemente gemeinsam. Im ersten Teil dieses Kapitels finden Sie eine Kurzvorstellung aller Bedienelemente – also sowohl der allen Office-Modulen gemeinsamen als auch der OneNote-spezifischen.

2.2.1 Das Menü

Wenn in diesem Buch vom Menü gesprochen wird, ist damit die in Registerkartenform ausgeführte Leiste mit den sieben Befehlen *Datei*, *Start*, *Einfügen*, *Zeichnen*, *Verlauf*, *Überprüfen* und *Ansicht* gemeint (siehe Abbildung unten). Die Menüleiste hat Microsoft in dieser Form mit Office 2010 eingeführt. Sie hat sich in der aktuellen Version nur optisch, aber nicht funktionell geändert. Im Gegensatz zu Windows-Programmen mit dem konventionellen Bedienkonzept klappt ein Klick auf einen der Menüpunkte kein Untermenü mehr auf, sondern öffnet eine relativ großflächige und übersichtliche Symbolleiste, die Befehle aus dem jeweiligen Funktionsbereich enthält.

2.2.2 Die Menübänder/Symbolleisten (Ribbons)

Die Menübänder (in diesem Buch werden sie meist *Symbolleisten* genannt, weil das anschaulicher ist) fassen Befehle und Funktionen zusammen, die thematisch zum jeweiligen Menü gehören. Zum Beispiel enthält die Symbolleiste *Einfügen* (die sich nach einem Klick auf den entsprechenden Menübefehl öffnet) die Befehlsgruppen *Dateien*, *Bilder*, *Link*, *Aufnahme* oder *Zeitstempel*. Jede Gruppe kann mehrere Befehle oder auch nur einen einzelnen Befehl enthalten. Deren Darstellung hängt zudem vom zur Verfügung stehenden Platz ab, kann sich also je nach Bildschirmauflösung oder Fenstergröße ändern. Bei verkleinerten Fenstern oder einer geringen Auflösung (zum Beispiel auf Netbooks oder Tablet-PCs) werden manche Befehlsgruppen komprimiert angezeigt – anstelle eines großen grafischen Symbols sehen Sie vielleicht nur noch ein kleineres Symbol oder eine Funktionsbezeichnung in Textform.

Auch die Symbolleisten haben mit OneNote 2013 und 2016 nur ihr Aussehen an den jeweiligen Office-Look angepasst – funktionell haben sie sich gegenüber Office 2010 nicht geändert.

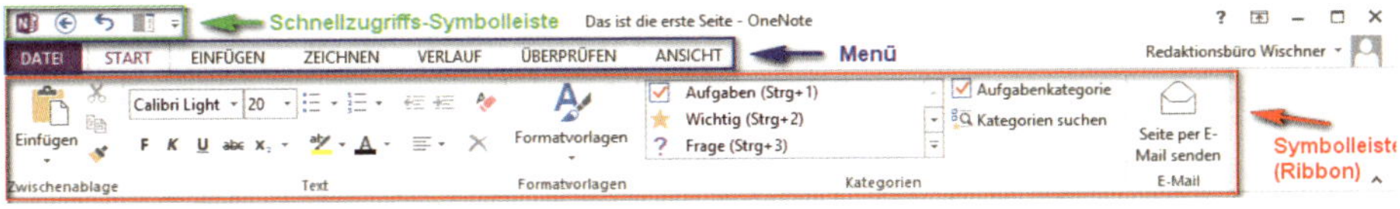

Die Standardbedienelemente von OneNote mit Menü, Symbolleisten und Schnellzugriff entsprechen denen aller Office-Programme.

Starten Sie ein frisch installiertes OneNote, sind die Symbolleisten zugunsten der dadurch größeren Arbeitsfläche für die Notizen ausgeblendet. Erst ein Klick auf einen Menübefehl, wie zum Beispiel *Einfügen*, zeigt die zugehörige Leiste an, bis Sie einen Befehl daraus gewählt haben. Danach verschwindet die Leiste wieder. Gerade dann, wenn Sie mit den einzelnen Funktionen von OneNote noch nicht so vertraut sind und Platz auf dem Bildschirm keine große Rolle spielt, können Sie die jeweils aktuelle Symbolleiste ständig eingeblendet lassen. Wie das geht, lesen Sie im Abschnitt 2.2.11.

2.2.3 Die Backstage-Ansicht

Wie bei der Vorgängerversion finden sich alle Funktionen zu Dateien und die meisten Einstellungsoptionen in einem eigenen Fenster, der *Backstage-Ansicht*. Diese Schaltzentrale lässt sich durch einen Klick auf das *Datei*-Menü öffnen. In der Backstage-Ansicht, die aus einem violett unterlegten Menü links und kontextabhängigen Inhalten in der großen rechten Fläche besteht, finden Sie links oben einen Linkspfeil in einem Kreis. Ein Klick darauf führt zurück in das zuvor bearbeitete Notizbuch.

Die Backstage-Ansicht enthält im Wesentlichen alles, was Windows-Programme mit konventioneller Benutzeroberfläche in einem Menü namens *Datei* oder *File* unterbringen (also zum Beispiel Befehle zum Öffnen, Speichern, Exportieren, Drucken, Versenden) plus die generellen Stellschrauben und Einstellungsmöglichkeiten für OneNote (die *Optionen*). In Ermangelung eines passenden deutschen Begriffs verwendet auch dieses Buch die Bezeichnung Backstage-Ansicht und erinnert meist auch daran, dass Sie diese durch einen Klick auf das *Datei*-Menü erreichen.

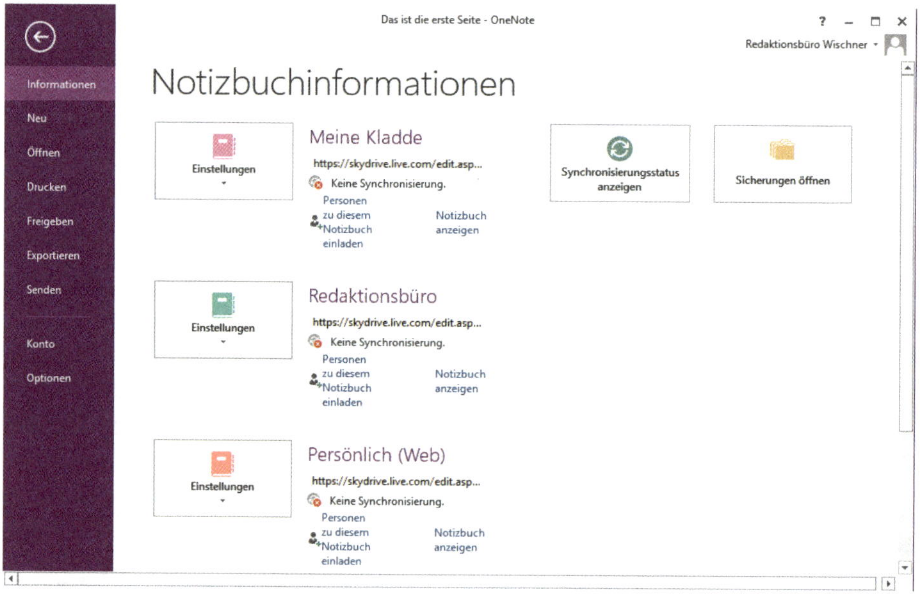

In der Backstage-Ansicht finden Sie in allen Office-Programmen sämtliche Funktionen zur Dateiverwaltung und für das Drucken – so auch in OneNote.

2.2.4 Die Schnellzugriff-Symbolleiste

Ebenfalls mit Office 2010 eingeführt und in der aktuellen Version praktisch unverändert ist die Schnellzugriff-Symbolleiste: Am oberen linken Fensterrand, noch oberhalb der Menüleiste, befinden sich ein paar Symbole. Sie bieten Zugriff auf häufig benötigte Befehle und Funktionen, die Sie per Mausklick ohne Umweg erreichen – egal, welches Menüband gerade angezeigt wird.

Die Schnellzugriff-Symbolleiste lässt sich alternativ auch unterhalb der Menüs und Menübänder positionieren (um die Mauswege kürzer zu halten) und nach Bedarf um beliebige Befehle und OneNote-Funktionen erweitern. Wie das geht, lesen Sie im Abschnitt 9.1.1.

Die bis hierhin vorgestellten Bedienelemente finden Sie zumindest in sehr ähnlicher Form auch in allen anderen Modulen von MS-Office, so zum Beispiel in Word oder Excel. Die folgenden Elemente gibt es dagegen nur in OneNote.

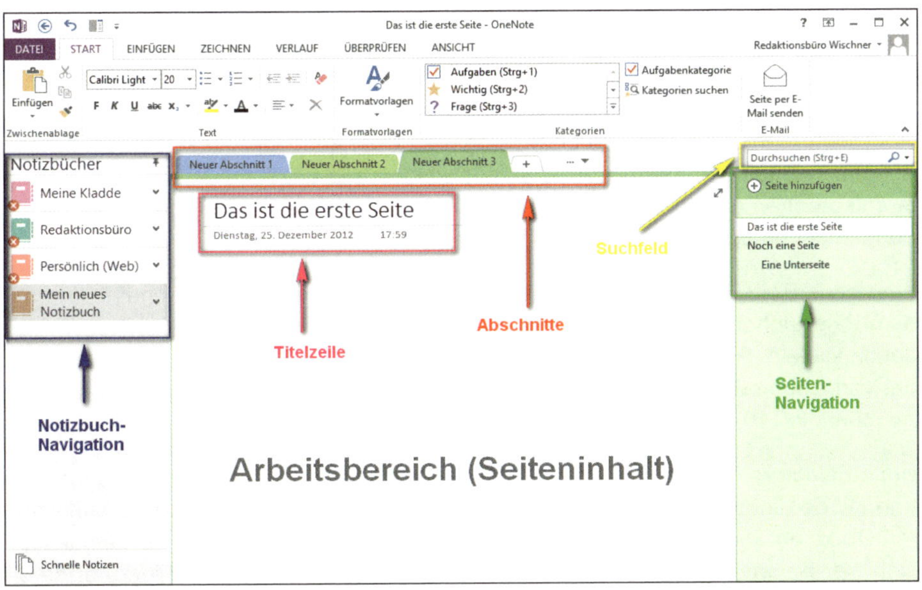

Die Navigationselemente für Notizbücher (optional eingeblendet), Abschnitte und Seiten gruppieren sich um den Arbeitsbereich.

2.2.5 Die Abschnitts-Registerkarten

Ein OneNote-Notizbuch gliedert sich optional in einzelne Abschnitte. Verglichen mit einem herkömmlichen Notizbuch oder Ringordner können Sie sich die Abschnitte vorstellen wie farbige Einlegeblätter, die das Buch thematisch oder chronologisch unterteilen.

In OneNote darf ein Notizbuch beliebig viele Abschnitte enthalten, die Sie mit einer jeweils eigenen Farbe kennzeichnen und beschriften können. Wenn Sie keine solche Einteilung benötigen, können Sie auch auf das Anlegen von Abschnitten verzichten, bzw. auf den einen Standardabschnitt begrenzen, der beim Anlegen eines Notizbuchs automatisch erzeugt wird.

Benötigen Sie noch mehr ordnende Struktur, können Sie in OneNote mehrere Abschnitte zu sogenannten Abschnittsgruppen zusammenfassen. Diese zusätzliche Hierarchieebene entspricht dem Einheften größerer, übergeordneter Trennblätter, die zwar nicht farbig gekennzeichnet werden, aber wiederum eigene Bezeichnungen erhalten können. Speichern Sie beispielsweise alle Ihre Kochrezepte in einem Notizbuch, könnten Sie Abschnittsgruppen, wie zum Beispiel Vor-, Haupt- und Nachspeisen, anlegen. Die Gruppe »Hauptspeisen« unterteilt sich in Abschnitte wie »Nudelgerichte«, »Fleisch« oder »Aufläufe«. Die in den Abschnitten abgelegten Notizbuchseiten wiederum enthalten die einzelnen Rezepte. Auch für die Zahl der Abschnittsgruppen oder deren Verschachtelungstiefe (zu Abschnittsgruppen innerhalb von Abschnittsgruppen siehe Abschnitt 6.3.1) gibt es in OneNote zumindest theoretisch keine Beschränkung.

2.2.6 Die Seitennavigation

Ein Notizbuch-Abschnitt besteht aus beliebig vielen (und beliebig großen!) Notizbuch-Seiten. Auf die Ringbuch-Vorlage übertragen, sind Seiten also die einzelnen Notizblätter. Am rechten Rand findet sich eine Übersicht aller im aktuell geöffneten Abschnitt abgelegten Seiten, die Seitennavigation. Die Bezeichnungen in dieser Liste entsprechen den jeweiligen Seitenüberschriften. Ist keine vorhanden, zeigen sie den Inhalt des ersten Textelements auf der Seite.

Eine neue Seite legen Sie am einfachsten an, indem Sie auf die Schaltfläche mit dem Pluszeichen und der Beschriftung *Seite hinzufügen* oberhalb der Seitennavigation klicken. Sofort wird die Liste um einen unten angehängten neuen Eintrag mit der vorläufigen Bezeichnung *Seite ohne Titel* erweitert, und im Inhaltsbereich (siehe Abschnitt 2.2.10) wird ein leeres Notizblatt angelegt.

Um zu einer vorhandenen Seite zu blättern, klicken Sie den entsprechenden Eintrag mit der linken Maustaste an. Ein Rechtsklick öffnet ein Kontextmenü mit weiteren Optionen, wie zum Beispiel das Löschen der gesamten Seite. Außerdem lassen sich hier Seiten umsortieren oder hierarchisch organisieren. Mehr hierzu erfahren Sie in Kapitel 6, »Strukturieren und aufräumen«.

2.2.7 Die Notizbuch-Navigation

Im Prinzip können Sie alles, was Sie jemals an Informationen mit OneNote festhalten möchten, innerhalb eines einzigen Notizbuchs speichern und dieses in viele Abschnitte und Abschnittsgruppen unterteilen. In der Praxis ist es aber meist sinnvoller, mit mehreren Notizbüchern zu arbeiten – zum Beispiel mit einem für private Notizen und einem für berufliche. Sie können in OneNote nicht nur nach Lust und Laune zusätzliche Notizbücher anlegen, sondern auch beliebig viele gleichzeitig geöffnet halten (siehe Abschnitt 2.3.2) und schnell zwischen diesen wechseln. Letzteres ermöglichen die beiden nachfolgend beschriebenen unterschiedlichen Bedienelemente zur Notizbuch-Navigation.

Wenn Sie von einer früheren OneNote-Version umgestiegen sind, kennen Sie bereits die Notizbuch-Navigationsleiste am linken Rand. Diese ließ sich in OneNote 2007 und 2010 entweder in voller Breite anzeigen oder auf die Darstellung einer schmalen Leiste von Karteireitern verkleinern. Ab OneNote 2013 hat sie sich ein wenig geändert. Im Normalfall wird am linken Rand überhaupt keine Übersicht aktuell geöffneter Notizbücher angezeigt. Stattdessen finden Sie den Namen des Notizbuchs, mit dem Sie im Moment arbeiten, links neben den Abschnitts-Karteireitern.

Ist zudem gerade eine Abschnittsgruppe geöffnet, steht deren Bezeichnung in kleinerer Schrift unter dem Notizbuchnamen. Klicken Sie mit der linken Maustaste darauf, klappt temporär eine Liste mit allen derzeit offenen Notizbüchern aus. Ein Mausklick auf eines davon öffnet das Notizbuch umgehend, und die Liste verschwindet wieder.

Möchten Sie hingegen eine permanente Übersicht aller offenen Notizbücher und vielleicht auch der darin enthaltenen Abschnitte, geht das folgendermaßen:

1. Öffnen Sie die temporäre Notizbuchliste wie beschrieben durch einen Klick auf den Namen des aktuell offenen Buchs.
2. In der rechten oberen Ecke der Aufklappliste mit den Notizbüchern finden Sie ein kleines Symbol, das eine liegende Pinnnadel darstellt. Klicken Sie es mit der linken Maustaste an.
3. Am linken Fensterrand wird nun eine breitere Auflistung aller offenen Notizbücher angeheftet. Rechts neben jedem Eintrag steht ein *v*-förmiges Symbol. Ein Klick darauf klappt unter dem Notizbuchnamen eine Liste aller enthaltenen Abschnitte und Abschnittsgruppen aus. Hier können Sie per Mausklick beliebig zu einem anderen Notizbuch oder Abschnitt wechseln.
4. Um die Detailanzeige der Abschnitte wieder auszublenden, klicken Sie das nunmehr auf dem Kopf stehende *v*-Symbol erneut an.
5. Möchten Sie die gesamte Notizbuch-Navigation wieder ausblenden, reicht ein Klick auf die nun senkrecht stehend dargestellte Pinnnadel rechts oben.

2.2.8 Das Suchfeld

Sobald Ihre Notizbücher und Abschnitte einen gewissen Umfang erreicht haben, kann es mühevoll werden, eine bestimmte Information durch bloßes Herumblättern zu finden. Deshalb ist die Suchfunktion von OneNote eines der wichtigsten Features – und zudem denkbar einfach zu nutzen. Rechts oben direkt über der Seitennavigation finden Sie ein einzeiliges Eingabefeld, das den Text *Durchsuchen (Strg+E)* enthält.

Sobald Sie beginnen, dort einen beliebigen Begriff einzutippen, fängt OneNote an, in Ihren Notizen danach zu fahnden, und zeigt auch sofort die ersten Ergebnisse an – noch während Sie schreiben. Alles Weitere über die Suchfunktion finden Sie in Kapitel 5, »Suchen und finden«.

2.2.9 Zusätzliche Info-Bereiche

Wenn Sie bestimmte OneNote-Funktionen nutzen, wie etwa die Suche oder das Synonymwörterbuch, öffnet sich am rechten Rand ein zusätzlicher, weitgehend grau hinterlegter Bereich. Er enthält entweder wichtige Informationen, wie zum Beispiel Such- oder Rechercheergebnisse (siehe Kapitel 5), und/oder weitere Funktionen. In der Regel bleibt ein zusätzlicher Info-Bereich so lange geöffnet, bis Sie ihn durch einen Klick auf das unter Windows gebräuchliche *x*-Symbol in der rechten oberen Ecke per Hand schließen.

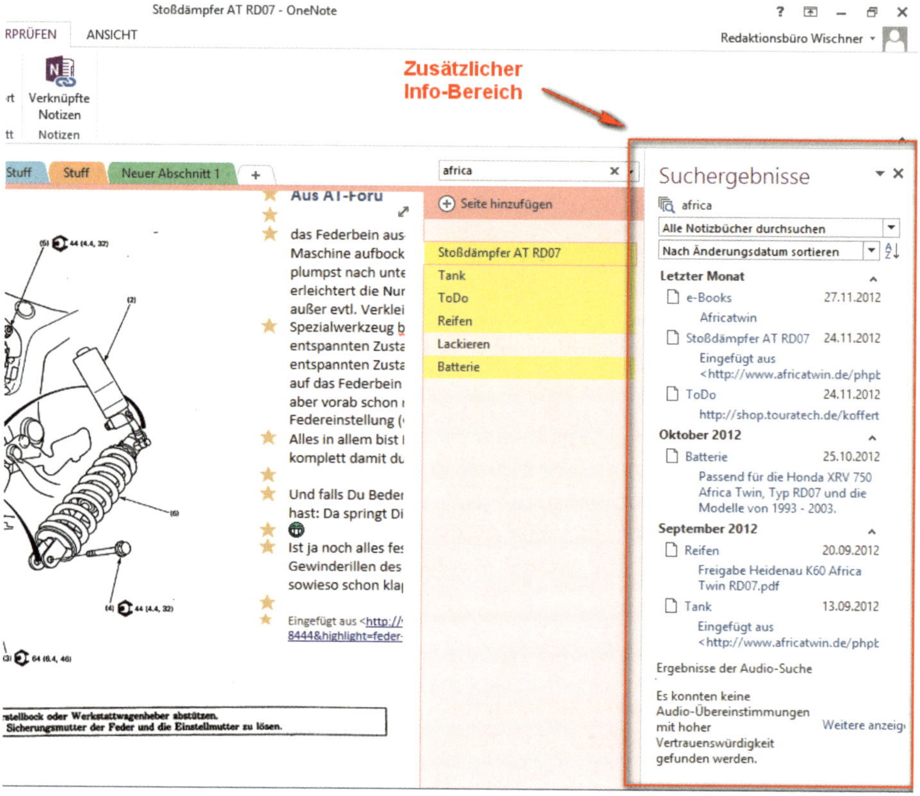

Manche Funktionen wie das Synonymwörterbuch oder die erweiterte Anzeige von Suchergebnissen (im Bild) blenden einen zusätzlichen Info-Bereich am rechten Fensterrand ein.

2.2.10 Der Inhaltsbereich

Der größte Teil der OneNote-Benutzeroberfläche wird von der eigentlichen Notizbuchseite eingenommen. Hier werden Sie Ihre Aufzeichnungen in Text, Bild und vielleicht auch Ton festhalten. Die Arbeitsfläche scheint zunächst begrenzt, lässt sich aber in Wirklichkeit bei Bedarf beliebig in der Breite nach rechts und in der Höhe nach unten erweitern. Den sichtbaren Ausschnitt bewegen Sie mit der Maus – wie von anderen Windows-Programmen gewohnt – durch die horizontalen und vertikalen Bildlaufleisten oder alternativ in der Vertikalen mit dem Mausrad und (bei entsprechend ausgerüsteten Mäusen) horizontal mit den Bildlauftasten am Mausrad. Eine vergrößerte und verkleinerte Darstellung erreichen Sie in der Symbolleiste *Ansicht* mit den zugehörigen Schaltflächen in der Befehlsgruppe *Zoom* oder mit dem Mausrad bei gedrückter Strg-Taste. Auf Tablet-PCs und PCs mit Touchscreen verschieben Sie den sichtbaren Bereich durch Wischen mit einem Finger in die jeweilige Richtung und verändern die Darstellungsgröße stufenlos durch das bekannte Spreizen oder Zusammenführen zweier Finger (»Pinchen«).

Welche Inhalte Sie direkt oder von anderen Programmen aus auf den Notizbuchseiten einfügen können, und wie Sie das machen, erfahren Sie in Kapitel 3, »Notizen in OneNote eingeben«, und Kapitel 4, »Zusammenspiel mit anderen Programmen«.

2.2.11 Menüs und Symbolleisten ein- und ausblenden

In Office 2010 gab es für die Anzeige der Symbolleisten nur zwei Varianten: Entweder war das jeweils aktive Menüband immer sichtbar und beanspruchte entsprechend Platz oder es wurde nur nach einem Klick auf einen Menüeintrag (in OneNote zum Beispiel *Start* oder *Einfügen*) eingeblendet und verschwand nach Auswahl einer Funktion oder spätestens nach dem Klick in den Arbeitsbereich wieder. In der aktuellen Office-Ausgabe ist eine dritte Option hinzugekommen, die vor allem auf Tablet-PCs oder kleineren Bildschirmen, etwa von Net- oder Ultrabooks, hilfreich ist.

Ganz rechts oben in der Fensterecke, wo seit Windows-Generationen die Schaltflächen und Symbole zum Schließen und Verkleinern von Fenstern und für die Vollbildanzeige residieren, ist mit Office 2013 eine neue Funktion hinzugekommen: die *Menüband-Anzeigeoptionen*. Sie stecken hinter einem stilisierten Windows-Fenster, das einen nach oben weisenden Pfeil enthält (siehe Abbildung auf der nächsten Seite). Ein Klick darauf klappt ein Menü mit drei Einträgen aus. Diese steuern die Anzeige und das Verhalten von Menüs und Symbolleisten:

- *Menüband automatisch ausblenden*: Die erste Auswahlmöglichkeit ist die mit Office 2013 neu eingeführte. Ist sie aktiviert, verschwinden sämtliche Elemente der Bedienoberfläche im oberen Bereich und geben so den maximalen Platz für die Seiteninhalte frei. Sowohl das Menüband als auch die Menüleiste und die Schnellzugriff-Symbolleiste sind ausgeblendet. Lediglich drei kleine Symbole in der rechten oberen Ecke (eines mit drei Punkten, dazu das Fenstersymbol für die *Menüband-Anzeigeoptionen* und das *x* zum Schließen von OneNote) verbleiben. Bewegen Sie den Mauszeiger auf die drei Punkte oder irgendwo links davon an den oberen Bildschirmrand, erscheint ein hellblauer Balken über die gesamte Bildschirmbreite. Ein Linksklick blendet alle Bedienelemente ein. Sobald Sie einen Befehl oder eine Funktion ausgewählt haben, verschwinden Menüs und Symbole wieder. Auf Tablet-PCs, wo diese Anzeigeoption wegen des begrenzten Bildschirmplatzes besonders sinnvoll ist, reicht ein Fingertipp an den oberen Bildschirmrand zum vorübergehenden Einblenden der Schaltflächen und Menüs.
- *Registerkarten anzeigen*: Diese Darstellungsform ist ein Kompromiss zwischen Platzbedarf und Komfort. Die Menüleiste mit Kommandos wie *Datei*, *Einfügen* usw. ist ständig sichtbar. Ein Klick auf einen Menüpunkt blendet das zugehöri-

ge Menüband nur so lange ein, bis Sie daraus einen Befehl gewählt oder wieder auf die Notizbuchseite, die Notizbuch- oder Seitennavigation geklickt haben.

- *Registerkarten und Befehle anzeigen*: Ist diese Option gewählt, werden alle Bedienelemente (also Schnellzugriff-Symbolleiste, Menüs und das jeweils gewählte Menüband) permanent angezeigt.

Sie können jederzeit zwischen den drei Anzeige-Optionen wechseln. Welche gerade aktiv ist, sehen Sie daran, dass der entsprechende Eintrag (genauer gesagt: das Symbol links von der jeweiligen Beschreibung) hellblau unterlegt ist.

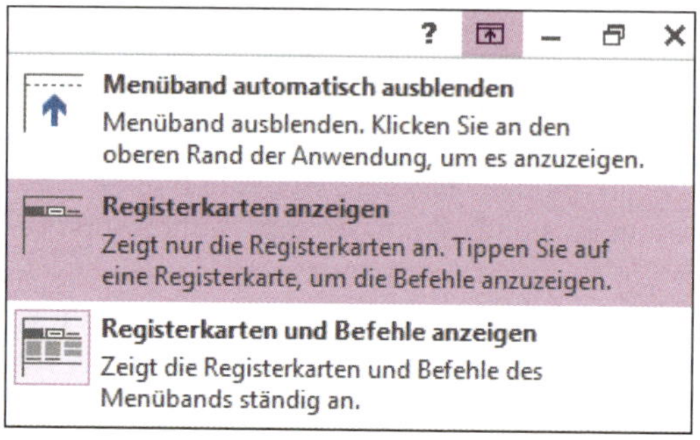

Ob und wann Menü und Symbolleisten angezeigt werden, stellen Sie über die Menüband-Anzeigeoptionen ein.

> TIPP
>
> Zwischen den letzten beiden Darstellungsoptionen (also *Registerkarten anzeigen* und *Registerkarten und Befehle anzeigen*) können Sie auch schnell wechseln, indem Sie einen Menüpunkt wie zum Beispiel *Start*, *Einfügen* oder *Zeichnen* mit der linken Maustaste doppelt anklicken. Hiervon ausgenommen ist nur *Datei*.

2.3 Notizbücher anlegen, öffnen, schließen, löschen

Der Umgang mit Notizbüchern in OneNote unterscheidet sich nicht grundsätzlich von dem Umgang mit Dokumenten und Dateien in anderen Office- und Windows-Programmen. Die beiden wesentlichen Ausnahmen brauchen Sie in der Praxis nicht sonderlich zu kümmern:

- **Speichern:** Es gibt zwar Funktionen zum Öffnen, Schließen und Neuanlegen von Dateien, allerdings keine für das Speichern. Dies erfolgt in OneNote vollautomatisch bei jeder Änderung.
- **Dateiformate:** Hinter einem Notizbuch steckt keine einzelne Datei, wie zum Beispiel bei einem Word-Dokument oder einer Excel-Arbeitsmappe. Vielmehr wird beim Erzeugen eines neuen Notizbuchs am Speicherort (zum Beispiel im Ordner *OneNote-Notizbücher* in Ihrem persönlichen *Dokumente*-Ordner) ein gleichnamiger Unterordner abgelegt. Aus den Abschnitten eines Notizbuchs entstehen darin

einzelne Dateien mit der Endung *.one*. Abschnittsgruppen werden zu weiteren untergeordneten Verzeichnissen, die ihrerseits wieder Abschnittsdateien enthalten. Ein Notizbuch ist also immer eine mehr oder weniger komplexe Ordnerstruktur auf der Platte. Das zu wissen, ist nur dann wichtig, wenn Sie abseits der OneNote-eigenen Backup- und Exportmechanismen Kopien von Notizbüchern auf einem anderen Datenträger anlegen oder ganze Notizbücher verschieben oder löschen möchten (siehe Abschnitt 2.3.4).

Tatsächlich ist es mit dem Dateiformat von OneNote nicht ganz so simpel wie hier beschrieben. In Wirklichkeit arbeitet OneNote nur mit Datenfragmenten (»Chunks«), die unter Windows der einfacheren Handhabung wegen in Dateien verpackt wurden. Das hat mit der inkrementellen Synchronisation zu tun, also mit der Fähigkeit, bei Änderungen nur einzelne Elemente von Notizseiten in die Datenstruktur zu schreiben.

Wichtig ist das vor allem für die parallele Arbeit an Notizen von verschiedenen Rechnern aus (mehr dazu in Kapitel 8). Spätestens, wenn Sie Notizbücher nicht auf der lokalen Platte, sondern in der Cloud (OneDrive) ablegen, kommen Sie mit der eigentlichen Datenstruktur von OneNote nicht mehr in Berührung. Soll heißen: Sie sehen gar keine Ordner und Dateien mehr.

2.3.1 Ein neues Notizbuch anlegen

Wann immer Sie möchten, können Sie ein weiteres Notizbuch anlegen. Das ist zum Beispiel dann sinnvoll, wenn Sie alle Aufzeichnungen zu einem bestimmten umfangreichen Projekt zusammenfassen möchten, private und berufliche Inhalte trennen oder Informationen zu einem umfangreichen oder in sich geschlossenen Thema in einem eigenen Buch sammeln wollen. Sie werden alles jederzeit mit der Suchfunktion von OneNote wiederfinden, ganz egal, auf wie viele Notizbücher Sie Ihre Aufzeichnungen aufgeteilt haben (mehr zur Suchfunktion lesen Sie in Kapitel 5, »Suchen und finden«).

So legen Sie ein neues Notizbuch an:

1. Öffnen Sie mit einem Klick auf *Datei* die Backstage-Ansicht.

2. Wählen Sie aus dem Menü links den Eintrag *Neu*.

Es öffnet sich der mit *Neues Notizbuch* überschriebene Bereich. Als Erstes müssen Sie sich nun entscheiden, wo Ihr neues Notizbuch gespeichert werden soll. Zur Wahl stehen Ordner auf der lokalen Festplatte Ihres PCs oder auf einem lokal angeschlossenen Laufwerk, einem Netzwerkordner oder einem Onlinespeicherplatz (Ihrem Cloud-Speicher auf OneDrive oder auf einer SharePoint-Webseite).

Welchen Speicherort Sie wählen, hängt unter anderem davon ab, ob Sie später anderen Personen Zugriff auf Ihr Notizbuch gewähren oder selbst mit verschiedenen Geräten (unter Umständen auch unterwegs per Internet) darauf zugreifen wollen. Mehr dazu erfahren Sie in Kapitel 8, »Teilen und Teamwork«.

STOP **Wichtig:** Die kostenlose Version von OneNote 2016 scheint zwar auch alle genannten Speicherorte anzubieten. Tatsächlich aber erlaubt sie nur das Anlegen auf OneDrive. Alle anderen Auswahlmöglichkeiten führen nur zu einem Hinweis auf diese Einschränkung.

So erzeugen Sie (nur in der Office-Ausgabe von OneNote!) ein neues Notizbuch auf einem lokalen Laufwerk oder in einem Netzwerkordner (für den Sie entsprechende Zugriffsrechte besitzen müssen):

1. Wählen Sie aus der linken Auswahlliste die Option *Computer*.
2. Im rechten Bereich tragen Sie unter *Notizbuchname:* eine passende Bezeichnung für das neue Notizbuch ein.
3. Um das Notizbuch an seinem Standardspeicherort zu erstellen (grundsätzlich innerhalb Ihres persönlichen *Dokumente*-Ordners auf dem Windows-Laufwerk oder gemäß der Einstellung unter *Speichern und Sichern* in den OneNote-*Optionen*) klicken Sie auf *Notizbuch erstellen*.
4. Möchten Sie das Notizbuch an einem anderen Speicherort (Laufwerk, Ordner, Netzwerk) anlegen, wählen Sie stattdessen den Link *In einem anderen Ordner erstellen* und navigieren zum gewünschten Laufwerk und Ordner. Bestätigen Sie die Wahl anschließend mit einem Klick auf *Erstellen*.

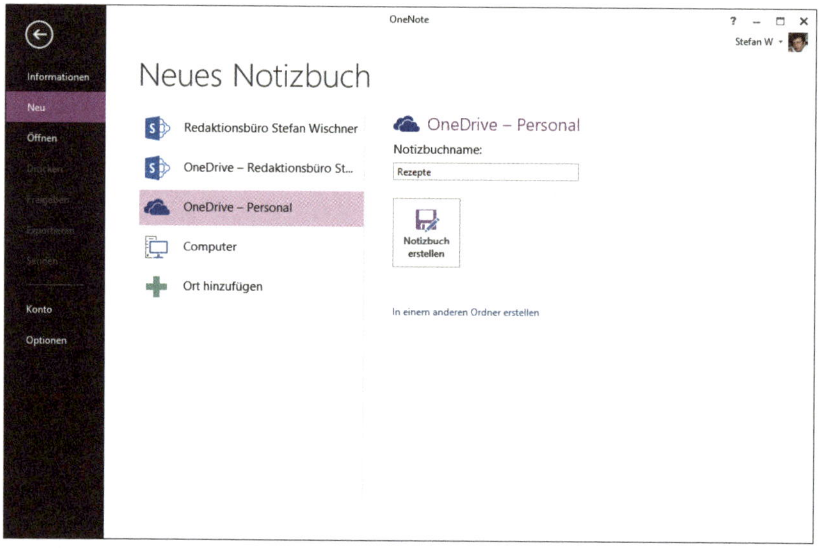

Neue Notizbücher legen Sie in der Backstage-Ansicht an – entweder in einem bestimmten lokalen Ordner oder in einem Netzwerkordner, auf OneDrive oder SharePoint.

Soll das neue Notizbuch hingegen in Ihrem Onlinespeicher auf OneDrive liegen, geht das folgendermaßen:

1. Wählen Sie aus der linken Auswahlliste die Option *OneDrive*. Sind Sie bereits bei OneDrive angemeldet, klicken Sie stattdessen auf die Kontobezeichnung (siehe Abbildung links) und machen mit Schritt 4 weiter.
2. Im rechten Bereich erscheinen nun einige Hinweise auf OneDrive. Klicken Sie auf die Schaltfläche *Anmelden*.
3. Es öffnet sich der Login-Dialog für Ihr Microsoft-Konto. Tragen Sie Ihre Zugangsdaten ein, und klicken Sie auf *Anmelden*.
4. Tragen Sie rechts in das Feld *Notizbuchname* eine Bezeichnung für Ihr neues Notizbuch ein, und klicken Sie dann auf *Notizbuch erstellen*.
5. Es erscheint ein Bestätigungsdialog mit dem Angebot, das neue Notizbuch gleich für andere Personen freizugeben (mehr dazu in Kapitel 8, »Teilen und Teamwork«). Im Moment wollen Sie das noch nicht. Lehnen Sie daher mit einem Klick auf *Jetzt nicht* ab.

Nach Abschluss dieser Schritte wird Ihr neues Notizbuch automatisch geöffnet, ein neuer Abschnitt (*Neuer Abschnitt 1*) und darin eine noch unbenannte Seite angelegt.

> TIPP
>
> Während das Kontextmenü des Windows-Explorers (Rechtsklick in einen Ordner) Befehle zum Anlegen einer PowerPoint-, Word- oder Excel-Datei anbietet, fehlt OneNote in dieser Aufstellung. Der Weg zu einem neuen OneNote-Notizbuch auf der lokalen Festplatte, einem externen Datenträger oder Netzlaufwerk (nur in der Office-Version von OneNote!) führt ausschließlich über die beschriebene OneNote-Funktion.

2.3.2 Vorhandene Notizbücher öffnen

Solange Sie ein Notizbuch in OneNote nicht manuell schließen (siehe Abschnitt 2.3.3), bleibt es geöffnet – auch wenn Sie OneNote beenden und wieder starten. »Geöffnet« bedeutet, dass es in der Backstage-Ansicht unter *Informationen*, in der Notizbuch-Auswahl (nach einem Klick auf den aktuellen Notizbuchnamen links oben in der OneNote-Oberfläche) und in der Notizbuch-Navigationsleiste (wenn ständig angezeigt) aufgeführt wird. Sie können jederzeit per Mausklick zu einem anderen Notizbuch wechseln.

Geschlossene Notizbücher tauchen in den genannten Auswahllisten jedoch nicht auf. Diese müssen Sie zuerst öffnen, um darauf zugreifen zu können. Das geht auf zwei Arten:

- Klicken Sie links oben auf den Namen des aktuell angezeigten Notizbuchs, um die Notizbuch-Auswahlliste zu öffnen. Wählen Sie jedoch keines der bereits geöffneten (aufgelisteten) Notizbücher, sondern den Eintrag *Andere Notizbücher öffnen* am Ende der Liste.
- Alternativ wechseln Sie in die Backstage-Ansicht, indem Sie auf *Datei* klicken und dann aus dem linken Menü den Eintrag *Öffnen* wählen.

In beiden Fällen landen Sie in der Backstage-Ansicht im Bereich *Notizbuch öffnen*. Dieser ist in drei Abschnitte aufgeteilt, die zu ungeöffneten Notizbüchern führen:

- *Aus OneDrive öffnen* (oben): Hier finden Sie eine Auflistung der Notizbücher, die im OneDrive-Onlinespeicher des Microsoft-Kontos liegen, unter dem Sie gerade angemeldet sind. Voraussetzung ist natürlich eine bestehende Internetverbindung. Öffnen Sie das gewünschte Notizbuch mit einem Mausklick auf seinen Namen. Verfügen Sie über mehrere Microsoft-/OneDrive-Konten, können Sie mit einem Klick auf den Link *Konto wechseln* den OneDrive-Inhalt eines anderen Kontos anzeigen.
- *Von anderen Orten aus öffnen* (unten links): Hier sind Sie richtig, wenn Sie Notizbücher von einem beliebigen Datenträger (lokal, extern, im Netzwerk) oder einem alternativen OneDrive-Konto öffnen möchten, das Sie unter OneNote bereits benutzt haben. Klicken Sie auf das passende OneDrive-Konto oder auf *Computer*, um eine Liste zuletzt genutzter Laufwerke und Ordner anzuzeigen, oder klicken Sie auf *Durchsuchen,* wenn Sie selbst zu einem Speicherort navigieren möchten. Öffnen Sie den Ordner, dessen Name dem gewünschten Notizbuch entspricht, und klicken Sie darin auf die spezielle Datei namens *Notizbuch öffnen*. Alternativ können Sie rechts unten den Anzeigefilter von *OneNote-Inhaltsverzeichnis* auf *OneNote-Abschnitte* oder *OneNote-Paket in einer Datei* ändern, um einzelne Abschnitte oder eine ONEPKG-Datei (siehe Abschnitt 7.2.4) zu öffnen. Schließen Sie nach Auswahl der Datei den Vorgang mit einem Klick auf *Öffnen* ab.
- *Zuletzt verwendete Notizbuch* (unten rechts): Diese Bezeichnung ist ein Übersetzungsfehler; es müsste natürlich »Zuletzt verwendete Notizbücher« heißen. Diese Liste zeigt die zuletzt in OneNote geöffneten Notizbücher (unter Umständen auch aktuell gerade offene) unabhängig von ihrem Speicherort. Wenn das gesuchte Notizbuch dabei ist, reicht ein Mausklick, um es zu öffnen.

2.3.3 Notizbuch schließen

Da OneNote sich um das Speichern und alle für die Datensicherheit beim gemeinsamen Netzwerkzugriff notwendigen Mechanismen selbstständig kümmert, gibt es keinen technisch bedingten Grund, ein geöffnetes Notizbuch jemals zu schließen. Sobald Sie OneNote beenden, merkt sich das Programm alle zu diesem Zeitpunkt geöffneten Notizbücher und stellt beim nächsten Programmstart genau diesen Zustand automatisch wieder her.

Wenn Sie allerdings mit recht vielen unterschiedlichen Notizbüchern arbeiten, können Sie durch das Schließen gerade nicht benötigter Bücher mehr Übersicht in der Navigationsleiste schaffen. Sie haben mehrere Möglichkeiten, um ein Notizbuch quasi zuzuklappen und es auf die Seite zu legen:

- Öffnen Sie die Backstage-Ansicht durch einen Klick auf *Datei*, wählen Sie (falls er nicht schon aktiviert ist) den Menüpunkt *Informationen*, klicken Sie auf die zum jeweiligen Notizbuch gehörende *Einstellungen*-Schaltfläche, und wählen Sie im Drop-down-Menü den Eintrag *Schließen* aus.

- Alternativ klicken Sie in der OneNote-Oberfläche links oben auf den Notizbuchnamen und klappen dadurch die Übersicht über die geöffneten Notizbücher aus. Ein Rechtsklick auf einen Eintrag öffnet ein Kontextmenü, aus dem Sie den Befehl *Dieses Notizbuch schließen* auswählen. Das Gleiche funktioniert auch bei geöffneter Notizbuch-Navigationsleiste (siehe Abschnitt 2.2.7).

2.3.4 Notizbuch löschen

Interessanterweise bietet die Oberfläche von OneNote zwar Funktionen zum selektiven Löschen von Notizbuchinhalten, wie zum Beispiel kompletter Seiten, Abschnitte oder Abschnittsgruppen. Eine Möglichkeit zum Entsorgen eines kompletten Notizbuchs werden Sie aber vergeblich suchen. Es ist anzunehmen, dass die Entwickler von OneNote den entsprechenden Befehl ganz bewusst »vergessen« haben, um das Risiko zu minimieren, den Verlust wertvoller Datensammlungen mit einem unbedachten Mausklick auszulösen.

Tatsächlich lassen sich Notizbücher nur durch das Entfernen der zugehörigen Ordner und Dateien vom jeweiligen Datenträger per Explorer (oder einem anderen Datei-Manager) entsorgen. Das gilt für lokal gespeicherte Notizbücher ebenso wie für solche, die auf einem Netzwerklaufwerk oder Onlinespeicher abgelegt sind. Bei Letzteren (und damit grundsätzlich bei der kostenlosen Ausgabe von OneNote) nutzen Sie den jeweiligen Löschbefehl in der Weboberfläche.

Wenn Sie sich ganz sicher sind, dass Sie ein komplettes Notizbuch mit allen enthaltenen Abschnittsgruppen, Abschnitten und Seiten nie wieder benötigen werden, navigieren Sie per Explorer (für lokale oder im Netzwerk gespeicherte Notizbücher) oder Webbrowser (OneDrive, SharePoint) zum entsprechenden Speicherort und löschen den gesamten Ordner, der den Namen des Notizbuchs trägt.

> **TIPP**
>
> Besteht auch nur die geringste Möglichkeit, dass Sie diesen Schritt einmal bereuen könnten, empfiehlt es sich, zuvor eine Backup-Version anzulegen und vielleicht auf einem externen Datenträger (DVD-R, externe Festplatte, USB-Stick etc.) abzulegen. Dazu kopieren Sie entweder die gesamte Ordnerstruktur oder nutzen das kompakte Notizbuch-Paket-Format (ONEPKG-Datei, siehe Abschnitt 7.2.4).

2.4 Abschnitte und Seiten anlegen

Wenn Sie ein neues Notizbuch angelegt haben (siehe Abschnitt 2.3.1), erhält es automatisch einen einzelnen Abschnitt mit der Anfangsbezeichnung *Neuer Abschnitt 1,* und darin befindet sich eine einzelne leere Seite (*Seite ohne Titel*). Sie könnten alles, was Sie in diesem Notizbuch an Informationen festhalten wollen, auf diesem einen Notizblatt unterbringen. Die Suchfunktion wird alles zuverlässig wiederfinden.

Dennoch ist es in den allermeisten Fällen sinnvoller, Ihre Aufzeichnungen zu strukturieren – schon der begrenzten Bildschirmgröße wegen. Fügen Sie dem Notizbuch nach Belieben weitere Seiten und/oder Abschnitte hinzu, und weisen Sie diesen einen aussagekräftigen Namen zu.

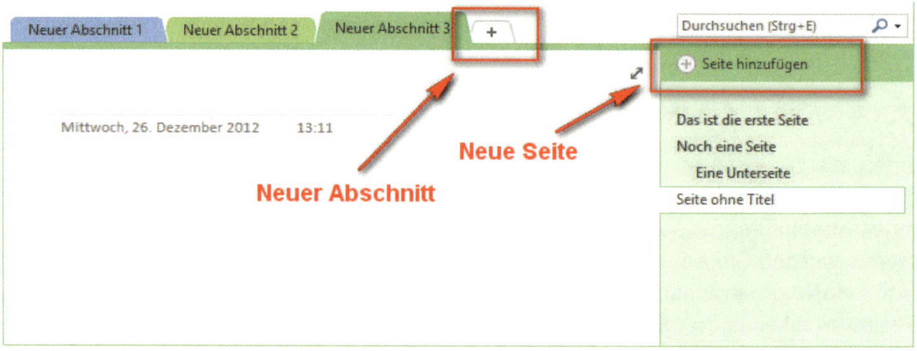

Neue Abschnitte und Seiten erzeugen Sie am schnellsten mit einem Klick auf die jeweilige Schaltfläche.

Keine Sorge – Sie müssen sich nicht von vornherein auf eine bestimmte Struktur festlegen. Wenn Sie später feststellen, dass Sie eine falsche Unterteilung gewählt haben, bestimmte Abschnitte nicht brauchen, mit anderen zusammenfassen möchten oder die gesamte Gliederung des Notizbuchs ändern wollen, können Sie das auch nachträglich jederzeit tun. Alles Wissenswerte hierzu finden Sie in Kapitel 6, »Strukturieren und aufräumen«.

So fügen Sie dem geöffneten Notizbuch einen neuen Abschnitt hinzu:

1. Klicken Sie den farbigen Karteireiter eines beliebigen vorhandenen Abschnitts mit der rechten Maustaste an.
2. Im daraufhin geöffneten Kontextmenü wählen Sie den Befehl *Neuer Abschnitt* aus. Alternativ klicken Sie auf den ganz rechts stehenden kleineren Karteireiter mit dem Pluszeichen.

Dadurch entsteht sofort ein neuer Karteireiter mit einem vorläufigen Namen, den Sie direkt überschreiben können. Auch er enthält zunächst eine einzelne leere Notizbuchseite.

Genauso einfach fügen Sie innerhalb eines Abschnitts weitere Notizbuchseiten hinzu:

1. Öffnen Sie den betreffenden Abschnitt durch einen Klick auf den zugehörigen Karteireiter.
2. Oberhalb der Seitennavigation am rechten Fensterrand (siehe Abschnitt 2.2.6) klicken Sie auf die Schaltfläche mit dem Pluszeichen und der Beschriftung *Seite hinzufügen*.

Die Liste wird daraufhin um eine weitere leere Seite mit der vorläufigen Bezeichnung *Seite ohne Titel* erweitert – Sie haben dem Notizbuch ein leeres Blatt hinzugefügt.

2.5 Kompatibilität zu früheren OneNote-Versionen

Im Laufe der Zeit hat sich der Funktionsumfang von OneNote sehr stark vergrößert. Die erste Ausgabe, OneNote 2003, entsprach zwar im Kern schon der aktuellen 2016er-Version, ließ aber noch viele Möglichkeiten vermissen. So unterstützte OneNote 2003 zum Beispiel nur ein einziges Notizbuch und verstand sich nicht auf das Teilen und Freigeben.

Die nächste Version, OneNote 2007 (die erste, die grundsätzlich in Microsoft Office enthalten war), konnte schon deutlich mehr. Das führte allerdings leider auch zu einer Inkompatibilität des Dateiformats zu dem des einen Notizbuchordners von OneNote 2003.

Das Gleiche wiederholte sich im Wesentlichen mit der nächsten Ausgabe: Auch in OneNote 2010 kamen so viele Features hinzu, dass damit wieder eine Änderung des Dateiformats einherging. Diesmal versuchte Microsoft allerdings, so viel Kompatibilität wie möglich zu erhalten. Soll heißen: OneNote 2010 kann problemlos mit 2007er-Notizbüchern umgehen, sie also lesen, bearbeiten und speichern. Dadurch ist zum Beispiel eine Zusammenarbeit von Nutzern der 2007er-Ausgabe mit Besitzern von OneNote 2010 im selben Notizbuch möglich – wenngleich mit ein paar Einschränkungen (dazu gleich mehr).

Die gute Nachricht: Das Dateiformat von OneNote 2016 hat sich gegenüber den beiden Vorgängern **nicht geändert**. Benutzer von OneNote 2010 oder 2013 können mit Anwendern der 2016er-Version munter Daten tauschen und gemeinsam an Notizbüchern arbeiten. Sämtliche Inhalte bleiben unversehrt und uneingeschränkt nutzbar.

Nur wenn mit früheren OneNote-Versionen (also 2003 und 2007) angelegte Notizen im Spiel sind, sind einige Besonderheiten zu beachten und unter Umständen Konvertierungsmaßnahmen notwendig, auf die wir im folgenden Abschnitt näher eingehen.

2.5.1 Konvertierung von OneNote 2003 zu OneNote 2010/2013/2016

Die Unterschiede zwischen der Urversion von OneNote und der aktuellen Ausgabe sind so gravierend, dass ein Mischbetrieb, also die Nutzung derselben Notizbuchdatei in beiden Versionen, nicht möglich ist.

Sie können aber durchaus eine mit OneNote 2003 erstellte Notizbuchdatei in das aktuelle Format konvertieren und dann mit OneNote 2016 (oder auch 2010 und 2013) weiterverwenden. Das funktioniert sogar weitgehend automatisch:

1. Wechseln Sie mit einem Klick auf *Datei* in die Backstage-Ansicht.
2. Klicken Sie auf *Öffnen,* und wählen Sie im unteren Fensterbereich im Abschnitt *Von anderen Orten aus öffnen* die Schaltfläche *Computer*.

3. Nach einem Klick auf die Schaltfläche *Durchsuchen* navigieren Sie im Dialogfeld *Notizbuch öffnen* zum alten OneNote-2003-Notizbuchordner und klicken auf *Öffnen*.

OneNote macht Ihnen nun das Angebot, die Datei in das aktuelle Format zu konvertieren, das Sie annehmen.

> TIPP
>
> Diese Konvertierung ist eine Einbahnstraße. Sie können das umgewandelte Notizbuch künftig nicht mehr mit OneNote 2003 öffnen. Eine Rückkonvertierung ist nicht möglich. Sollten Sie also eine mit OneNote 2003 kompatible Version beibehalten wollen, kopieren Sie den gesamten Ordner zuvor mit dem Explorer an einen anderen Ort.

2.5.2 Konvertierung von OneNote 2007 zu OneNote 2010/2013/2016 und zurück

Die Notizbuchformate von OneNote 2010–2016 und der 2007er-Ausgabe sind zwar ebenfalls nicht vollständig kompatibel zueinander, die Gemeinsamkeiten sind aber groß genug, dass eine Konvertierung in beide Richtungen möglich ist – theoretisch. Praktisch geht das nur mit OneNote bis zur Version 2013. Im Nachfolger hat Microsoft diese Option ersatzlos gestrichen. Möchten Sie also beispielsweise ein mit OneNote 2016 angelegtes Notizbuch für jemanden freigeben, der nur OneNote 2007 installiert hat, benötigen Sie OneNote 2010 oder 2013, um es entsprechend zurückzukonvertieren. Die meisten Inhalte und Informationen bleiben dabei erhalten, jedoch nicht alle. Folgende Elemente bleiben auf der Strecke:

- mit Word, PowerPoint oder Internet-Explorer-Webseiten verknüpfte Notizen (siehe Abschnitt 4.7). Die Notizen selbst bleiben unbeschadet, lediglich die unsichtbare Verknüpfung wird gelöst.
- mathematische Formeln und Gleichungen (siehe Abschnitt 3.10).
- ältere gespeicherte Bearbeitungsstände (Notizbuch-Versionen, siehe Abschnitt 7.3.2).
- Inhalte der Notizbuch-Papierkörbe, also gelöschte Seiten und Abschnitte (siehe Abschnitt 7.3.1).
- mehrstufige Seitengliederungen (Unter- und Unterunter-Seiten, siehe Abschnitt 6.3.2).

Diese Inhalte werden bei der Konvertierung ins 2007er-Format unwiderruflich gelöscht – auch eine anschließende Rückwandlung in das Format für OneNote 2010–2016 bringt sie nicht zurück.

Um ein Notizbuch im OneNote-2010-2016-Format für die Bearbeitung in OneNote 2007 zu konvertieren (zur Erinnerung: nur mit OneNote 2010 oder 2013!), öffnen Sie dessen Eigenschaftenfenster:

1. Wechseln Sie mit einem Klick auf *Datei* in die Backstage-Ansicht.
2. Klicken Sie dort auf *Informationen* und dann auf die Schaltfläche *Einstellungen* des jeweiligen Notizbuchs.
3. Wählen Sie im daraufhin geöffneten Drop-down-Menü den Eintrag *Eigenschaften* aus.

Das Dialogfeld mit der Überschrift *Notizbucheigenschaften* zeigt unter anderem das aktuelle Format. Wenn das Notizbuch mit OneNote 2010, 2013 oder 2016 angelegt (oder nachträglich konvertiert) wurde, steht unter *Standardformat* die Angabe *OneNote 2010-2016-Notizbuchformat,* und die Schaltfläche *In 2007 konvertieren* ist verfügbar (nur in OneNote 2013).

Ein Klick darauf zeigt einen Warnhinweis an, dass bei der Konvertierung möglicherweise einige Inhalte verloren gehen (siehe oben). Bestätigen Sie mit *OK*, um die Konvertierung zu starten. Nach deren Abschluss können Sie das Notizbuch auch Nutzern von OneNote 2007 als Kopie im OneNote-Format zur Bearbeitung weitergeben (siehe Kapitel 8, »Teilen und Teamwork«).

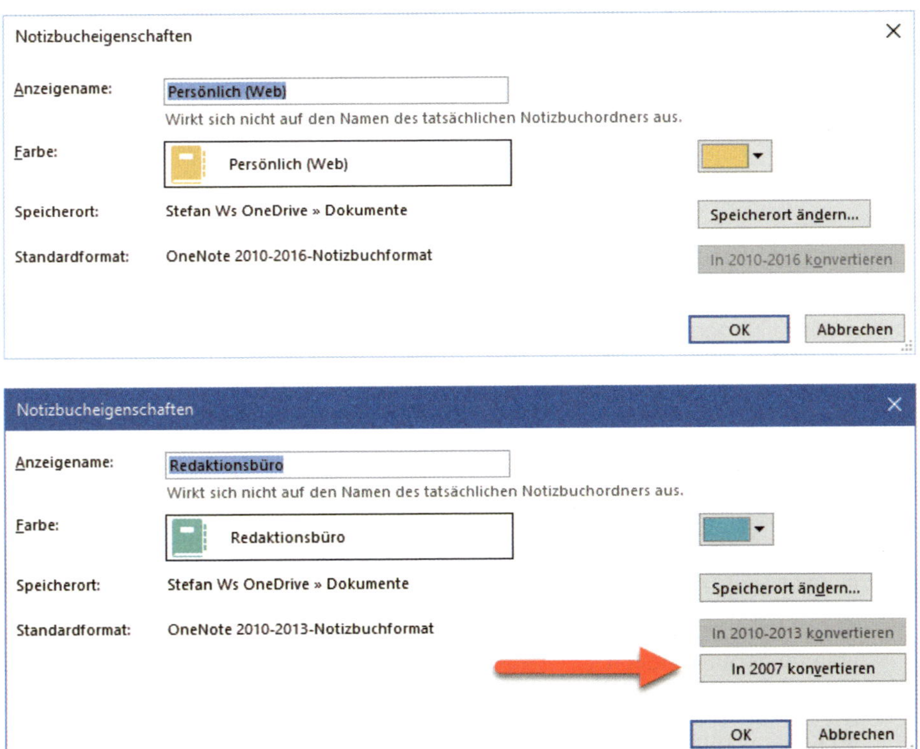

Um ein Notizbuch, das mit einer OneNote-Version ab 2010 angelegt wurde, in das alte 2007er-Format zurückzukonvertieren, benötigen Sie OneNote 2013 (unten). Im Nachfolger (oben) ist die zugehörige Schaltfläche verschwunden.

STOP

Wichtig: Von der Möglichkeit der Konvertierung in das OneNote-2007-Format grundsätzlich ausgeschlossen sind im Webformat (auf OneDrive oder SharePoint) gespeicherte Notizbücher. Um diese an einen Nutzer von OneNote 2007 weiterzugeben, müssten Sie sie zunächst auf ein lokales Laufwerk oder Netzwerklaufwerk übertragen. Das geht mit der Schaltfläche *Speicherort ändern* im Dialogfeld *Notizbucheigenschaften*. Diese Methode sperrt allerdings mögliche Mitbearbeiter ohne Zugriff auf den neuen Speicherort aus. Eventuell ist es sinnvoller, wenn Sie auf die Konvertierung verzichten und die Nutzer von OneNote 2007 stattdessen per *OneNote Web-App* (siehe Kapitel 10.2, »OneNote Online – die Webversion«) mit einem Browser auf das Notizbuch zugreifen.

Umgekehrt funktioniert es auch: Ein Notizbuch im Format von OneNote 2007 lässt sich problemlos in das Format von OneNote 2010-2016 konvertieren, auch mit der aktuellen OneNote-Version. Dies ist auch erforderlich, damit es diejenigen Funktionen unterstützt, die eingangs dieses Abschnitts erwähnt wurden, etwa mathematische Gleichungen oder mit Word, PowerPoint und dem Internet Explorer verknüpfte Notizen. Das geht wieder über das Dialogfeld *Notizbucheigenschaften*:

1. Wechseln Sie mit einem Klick auf *Datei* in die Backstage-Ansicht.
2. Klicken Sie dort auf *Informationen* und dann auf die Schaltfläche *Einstellungen* des jeweiligen Notizbuchs.
3. Wählen Sie im daraufhin geöffneten Drop-down-Menü den Eintrag *Eigenschaften* aus.

Liegt das aktuelle Notizbuch im OneNote-2007-Format vor, steht dies neben *Standardformat*. In diesem Fall ist rechts die Schaltfläche *In 2010-2016 konvertieren* verfügbar. Ein Klick darauf öffnet einen Warnhinweis. Darin werden Sie informiert, dass das Notizbuch nach der Umwandlung nicht mehr mit der Version von OneNote-2007-Nutzern synchronisiert wird. Bestätigen Sie mit *OK*.

KURZ NOTIERT

- Sie müssen sich in OneNote um das Speichern neuer oder geänderter Informationen überhaupt nicht kümmern – das geschieht vollkommen automatisch.
- Sie können beliebig viele Notizbücher, Abschnitte und Seiten anlegen und ständig geöffnet halten.
- Bedienung und Oberfläche von OneNote haben sich seit der 2010er-Version kaum verändert.
- Das Dateiformat von OneNote 2016 ist vollständig kompatibel zu OneNote 2010 und 2013. Für frühere Versionen gibt es eine Konvertierungsfunktion.

3 Notizen in OneNote eingeben

Immer, wenn Sie ein neues Notizbuch anlegen, entstehen darin automatisch auch ein erster Abschnitt (*Neuer Abschnitt 1*) und eine erste Seite (*Seite ohne Titel*). Diese ist geöffnet und – abgesehen von einer kleinen Zeile mit dem aktuellen Datum und der Uhrzeit – weiß und leer. Setzen Sie am besten zunächst die Einfügemarke darüber, und tippen Sie einen Seitentitel ein. Er ersetzt die Bezeichnung *Seite ohne Titel* in der rechten Übersicht. Bevor Sie nun loslegen und die ersten Notizen eingeben, ist es interessant zu wissen, welche Art von Inhalten sich überhaupt auf einer Notizbuchseite festhalten lassen.

3.1 Speicherbare Objekte in OneNote

Im Prinzip lässt sich auf einer OneNote-Seite alles speichern und darstellen, was auch auf einer Seite von Microsoft Word stehen kann – und zwar in beliebiger Kombination. Im Einzelnen kennt OneNote folgende Objekttypen:

- frei gestaltbarer Text
- Gliederungen und Aufzählungen
- Tabellen
- Bilder und Bildschirmausschnitte
- grafische Objekte
- Kategorie-Marker
- Links
- Webseiteninhalte
- mathematische Formeln
- Dateiausdrucke
- Audioclips
- Videos
- beliebige Dateianhänge
- Freihandzeichnungen
- Handschriftnotizen
- Zeitstempel

In diesem und dem folgenden Kapitel erfahren Sie, wie sich all diese Objekt- und Datentypen in eine Notiz einfügen lassen – sowohl innerhalb des OneNote-Editors als auch von anderen Programmen aus.

3.2 Die Notizencontainer

Klicken Sie mit der linken Maustaste auf eine beliebige freie Stelle der Notizbuchseite. Die blinkende Einfügemarke wird sofort an die entsprechende Position verschoben – auch wenn sich diese nicht am Anfang einer Zeile befindet.

Hier wird schon ein wesentlicher Unterschied zwischen OneNote und herkömmlichen Texteditoren deutlich, wie sie zum Beispiel auch das direkte Konkurrenzprodukt Evernote verwendet. Textnotizen und sonstige Objekte lassen sich völlig wahlfrei auf der Seite platzieren. Das entspricht eher einem Grafikprogramm und vor allem auch der Art, wie man mit einem Schmierzettel und einem Stift umgeht.

Tippen Sie nun einfach drauflos, und schreiben Sie Ihren ersten Notiztext. Das Nächste, was auffällt: Sobald Sie das erste Zeichen getippt haben, erscheint ein grauer rechteckiger Rahmen um den eingegebenen Text. OneNote hat an der aktuellen Position einen sogenannten Notizencontainer angelegt.

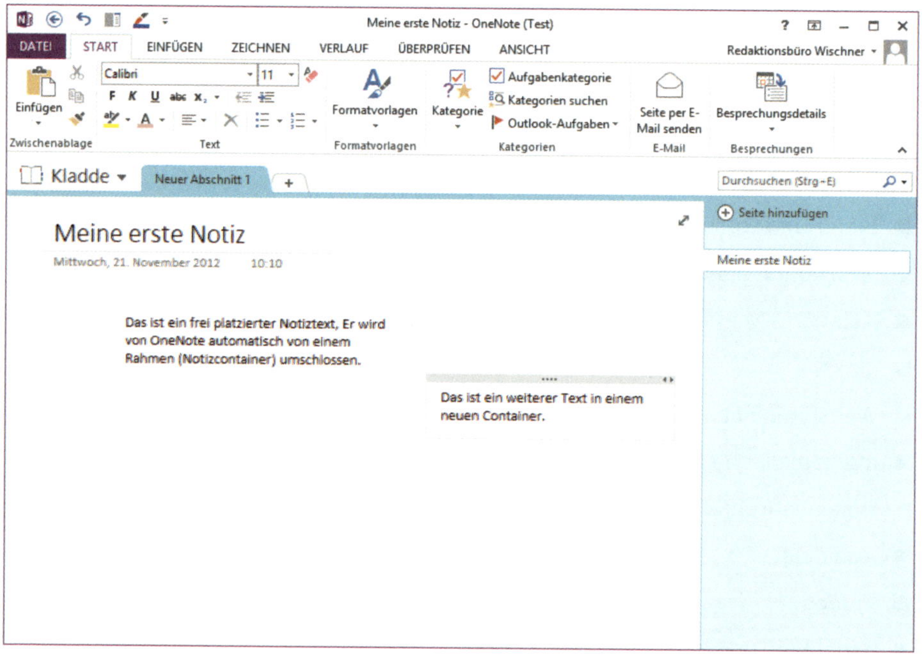

OneNote fügt Text und andere Inhalte automatisch in rechteckige Containerrahmen ein.

Der Notizencontainer entspricht in seiner Funktion in etwa einem Text- oder Objektrahmen in einem DTP-Programm. Er dient also dazu, Inhalte zu gruppieren und zusammenzuhalten, und lässt sich nach Belieben auf der Seite verschieben, in der Größe verändern oder auch mit anderen Rahmen vereinen.

Im Normalfall ist der Rahmen eines Notizencontainers unsichtbar. Er wird erst dann eingeblendet, wenn der Mauszeiger innerhalb des Rahmens steht. Innerhalb des Containers bewegen Sie sich wie in einem normalen Textdokument. Neue Zeilen fügen Sie also beispielsweise mit [↵] ein. Möchten Sie an ganz anderer Stelle auf der Seite weiteren Text eingeben, klicken Sie mit der linken Maustaste an die gewünschte Position außerhalb des aktuellen Rahmens. Daraufhin wird automatisch ein neuer Container angelegt.

Gelegentlich werden Sie feststellen, dass OneNote den vorhandenen Rahmen erweitert, statt einen neuen anzulegen. Das passiert immer dann, wenn Sie nicht weit genug außerhalb des vorhandenen Containers klicken. Sie benötigen mindestens drei Zeilen Abstand unterhalb des bestehenden Rahmens.

Sie können jedoch auch das Anlegen eines neuen Containers erzwingen, auch dicht an einem vorhandenen: Klicken Sie einfach mit der linken Maustaste doppelt auf die gewünschte Stelle.

3.2.1 Notizencontainer löschen, bewegen und in der Größe verändern

Um den Rahmen an eine andere Stelle zu verschieben, klicken Sie den grauen Balken am oberen Rand (der Mauszeiger wird dann zu einem Symbol aus vier Pfeilen) mit der linken Maustaste an und halten diese gedrückt, während Sie die Maus zur neuen Position bewegen.

> Drücken und halten Sie die [Strg]-Taste, um per Mausklick auf den grauen Balken mehrere Container auszuwählen. Diese lassen sich dann als Gruppe verschieben oder löschen. Alternativ schließen Sie sie mit einem per linker Maustaste aufgezogenen Markierungsrechteck ein.
>
> TIPP

Auf ähnliche Weise können Sie die Breite des Rahmens verändern. Dazu bewegen Sie den Mauszeiger auf das Symbol mit den beiden Dreiecken in der oberen rechten Ecke oder auf die rechte Kante des Rahmens. Ziehen Sie ihn dann auf die gewünschte Breite auf. Genauso machen Sie den Rahmen schmaler, was aber – je nach Inhalt – nur bis zu einem gewissen Maß funktioniert.

Die Höhe des Rahmens lässt sich übrigens nicht direkt mit der Maus beeinflussen. Sie hängt von der Menge des Inhalts ab. Der Rahmen wird automatisch nach unten erweitert, wenn Sie Inhalte hinzufügen oder den Rahmen derart schmal machen, dass enthaltener Text neu umbrochen wird und zusätzliche Zeilen entstehen.

Klicken Sie den oberen Balken des Rahmens nur kurz mit der linken Maustaste an, wird der gesamte Inhalt markiert. Ein Druck auf die Taste [Entf] löscht den gesamten Rahmen. Mit der Tastenkombination [Strg]+[Z] holen Sie versehentlich gelöschten Inhalt wieder zurück.

3.2.2 Inhalte von Notizencontainern verbinden und trennen

Möchten Sie nachträglich Inhalte, zum Beispiel einen Textabschnitt, aus einem Container herausziehen und in einen neuen oder vorhandenen anderen Rahmen bringen, geht das ganz einfach per Drag-and-drop:

1. Markieren Sie den gewünschten Bereich mit der Maus oder Tastatur.
2. Klicken Sie mit der linken Maustaste in den markierten Bereich, und ziehen Sie ihn mit gehaltener Maustaste an die neue Position. Das kann entweder ein vorhandener Notizencontainer oder eine freie Stelle auf der Seite sein.

Im Gegenzug ist es auch problemlos möglich, zwei Notizencontainer zu vereinen. Dazu wird der Inhalt eines Rahmens dem anderen hinzugefügt.

Vielleicht sind Sie es von anderen Windows-Programmen gewohnt, dass Sie hierfür die Zwischenablage verwenden, also markierten Text ausschneiden und einfügen. Das funktioniert hier natürlich auch. Es geht aber noch einfacher:

1. Bewegen Sie die Maus auf den oberen Rand des zweiten Containers, der in den ersten eingefügt werden soll. Der Mauszeiger verwandelt sich dabei in das Verschiebesymbol mit den vier Pfeilen.
2. Ziehen Sie nun den Rahmen mit gedrückter ⇧- und Maustaste an die gewünschte Position im Zielcontainer.

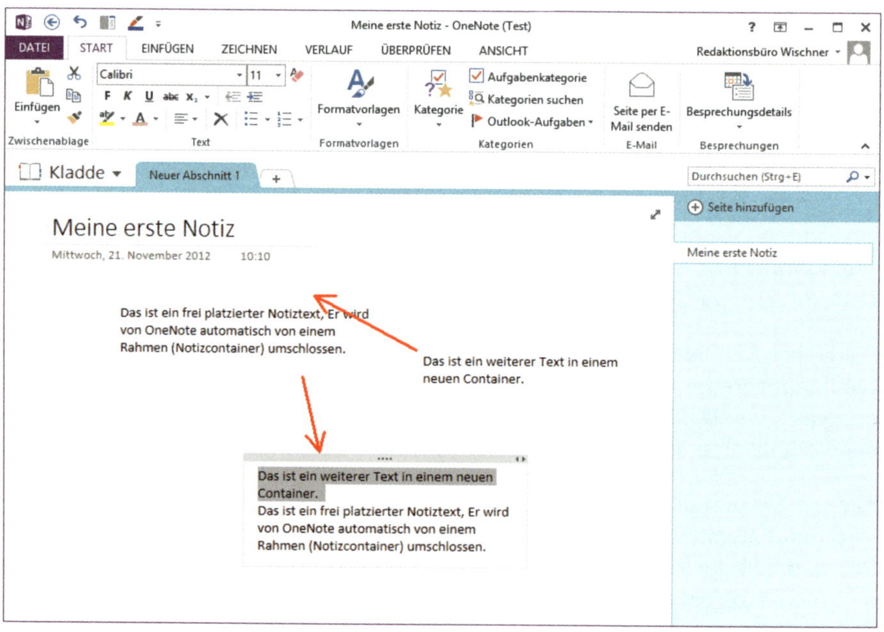

Inhalte von Notizencontainern lassen sich einfach mit der Maus zusammenführen.

3. Der neue Inhalt ist in den aktuellen Container eingefügt und noch markiert. Wenn Sie mit der Position innerhalb des bestehenden Textes nicht zufrieden sind, können Sie diese noch anpassen. Nutzen Sie dazu die Maus bei gedrückter linker Taste oder die Tastatur: Der eingefügte Inhalt lässt sich mit den Tastenkombinationen [Alt]+[↑] und [Alt]+[↓] beliebig verschieben.

3.2.3 Mehr Platz auf der Seite schaffen

Einer der vielen Vorteile von OneNote gegenüber einer Notiz auf Papier ist: Wenn Ihnen der Platz ausgeht oder Sie eine Information zwischen anderen Notizen einfügen möchten, ist das in OneNote überhaupt kein Problem. Es gibt zwei Möglichkeiten, um auf einer Seite mehr Platz für Eingaben zu schaffen:

- **Am Ende der Seite:** Scrollen Sie einfach ans vermeintliche Ende der Seite. Klicken Sie nun den Pfeil nach unten in der rechten Bildlaufleiste an, wird die Seite um einige Zeilen erweitert. Das können Sie beliebig oft wiederholen.
- **Mitten auf einer Seite:** Aktivieren Sie die Symbolleiste *Einfügen*, indem Sie auf das entsprechende Register klicken. Wählen Sie dann die erste Schaltfläche mit der Bezeichnung *Schreibbereich einfügen*. Wenn Sie jetzt den Mauszeiger in den Notizbereich bewegen, werden Sie feststellen, dass er seine Form zu einer horizontalen Linie mit nach unten weisendem Pfeil geändert hat. Zudem erscheint auf gleicher Höhe ein grauer Trennstrich quer über das gesamte Blatt. Klicken und halten Sie die linke Maustaste am oberen Rand des einzufügenden Bereichs. Ziehen Sie die daraufhin erscheinende zweite graue Trennlinie nach unten, bis Sie genügend Freiraum markiert haben. Sobald Sie nun die Maustaste loslassen, wird ein entsprechend großer freier Bereich eingefügt.

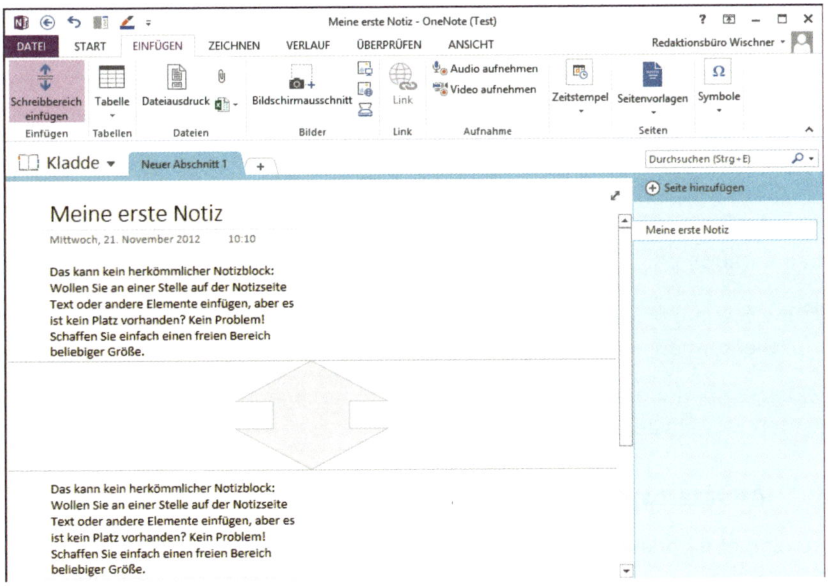

Geht der Platz auf der Seite aus? Kein Problem. Fügen Sie einfach nachträglich so viel Raum ein, wie Sie brauchen.

Jetzt, da Sie das Konzept der Notizencontainer kennengelernt haben, können Sie mit der Eingabe der ersten Notizen beginnen. In den folgenden Abschnitten dieses Kapitels erfahren Sie alles über die verschiedenen Inhaltsformate.

3.3 Text eingeben und formatieren

Wie Sie im vorherigen Abschnitt erfahren haben, tippen Sie in OneNote grundsätzlich einfach drauflos. Selbstverständlich lässt sich der eingegebene Text nach Ihren Vorstellungen gestalten und formatieren. Sämtliche Befehle und Optionen hierfür finden sich in der Symbolleiste *Start*, die meisten erreichen Sie aber alternativ auch über das Kontextmenü, das Sie mit der rechten Maustaste aufrufen. Dieses Bedienkonzept dürfte Ihnen von anderen Office-Programmen her vertraut sein.

Wie zum Beispiel in Microsoft Word unterscheidet man zwischen Zeichen- und Absatzformatierungen. Zu Ersteren gehören zum Beispiel Schriftart, -größe und -farbe oder diverse Auszeichnungen wie fett und kursiv. Zeichenformatierungen gelten entweder für alles, was Sie nach dem Setzen der Formatierung eingeben, oder nachträglich für mit der Maus oder mit der Tastatur markierten Text.

Absatzformatierungen umfassen zum Beispiel Zeilenabstände, Einzüge oder die Textausrichtung. Um sie zu verändern, reicht es in der Regel, die Einfügemarke an eine beliebige Stelle des Absatzes zu positionieren. Sollen allerdings mehrere Absätze auf einmal umformatiert werden, markieren Sie sie ebenfalls mit der Maus oder der Tastatur.

3.3.1 Zeichenformate verwenden

Das Ändern von Schriftart, -farbe und -größe und das Auszeichnen von Textpassagen mit Attributen wie fett, kursiv, unterstrichen, durchgestrichen, farbig hinterlegt usw. funktioniert in OneNote praktisch genauso wie in Word oder anderen Textprogrammen:

1. Markieren Sie den entsprechenden Textabschnitt mit der Maus bei gedrückter linker Taste oder mit der Tastatur bei gedrückter [⇧]-Taste. Einzelne Wörter lassen sich auch per Doppelklick markieren.

2. Wählen Sie in der Symbolleiste *Start* im Abschnitt *Text* die gewünschte Formatierung. Sie können dabei beliebig viele Auszeichnungen kombinieren.

Alle Textauszeichnungen finden Sie auch im Kontextmenü, das durch das Drücken der rechten Maustaste erscheint.

3.3.2 Absatzformate festlegen

Ähnlich simpel ist das Zuweisen von Absatzformaten. Dazu gehören Nummerierungen, Gliederungen, Ein- und Ausrückungen (siehe auch Abschnitt 3.6.1), die Textausrichtung sowie der Zeilenabstand zwischen Absätzen.

1. Setzen Sie die Einfügemarke in den zu formatierenden Absatz.
2. Wählen Sie aus der Symbolleiste *Start* im Abschnitt *Text* oder aus dem Kontextmenü die gewünschte(n) Absatzformatierung(en) durch einen Klick auf das entsprechende Symbol aus. Die Einstellung für den Abstand vor und nach Absätzen finden Sie zusammen mit den Optionen zur Textausrichtung im Drop-down-Menü der Schaltfläche *Absatzausrichtung*. Der entsprechende Eintrag heißt *Absatzabstandsoptionen*.

Beachten Sie bitte, dass die Textausrichtungsfunktionen *Linksbündig*, *Rechtsbündig* und *Zentrieren* sich immer auf den jeweiligen Notizencontainer und nicht auf die gesamte Seite beziehen. Ändern Sie dessen Position und Breite, verschieben sich die enthaltenen Textabsätze entsprechend.

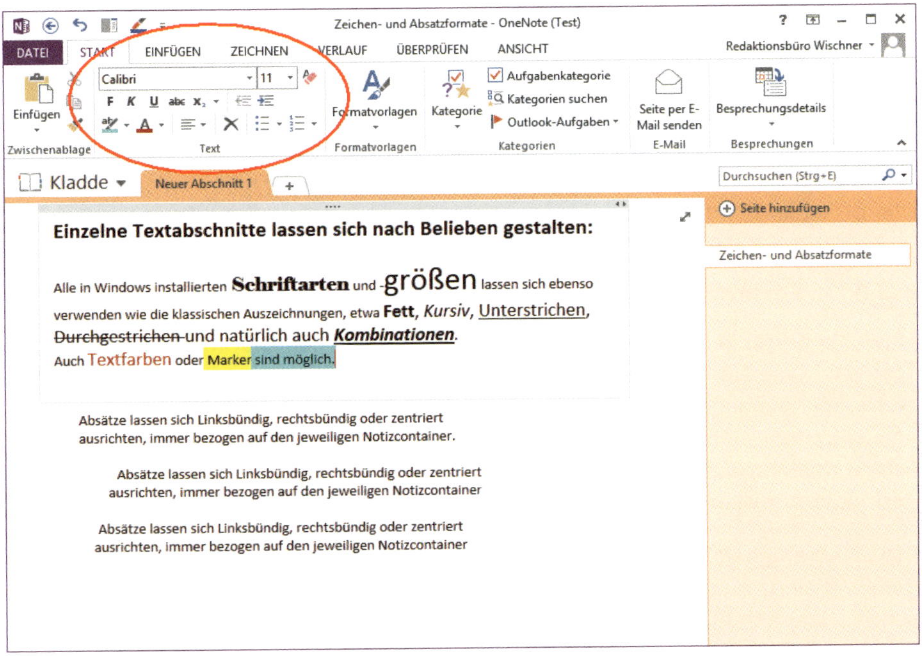

Schriftarten, Auszeichnungen, Textfarben und die Absatzausrichtung lassen sich nach Belieben anpassen.

3.3.3 Formatierungen löschen und übertragen

Haben Sie einen Textabschnitt mit mehreren Formatierungsbefehlen gestaltet, also etwa farbig, fett und in anderer Schriftart und -größe, kann das einzelne Zurücknehmen dieser Auszeichnungen recht mühsam sein. Dasselbe gilt für andere Textabschnitte, denen Sie die gleiche Formatierung zukommen lassen wollen. Für diese Fälle bietet OneNote eine einfache Abkürzung:

- Um sämtliche von der Standardschrift abweichenden Formate von einem Textabschnitt zu entfernen, klicken Sie in der *Start*-Symbolleiste im Abschnitt *Text* auf das Symbol *Alle Formatierungen löschen*. Es befindet sich direkt rechts neben der Schriftgrößenauswahl und zeigt den Buchstaben A mit einem stilisierten Radiergummi. Sie können auch die Tastenkombination Strg+⇧+N verwenden.

Der Formatpinsel erlaubt das Übertragen sämtlicher Auszeichnungen eines Textabschnitts auf einen anderen. Das geht so:

1. Setzen Sie die Einfügemarke in einen Abschnitt, dessen Format Sie auf anderen Text übertragen möchten.
2. Klicken Sie in der *Start*-Symbolleiste auf das Pinselsymbol (*Format übertragen*) im Abschnitt *Zwischenablage*. Der Mauszeiger ändert seine Form zu einem Textcursor mit Pinselsymbol.
3. Markieren Sie mit gedrückter Maustaste den Text, der die Formatierung erhalten soll, und lassen Sie die Taste dann los.

TIPP

Möchten Sie mehreren Textabschnitten die gewählten Formatierungen zukommen lassen, erreichen Sie das, indem Sie im zweiten Schritt das Pinselsymbol doppelt statt einfach anklicken. Um die Übertragungsfunktion wieder aufzuheben, klicken Sie erneut auf das Pinselsymbol oder drücken die Taste Esc.

3.3.4 Formatvorlagen verwenden

OneNote bringt seit der 2010er-Version auch einige vorgefertigte Stilvorlagen für Text mit. Diese sind zwar nicht vergleichbar mit den komplexen Formatvorlagen von Word. Aber sie bieten trotzdem eine schnelle und unkomplizierte Möglichkeit für das schnelle Hervorheben von Textpassagen und einen einheitlichen Look. Der wesentlichste Unterschied zu Word ist, dass sich die Stilvorlagen in OneNote nicht verändern oder erweitern lassen.

Die elf voreingestellten Stile enthalten sieben Vorlagen, die für Überschriften vorgesehen sind, zwei für Zitate, eine für Programmlistings und die normale Absatzschrift. Natürlich bleibt es völlig Ihnen überlassen, wofür Sie die einzelnen Stile tatsächlich verwenden.

TIPP

Alle Formate sind Absatzvorlagen, lassen sich also nicht auf ausgewählte Textpassagen innerhalb eines Absatzes anwenden.

Und so setzen Sie die Vorlagen ein:

1. Positionieren Sie die Einfügemarke in einem Absatz, der die entsprechende Formatierung erhalten soll.

2. Wählen Sie in der Symbolleiste *Start* aus dem Bereich *Formatvorlagen* die gewünschte Vorlage durch einen Mausklick aus. Es werden zwar nur die ersten beiden Vorlagen angezeigt. Sie können die Auswahlliste aber durch einen Klick auf das untere Pfeilsymbol komplett ausklappen.

Alternativ finden Sie die Formatvorlagen auch im Kontextmenü. Hier klicken Sie auf das erste Symbol neben der Schriftart und -größe. Es zeigt den Buchstaben A mit einem Pinsel.

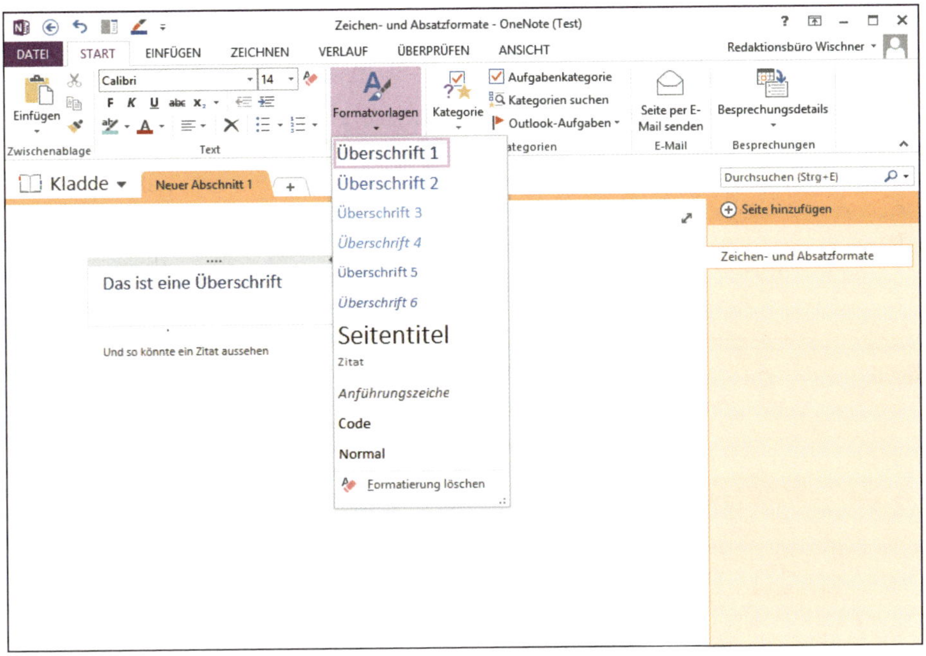

Eine Handvoll vorgefertigter Vorlagen erleichtert vor allem das Formatieren von Überschriften.

> **TIPP**
>
> Die vorgegebenen Formatvorlagen lassen sich nicht ändern. Eine Ausnahme bildet allerdings das Format *Normal*. Es lässt sich zumindest in Sachen Schriftart, -größe und -farbe anpassen. Sie finden die zugehörigen Einstellungen in der Backstage-Ansicht (auf *Datei* klicken) unter *Optionen* in der Kategorie *Allgemein* im Abschnitt *Standardschriftart*.

3.4 Bilder einfügen

Mit das Wichtigste, was Sie vermutlich in OneNote speichern werden, sind – neben Text und Links – Bilder aller Art. Das können Fotos und Grafiken aus dem Web, Digitalfotos, Zeichnungen oder Diagramme sein. OneNote kann mit allen gängigen Grafikformaten (z. B. JPEG, BMP, TIF, PNG, GIF) umgehen.

Positionieren Sie hierzu die Einfügemarke an der gewünschten Stelle. Das kann ein vorhandener Notizencontainer sein oder auch eine freie Stelle auf dem Notizblatt. Importieren Sie ein Bild in einen vorhandenen Container, wird es nach dem Einfügen automatisch auf dessen Breite skaliert. Es lässt sich aber nachträglich durchaus in der Größe ändern.

Fügen Sie es dagegen außerhalb von Notizencontainern an einem freien Platz der Seite ein, wird nicht etwa ein neuer Container angelegt. Bilder erhalten einen eigenen Positionsrahmen. Dieser lässt sich im Gegensatz zu Notizencontainern in Höhe und Breite frei verändern.

TIPP

Bilder mit hoher Auflösung werden in OneNote zumeist verkleinert eingesetzt. Das ist in den meisten Fällen durchaus sinnvoll, um die Notizseite nicht unnötig »aufzublasen«. Sie können jedoch einzelne Bilder in OneNote auf ihr Originalformat skalieren. Dazu klicken Sie das entsprechende Bild mit der rechten Maustaste an und wählen aus dem Kontextmenü *Originalgröße wiederherstellen.*

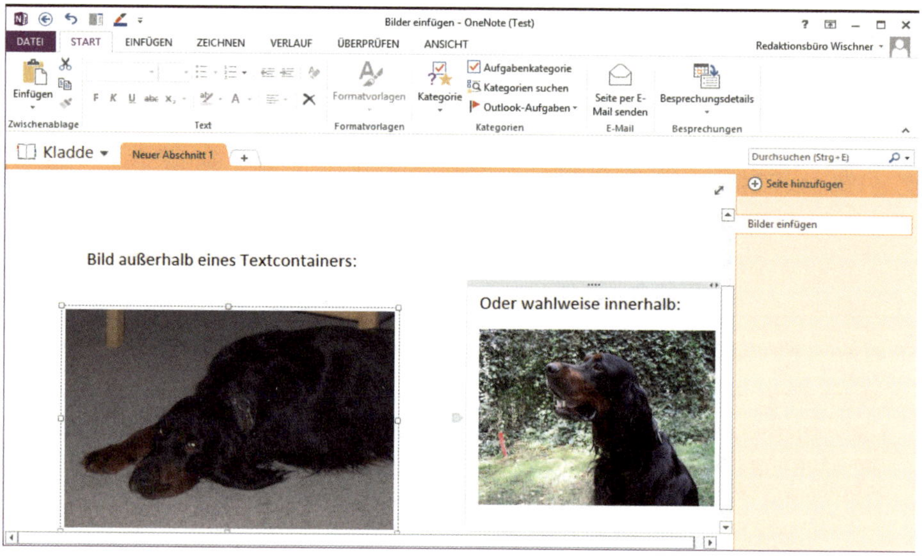

Bilder lassen sich frei auf der Seite oder innerhalb eines Notizencontainers einfügen.

3.4.1 Bilder von einem Datenträger laden

Der gängigste Weg dürfte das Einfügen von Bildern durch das Laden von einem beliebigen Datenträger sein.

1. Aktivieren Sie die Symbolleiste *Einfügen*, falls diese nicht bereits geöffnet wird.
2. Hier finden Sie im mittleren Bereich drei Schaltflächen, die mit Bildern zu tun haben. Klicken Sie auf die Schaltfläche mit der Bezeichnung *Bilder*.

3. Es öffnet sich das bekannte Windows-Dialogfeld zur Dateiauswahl. Navigieren Sie zum entsprechenden Laufwerk und Ordner. Wählen Sie das gewünschte Bild aus, und klicken Sie auf *Öffnen*.

> Sie dürfen durchaus mehrere Bilder auf einmal einfügen. Klicken Sie die entsprechenden Dateinamen einfach bei gedrückter Strg-Taste an.
>
> TIPP

3.4.2 Bilder per Zwischenablage einfügen

Natürlich lassen sich Bilder auch aus der Zwischenablage einfügen, die zum Beispiel aus einem Grafikprogramm, Bildbetrachter oder einem Webbrowser stammen (mehr zum Einfügen per Zwischenablage lesen Sie in Kapitel 4, »Zusammenspiel mit anderen Programmen«).

Auch hierfür setzen Sie zunächst die Einfügemarke an die gewünschte Position, also in einen vorhandenen Containerrahmen oder an eine freie Stelle des Blatts.

Drücken Sie dann die Tastenkombination Strg+V. Alternativ funktioniert auch die rechte Maustaste für das Kontextmenü und dann die Auswahl von *Grafik* aus dem Menüabschnitt *Einfügeoptionen*.

3.4.3 Bilder aus einem Onlinedienst einfügen

Neu seit OneNote 2013 ist die Möglichkeit, Bilder direkt aus einem Onlinebilderdienst zu holen. Im Moment werden hierbei der persönliche OneDrive-Bereich, die Bing-Bildersuche (ähnlich Google Bilder), Microsofts Office.com-Clipart-Sammlung und Flickr unterstützt. Haben Sie sich nicht mit einem Microsoft-Konto angemeldet, ist die Bildersuche allerdings auf Bing begrenzt.

1. Wählen Sie, nachdem Sie die Einfügemarke an der gewünschten Stelle positioniert haben, aus dem *Einfügen*-Register die Schaltfläche *Onlinegrafiken*.

2. Es öffnet sich ein Fenster mit der Auswahl des Bilderdienstes. Rechts neben den Einträgen von *ClipArt von Office.com* (nur OneNote 2013) und *Bing-Bildersuche* befindet sich ein Suchfeld, in das Sie einen beliebigen Begriff oder eine Begriffskombination eintragen. Die Suchergebnisse erscheinen dann als Bildervorschau im selben Fenster. Ein Doppelklick auf ein Bild fügt es automatisch an der Cursorposition der aktuellen Seite ein.

In OneNote lassen sich Bilder auch direkt aus Ihrem OneDrive-Ordner, der Bing-Bildersuche oder Flickr einfügen.

Der dritte Bilderdienst ist die eigene OneDrive-Onlinefestplatte. Wenn Sie ohnehin schon per OneNote bei Ihrem Microsoft-Konto angemeldet sind, führt die Schaltfläche *Durchsuchen* zu Ihrem Webverzeichnis, wo Sie direkt die gewünschten Bilder auswählen können. Ansonsten öffnet sich zuerst der übliche Anmeldedialog.

Im unteren Bereich sind weitere Onlinedienste aufgelistet. Zum Zeitpunkt der Entstehung dieses Buches beschränkte sich die Auswahl auf Flickr und Facebook. In beiden Fällen müssen Sie sich beim entsprechenden Service zunächst anmelden, wozu Sie ggf. aufgefordert werden.

3.4.4 Bilder direkt einscannen (nicht OneNote 2016)

Um Bilder oder andere Dokumente in eine OneNote-Notiz einzuscannen, könnten Sie wie gewohnt die Software des Scanners verwenden: also Scanprogramm starten, Parameter einstellen, Dateiname und Speicherort festlegen, scannen, zu OneNote wechseln und dort das abgelegte Bild laden.

In OneNote 2016 ist das leider auch die einzige Methode, denn die im Folgenden beschriebene Funktion wurde entfernt. Als Grund gab Microsoft Unverträglichkeiten vor allem mit 64-Bit-Versionen von MS-Office an. Der Scannerimport wurde aber auch aus dem 32-Bit-OneNote entfernt. Ob die Funktion zu einem späteren Zeitpunkt per Patch wieder eingebaut wird, war zur Drucklegung dieses Buches noch offen.

OneNote 2013 (und auch 2010) ist in der Lage, den Scanner direkt anzusprechen und sich das Bild quasi zu holen:

1. Positionieren Sie die Einfügemarke an der gewünschten Stelle in der Notiz, und klicken Sie dann im *Einfügen*-Register auf die Schaltfläche *Gescanntes Bild*.

2. Es öffnet sich ein Dialogfeld, in dem Sie aus der Liste *Gerät* Ihren Scanner auswählen. Unter *Auflösung* bestimmen Sie die Qualität und damit den Speicherbedarf des eingelesenen Bildes. Ein Klick auf *Einfügen* startet den Scanvorgang, nach dessen Abschluss das Bild oder Dokument in Ihre Notizseite eingefügt wird.

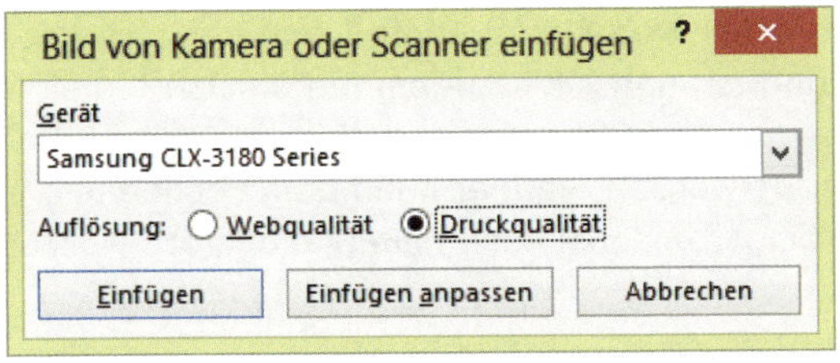

OneNote 2013 kann Scanner direkt ohne Umweg über die zugehörige Scansoftware ansprechen. In OneNote 2016 wurde dieses Feature allerdings entfernt.

Klicken Sie dagegen auf die Schaltfläche *Einfügen anpassen* anstelle von *Einfügen*, öffnet sich vor dem Scannen das Dialogfeld Ihrer Scansoftware. Hier können Sie Auflösung, Farbanpassungen, Ausschnitt und weitere Optionen einstellen. Welche das genau sind, hängt ausschließlich von der installierten Scansoftware und dem zugehörigen Treiber ab.

Apropos Treiber: Das Einscannen von Bildern in OneNote-Notizen funktioniert nicht nur mit Flachbettscannern oder Multifunktionsdruckern, sondern im Prinzip mit jedem Gerät, das über einen Scanner/TWAIN-Treiber angebunden ist. Das können also auch spezielle Foto-, Dia-, Hand- oder Visitenkarten-Scanner und unter Umständen sogar angeschlossene Digitalkameras sein.

3.4.5 Bildschirmausschnitt einfügen

Ganze Bildschirminhalte oder Teile davon lassen sich mit dem in OneNote integrierten Snipping Tool ganz einfach in Ihre Notizen einfügen. Sie eignen sich nicht nur zur Dokumentation von Bildschirmausgaben anderer Programme. Diese Methode ist auch sehr gut geeignet, um Ausschnitte von Webseiten im Originaldesign zu speichern. Durch die integrierte Grafik-zu-Text-Umwandlung von OneNote (mehr dazu folgt in Kapitel 5, »Suchen und finden«) sind die Inhalte trotz Grafikformats nach Textstellen durchsuchbar.

1. Wählen Sie aus dem *Einfügen*-Register die Schaltfläche *Bildschirmausschnitt*. Daraufhin verschwindet das OneNote-Fenster, und der Rest des Desktops nebst eventuell geöffneten Fenstern wird sehr blass dargestellt.

2. Ziehen Sie mit gedrückter linker Maustaste ein Rechteck um den zu speichernden Bereich auf. Der Inhalt dieses Rechtecks erscheint in normalen Farben. Lassen Sie die linke Maustaste los, wenn der Ausschnitt passt. Das OneNote-Fenster öffnet sich erneut, und der gewählte Ausschnitt wird in die Notizseite eingefügt.

Sie können die Auswahl jederzeit abbrechen, indem Sie zusätzlich die rechte Maustaste drücken.

Eine alternative Methode zur Auswahl der entsprechenden OneNote-Schaltfläche ist die Tastenkombination [Win]+[H]+[S] (seit dem Update auf Windows 8.1 funktioniert die alte Kombination [Win]+[S] nicht mehr). Das klappt auch, wenn ein anderes Programm als OneNote im Vordergrund ist, und stellt zudem die einzige Möglichkeit dar, Bildschirmausschnitte von der OneNote-Oberfläche selbst zu machen. Im Unterschied zur erstgenannten Methode werden Sie hier nach dem Festlegen des zu speichernden Bildausschnitts allerdings zunächst nach dem Speicherort (Notizbuch, Abschnitt, Seite) gefragt.

3.4.6 Bilder formatieren, verlinken und nach Text durchsuchen

Zunächst einmal haben Sie bei Bildern, die Sie mit in eine OneNote-Notiz einfügt haben, die Ihnen von anderen Programmen bekannten Positionierungs- und Formatierungsoptionen.

Bilder lassen sich nach dem Anwählen mit der Maus nach Belieben mit gehaltener linker Maustaste verschieben. Zudem erscheinen an den vier Ecken und in der Mitte jeder Kante kleine rechteckige Quadrate als Anfasser. Klicken Sie eine Ecke an und verschieben Sie den Mauszeiger bei gedrückter linker Taste, wird das Bild proportional vergrößert und verkleinert. An den vertikalen und horizontalen Kanten dagegen dehnen und stauchen Sie den Rahmen in der entsprechenden Richtung. Steckt das Bild allerdings innerhalb eines Notizencontainers, funktioniert zum proportionalen Vergrößern und Verkleinern nur der Anfasser in der rechten unteren Ecke.

Weitere Möglichkeiten erhalten Sie, wenn Sie per Klick mit der rechten Maustaste auf das Bild das zugehörige Kontextmenü öffnen. Dieses bietet Ihnen neben einem alternativen Zugriff auf die Verschiebe- und Skalierungsoptionen weitere Möglichkeiten:

- Ein Klick auf *Drehen* öffnet ein Untermenü, über das sich das Bild in 90-Grad-Schritten nach links und rechts drehen oder horizontal und vertikal spiegeln lässt. Für feinere Schritte müssen Sie das Bild zunächst in einem geeigneten Grafikprogramm bearbeiten.
- Der Eintrag *Reihenfolge* führt zur Auswahl der Tiefenebene. So lässt sich bei überlappenden Bildern oder Notizencontainern festlegen, welcher Rahmen im Vordergrund liegt und Darunterliegendes verdeckt.
- Der Befehl *Speichern unter* erlaubt das Abspeichern des Bildes (in Originalauflösung) als eigenständige Datei auf einem Datenträger.
- *Bild als Hintergrund festlegen* sperrt die Möglichkeit, es zu verschieben oder in der Größe zu verändern. Der Zugriff auf das Kontextmenü per Rechtsklick bleibt, der Positionsrahmen wird aber nicht mehr eingeblendet. Diese Funktion eignet sich zur Gestaltung von Vorlagen, zum Beispiel mit Firmenlogo oder für Wasserzeichen. Das Bild darf sich dabei nicht in einem Notizencontainer befinden.

- Der Befehl *Link* erlaubt das Verlinken des gesamten Bildes entweder intern (mit einer anderen Notizbuchseite in OneNote) oder extern (etwa mit einer Webadresse). Mehr zu Links lesen Sie im Abschnitt 3.7.

Besonders interessant: OneNote enthält eine im Hintergrund arbeitende OCR-Funktion zur Texterkennung in Bitmap-Grafiken. Daher sind erkannte Textbereiche in Bildern (Scans, Fotos usw.) durchsuchbar. Unter *Text im Bild als durchsuchbar definieren* legen Sie die zugehörige Sprache fest oder schalten die Funktion ab (*Deaktiviert*).

Sie können jederzeit prüfen, welchen Text OneNote im Bild erkannt hat: Klicken Sie das betreffende Bild mit der rechten Maustaste an, und wählen Sie den Befehl *Alternativtext* aus dem Kontextmenü. Es öffnet sich ein Textfeld, das den gesamten aus dem Bild herausgelesenen Text inklusive eventueller Erkennungsfehler anzeigt. Markieren Sie hier einen Textabschnitt, lässt er sich mit Strg+C in die Zwischenablage kopieren und später mit Strg+V an beliebiger Stelle einer Notiz einsetzen.

Möchten Sie den kompletten von der OCR-Funktion erkannten Text aus dem Bild in die Zwischenablage kopieren, geht das mit dem Kontextmenübefehl *Text aus Bild kopieren*.

Nicht nur in gescannten Objekten, sondern auch in Fotos funktioniert die Texterkennung erstaunlich gut.

3.5 Tabellen in OneNote

Für die Strukturierung bestimmter Daten und/oder Zahlen ist die Tabelle nach wie vor das Gestaltungsmittel der Wahl. Selbstverständlich kann auch OneNote mit Tabellen umgehen.

Zwar bieten Tabellen einige Gestaltungsmöglichkeiten. Dennoch fehlt einiges, was Sie beispielsweise von Tabellen in Microsoft Word gewohnt sein mögen. Dafür ist der Umgang mit Tabellen in OneNote extrem einfach und intuitiv.

3.5.1 Tabellen anlegen

Es gibt drei Möglichkeiten, eine Tabelle in OneNote zu erzeugen:

- In der Symbolleiste *Einfügen* klicken Sie auf die Schaltfläche *Tabelle*. In der daraufhin geöffneten Matrix aus Quadrat-Symbolen ziehen Sie mit der Maus die Größe der gewünschten Tabelle auf – also die Anzahl der Zeilen und Spalten.
- An derselben Stelle wählen Sie alternativ den Menüpunkt *Tabelle einfügen,* anstatt die Tabelle mit der Maus zu zeichnen. Danach können Sie die Zahl der Zeilen und Spalten direkt im Dialogfeld festlegen.
- Die dritte Option: Drücken Sie beim Schreiben von Text in einem Notizencontainer die ⭾-Taste. Es entsteht automatisch eine Tabellenzelle mit dem aktuellen Text, und die Einfügemarke springt in eine zweite Zelle rechts daneben. So lassen sich beliebig weitere Spalten innerhalb derselben Zeile anfügen. Um eine neue Zeile anzulegen, drücken Sie die ↵-Taste, während die Einfügemarke in einer ganz rechten Spalte steht.

Wie sonstiger Text kann auch eine Tabelle allein in einem eigenen Notizencontainer stehen oder sich einen Container mit anderen Inhalten wie Text oder Grafiken teilen.

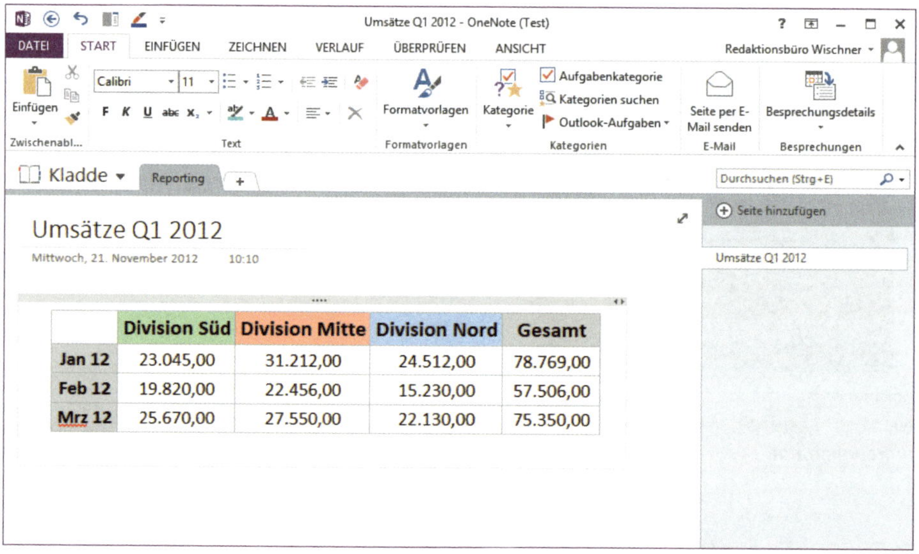

Die verbesserten Tabellentools in OneNote 2013 und 2016 erlauben beispielsweise auch das Einfärben von Zellen.

> **TIPP**
>
> Sie dürfen ohne Weiteres Tabellen verschachteln, also eine Tabelle innerhalb einer Tabellenzelle verwenden. Platzieren Sie dazu einfach die Einfügemarke in einer Zelle, und wiederholen Sie die Prozedur zum Anlegen einer Tabelle.

3.5.2 Zeilen und Spalten einfügen und löschen

Natürlich ist der zuerst angegebene Umfang der Tabelle nicht festgeschrieben. Sie können wie in anderen Programmen auch jederzeit Zeilen und Spalten hinzufügen oder entfernen. So geht's:

1. Setzen Sie dazu die Einfügemarke in eine Zelle, über, unter oder neben der Sie eine weitere Zeile oder Spalte einfügen möchten.
2. Da die Einfügemarke in einer Tabelle steht, erscheint über der Symbolleiste das neue Register *Layout*. Die Symbole im Menüband werden durch Symbole mit Tabellenfunktionen ersetzt.
3. Im Abschnitt *Einfügen* klicken Sie nun auf *Darüber einfügen* oder *Darunter einfügen*, um Zeilen ober- oder unterhalb der aktuellen Zeile einzufügen. Um Spalten links oder rechts einzufügen, verwenden Sie analog die Schaltflächen *Links einfügen* und *Rechts einfügen*.

> **TIPP**
> Alle Befehle der Symbolleiste finden Sie auch im Kontextmenü einer Tabelle: Klicken Sie mit der rechten Maustaste auf eine Tabelle, und wählen Sie den Befehl *Tabelle*. Darauf öffnet sich ein Untermenü mit denselben Befehlen wie in der Symbolleiste.

Im Prinzip genauso funktioniert das Entfernen einzelner Zeilen, Spalten oder der gesamten Tabelle. Klicken Sie dazu in der Symbolleiste *Layout* oder im Kontextmenü *Tabelle* auf *Zeilen löschen*, *Spalten löschen* oder *Tabelle löschen*.

3.5.3 Tabellen gestalten und formatieren

Inhalte von Tabellenzeilen lassen sich im Wesentlichen genauso formatieren, als stünden sie in einem normalen Notizencontainer. Eingebettete Grafiken können Sie also genauso vergrößern und verkleinern, Text mit Auszeichnungen versehen, Schriftart und -größe ändern, wie es in den vorherigen Abschnitten beschrieben wurde.

Sie finden die entsprechenden Befehle wie gewohnt in der *Start*-Symbolleiste oder per Rechtsklick im Kontextmenü.

Wenn die Anzeige des Gitterrasters Sie stört, können Sie dieses jederzeit mit der Schaltfläche *Rahmen ausblenden* in der Symbolleiste *Layout* oder im Kontextmenü aus- und wieder einblenden.

Die Breite einzelner Spalten lässt sich mit der Maus verändern. Bewegen Sie den Mauszeiger über eine senkrechte Trennlinie, verändert sich dessen Form und Sie können die Spaltengrenze mit gedrückter linker Maustaste beliebig verschieben.

> TIPP
> Die Zeilenhöhe lässt sich nicht direkt mit der Maus beeinflussen. Sie hängt ausschließlich von der Größe und Menge des enthaltenen Textes ab. Um vertikalen Platz in den Zellen zu schaffen, fügen Sie mit der Tastenkombination Alt+↵ Leerzeilen ein.

Alle folgenden Gestaltungsmöglichkeiten gelten für die Zelle, in der sich aktuell die Einfügemarke befindet. Wollen Sie die Wirkung auf mehrere Zellen ausweiten, müssen Sie diese zunächst markieren. Das geht auf verschiedene Arten:

- **Mit der Maus:** So, wie Sie auch ansonsten Text in Windows-Programmen mit der Maus markieren, klicken Sie mit der linken Maustaste in eine Zelle, halten die Taste gedrückt, ziehen einen rechteckigen Bereich durch Bewegen der Maus auf und lassen die Taste los. Um nur den Text in der aktuellen Zelle zu markieren, können Sie auch Strg+Alt drücken. Ein erneutes Drücken dieser Kombination markiert die gesamte Zelle.
- **Ganze Tabelle markieren:** Setzen Sie die Einfügemarke irgendwo in die Tabelle, und wählen Sie dann aus der Symbolleiste *Layout* oder aus dem Kontextmenü *Tabelle* per rechter Maustaste (siehe vorheriger Abschnitt) den Befehl *Tabelle auswählen*. Alternativ drücken Sie viermal Strg+Alt.
- **Ganze Spalte markieren:** Bewegen Sie den Mauszeiger an den oberen Rand der betreffenden Spalte, bis er die Form eines schwarz gefüllten, nach unten weisenden Pfeils annimmt. Klicken Sie dann mit der linken Maustaste. Alternativ setzen Sie die Einfügemarke in eine beliebige Zelle der entsprechenden Spalte und klicken in der Symbolleiste *Layout* oder im Kontextmenü *Tabelle* auf *Spalten auswählen*.
- **Ganze Zeile markieren:** Auch hier gibt es zwei Möglichkeiten. Entweder Sie klicken auf den kleinen grauen Marker links außerhalb der entsprechenden Zeile. Oder Sie bemühen wieder die Symbolleiste *Layout* bzw. das Kontextmenü. Der zugehörige Befehl lautet diesmal *Zeilen auswählen*. Auch das klappt mit dem Tastenkürzel Strg+Alt, das Sie hierfür dreimal betätigen müssen.

Zusätzlich zu den Textgestaltungsmöglichkeiten bieten das *Layout*-Register und das Kontextmenü *Tabelle* ein paar weitere Optionen.

- **Text in Zellen ausrichten:** Die Befehle *Linksbündig*, *Zentrieren* und *Rechtsbündig* im Abschnitt *Ausrichtung* des *Layout*-Registers richten Zellinhalte innerhalb der Zellen entsprechend aus.
- **Zellen einfärben:** Die Schaltfläche *Schattierung* erlaubt die Auswahl der Hintergrundfarbe für die aktuelle Zelle oder den markierten Zellbereich. Die Textfarbe wird dabei nicht automatisch angepasst. Wenn Sie also eine dunkle Zellfarbe wählen, müssen Sie unter Umständen über die Textformatierungsbefehle in der *Start*-Symbolleiste oder per Kontextmenü zusätzlich eine helle Schriftfarbe einstellen.

- **Tabelle sortieren:** Setzen Sie die Einfügemarke in die Spalte, deren Inhalte als Sortierkriterium dienen sollen. Klicken Sie dann im *Layout*-Register auf *Sortieren*, über dessen Drop-down-Menü Sie festlegen, ob die Tabellenzeilen auf- oder absteigend geordnet werden sollen. Außerdem können Sie hier durch Aktivieren des Häkchens bei *Überschriftenzeile* dafür sorgen, dass die oberste Zeile der Tabelle von der Sortierung unberührt bleibt, falls diese eine Überschrift enthält.

3.5.4 Excel-Tabellen in OneNote verwenden

Seit der OneNote-Version 2013 gibt es die Möglichkeit, auch Excel-Tabellen in eine Notiz einzufügen. Dies ist zum Beispiel dann sinnvoll, wenn Sie Berechnungen oder Diagramme benötigen, womit die OneNote-eigene Tabellenfunktion überfordert ist.

Eingebettete Excel-Tabellen lassen sich zwar nicht direkt in OneNote editieren. Stattdessen erfolgt die Bearbeitung in Excel selbst. Jedoch spiegeln sich alle Änderungen sofort in der Tabelle wider, die Sie in die Notiz eingebettet haben. Somit ist dieses Verfahren den bisherigen Möglichkeiten, eine Excel-Tabelle als Datei oder Druckvorschau zu integrieren (siehe Abschnitt 3.9), deutlich überlegen. Selbstverständlich sind alle Inhalte der Excel-Tabelle in OneNote durchsuchbar (siehe Kapitel 5, »Suchen und finden«).

Sie können entweder in der Notiz eine neue Excel-Tabelle anlegen, eine bestehende Excel-Datei importieren oder eine vorhandene OneNote-Tabelle in eine Excel-Tabelle umwandeln.

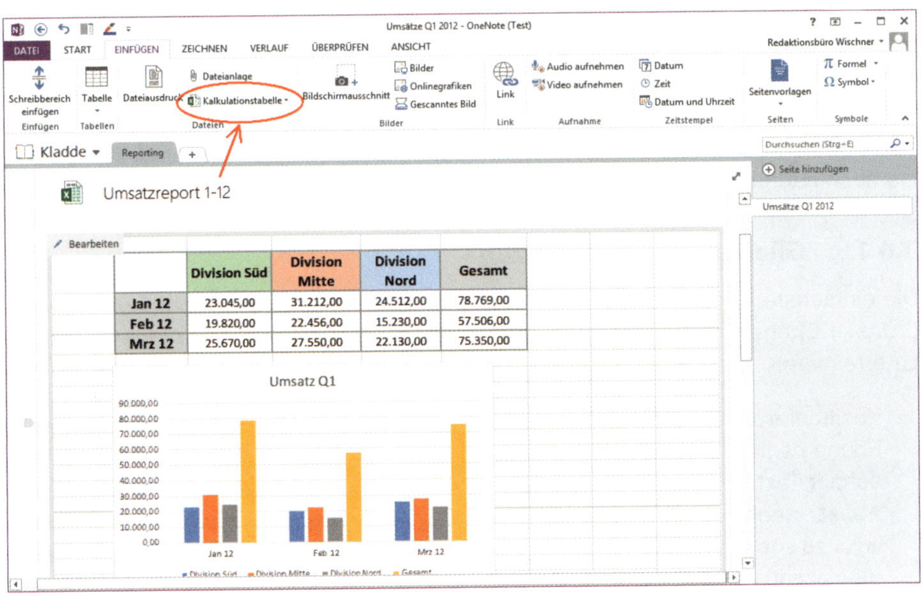

Reichen die Tabellen von OneNote nicht aus, fügen Sie komplette Excel-Arbeitsblätter in die Notiz ein.

- Um eine neue Excel-Tabelle hinzuzufügen, öffnen Sie in der Symbolleiste *Einfügen* das Drop-down-Menü der Schaltfläche *Kalkulationstabelle* und wählen darin den Befehl *Neue Excel-Tabelle* aus.
- Ganz ähnlich fügen Sie eine vorhandene Excel-Tabelle ein: Nach dem Klick auf die Schaltfläche *Kalkulationstabelle* wählen Sie in diesem Fall *Vorhandene Excel-Tabelle*, navigieren im folgenden Dialogfeld zur Dateiauswahl zur gewünschten Excel-Datei und bestätigen mit *Einfügen*.
- Eine in OneNote erstellte Tabelle wandeln Sie folgendermaßen ins Excel-Format um: Setzen Sie die Einfügemarke in eine beliebige Zelle der Tabelle und klicken Sie mit der rechten Maustaste. Im daraufhin geöffneten Kontextmenü wählen Sie den Befehl *In Excel-Tabelle konvertieren* aus.

Beachten Sie, dass sich Excel-Tabellen innerhalb des OneNote-Editors nicht mehr bearbeiten lassen. Es scheint zwar so, dass Sie nach einem Doppelklick in die Tabelle Text hineinschreiben können. Tatsächlich entsteht dabei aber lediglich ein neuer Notizencontainer, der die Tabelle überlagert.

Um die Inhalte der Excel-Tabelle zu bearbeiten, klicken Sie hingegen auf das Symbol *Bearbeiten*, das in der linken oberen Ecke erscheint, sobald Sie den Mauszeiger über die Tabelle bewegen. Dadurch wird Excel geöffnet und die Tabelle übertragen. Alle am Tabelleninhalt vorgenommenen Änderungen erscheinen in OneNote, sobald Sie die Tabelle in Excel speichern.

3.6 Gliederungen und Aufzählungen

Neben Tabellen sind nummerierte Aufzählungen, Punktlisten und Gliederungen in mehreren Ebenen eine gute Methode, Informationen zu strukturieren. Entsprechende Formate können Sie in OneNote sowohl automatisch während des Schreibens als auch nachträglich bereits vorhandenem Text zuweisen.

3.6.1 Gliederung durch Einzüge

Die einfachste Art der Textgliederung sind Einzüge, also das Verschieben untergeordneter Ebenen nach rechts. OneNote bietet nicht weniger als vier Methoden, das zu erreichen:

- Positionieren Sie die Einfügemarke in die Textzeile oder den Absatz, der eine Ebene nach rechts oder links verschoben werden soll. Klicken Sie dann im Abschnitt *Text* der *Start*-Symbolleiste auf das Symbol *Einzug vergrößern*, um den Absatz nach rechts zu verschieben, bzw. auf *Einzug verkleinern*, um ihn nach links zu rücken. Beide Schaltflächen finden Sie alternativ auch in der Formatierungssymbolleiste des Kontextmenüs, das Sie mit der rechten Maustaste öffnen.
- Sobald sich der Mauszeiger über einem Textabsatz befindet, wird der zugehörige Notizencontainer als Rahmen angezeigt. Links von der Textzeile unter der Einfügemarke (bei linksbündigem Text sogar links außerhalb des Containerrahmens) erscheint ein graues Fünfeck-Symbol. Dieses lässt sich mit gedrückter

linker Maustaste nach rechts oder links verschieben, was für eine entsprechende Ein- oder Ausrückung des zugehörigen Absatzes sorgt.

- Drücken Sie zu Beginn einer Zeile – also mit der Einfügemarke ganz links – die [Tab]-Taste, um eine Zeile oder einen Absatz nach rechts zu schieben. Eine Ebene zurück nach links geht's, wenn Sie die [⇦]-Taste drücken.
- Wenn Sie stattdessen die Tastenkombinationen [⇧]+[Alt]+[→] für das Einrücken bzw. [⇧]+[Alt]+[←] für das Ausrücken verwenden, darf die Einfügemarke an einer beliebigen Stelle im entsprechenden Absatz stehen.

OneNote merkt sich die aktuelle Einrückungsebene. Das heißt: Wenn Sie am Ende einer Zeile die Taste [↵] drücken, steht die Einfügemarke in der nächsten Zeile auf Höhe der vorherigen Einrückungsebene. Diese wechseln Sie durch eine der vorgenannten Methoden.

3.6.2 Punktlisten und Nummerierungen

Für Aufzählungen oder eine stärker akzentuierte Gliederung ist es üblich, jeden Absatz mit einem grafischen Symbol (Bullet-Zeichen) einzuleiten. Alternativ ist auch eine automatisch fortlaufende Nummerierung mit Ziffern oder Buchstaben möglich:

- Im einfachsten Fall beginnen Sie die erste Zeile einer Liste mit einem Bindestrich, gefolgt von einem Leerzeichen. OneNote erkennt, dass Sie eine Bullet-Liste anlegen möchten, und gibt in der Folge nach jedem Druck auf die [↵]-Taste selbstständig ein weiteres Aufzählungszeichen nebst folgender Leerstelle vor.
- Einen ausgefüllten schwarzen Punkt als Bullet-Zeichen erhalten Sie, indem Sie die Tastenkombination [Strg]+[.] drücken.
- Möchten Sie ein anderes Zeichen als Bullet verwenden, klicken Sie in der *Start*-Symbolleiste im Abschnitt *Text* auf das kleine Dreieckssymbol rechts in der Schaltfläche *Aufzählungszeichen*. Es öffnet sich eine Palette mit einer Auswahl von grafischen Symbolen. Eine entsprechende Schaltfläche finden Sie auch im Kontextmenü, das Sie mit der rechten Maustaste an der jeweiligen Position der Einfügemarke aufrufen.

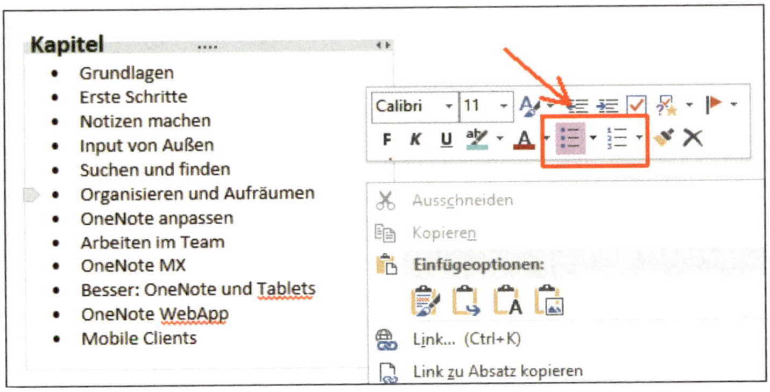

Übersichtliche Listen erzeugen Sie mit Punktlisten und Nummerierungen.

Ähnlich funktioniert die Nummerierung von Zeilen und Absätzen. Beginnen Sie einfach eine Zeile mit »1.«. Nach jedem Drücken von ↵ setzt OneNote die nächsthöhere Nummer oder den nächsten Buchstaben an den Zeilenanfang. Die möglichen Nummerierungszeichen sehen und ändern Sie auf der Schaltfläche mit den kleinen Ziffern vor den Zeilen in der Symbolleiste *Start* im Abschnitt *Text*.

3.6.3 Hierarchische Gliederungen

Kombiniert man nun beide vorgenannten Mechanismen, also das Nummerieren und Erzeugen mehrerer Ebenen durch Einrücken, erhält man strukturierte Gliederungen.

OneNote bekommt es mit, wenn Sie vorhaben, eine Gliederung aufzubauen: Schreiben Sie eine Zeile Text, beginnend mit »1.«. In der nächsten Zeile drücken Sie einmal die ⇆-Taste, um eine untergeordnete Ebene einzurichten und die Zeile einzurücken. OneNote wird automatisch eine weitere Nummerierungsebene erzeugen und der Zeile ein »a.« voranstellen. Ziehen Sie auf die gleiche Weise eine dritte Ebene hinzu, nummeriert OneNote diese automatisch mit »i«, »ii«, »iii« und so weiter.

Diese Nummernformate sind natürlich nicht festgeschrieben. Sie können sie jederzeit für jede Ebene einzeln anpassen. Möchten Sie zum Beispiel, dass die zweite Ebene mit Großbuchstaben ohne Punkt (A, B, C usw.) gekennzeichnet wird, gehen Sie folgendermaßen vor:

1. Klicken Sie auf eine der unerwünschten Nummerierungen, zum Beispiel auf das »a.«. Daraufhin werden die Zählzeichen der gesamten Ebene, sofern schon welche vorhanden sind, grau hinterlegt.

2. In der *Start*-Symbolleiste klicken Sie nun auf das kleine Dreieck rechts neben der Nummerierungsschaltfläche. Daraufhin öffnet sich ein Auswahlfenster mit unterschiedlichen Nummerierungsformaten.

3. Wählen Sie das gewünschte Format per Linksklick aus. Alle Absätze der entsprechenden Ebene werden sofort entsprechend umformatiert.

Sollten Sie ein Format wünschen, das nicht im Auswahlfenster angeboten wird, können Sie an dessen unterem Rand auf *Nummerierung anpassen* klicken. Im rechten Bildschirmbereich erscheint ein Fenster mit etlichen weiteren Möglichkeiten. Hier bestimmen Sie auf Wunsch auch einen neuen Startwert und die Formatierung der Nummerierung im Verhältnis zum folgenden Text.

OneNote hält noch ein paar Tricks im Umgang mit hierarchischen Gliederungen parat. So können Sie zum Beispiel alle Textelemente, die zu einer bestimmten Hierarchieebene gehören, auf einmal markieren – zum Beispiel, um ihnen eine andere Schriftart zuzuweisen.

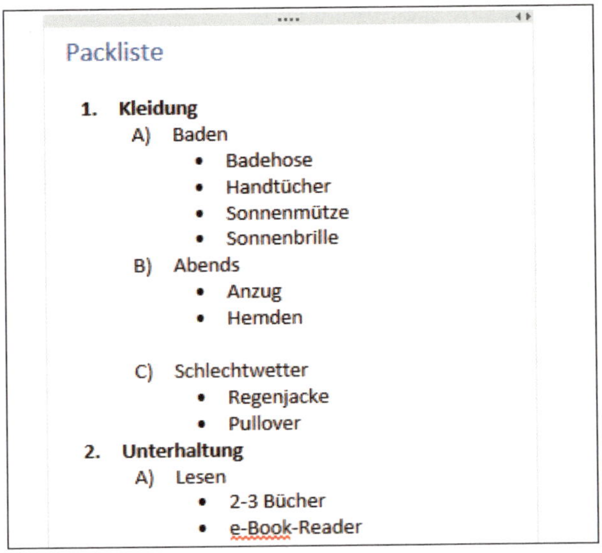

Einrückungen, Punktlisten und Nummerierung in Kombination erlauben komplexe Gliederungen.

Der Schlüssel ist wieder das graue Fünfeck, das links neben einer Textzeile, einem Absatz bzw. einer Gliederungsebene erscheint, über der bzw. dem sich der Mauszeiger befindet. Klicken Sie das Symbol mit der rechten Maustaste an, und wählen Sie im zugehörigen Kontextmenü den Eintrag *Auswählen* aus. Das daraufhin geöffnete Untermenü enthält verschiedene Markierungsoptionen, wie zum Beispiel *Alle auf Ebene 2* oder *Alles auf gleicher Ebene auswählen*.

Besonders praktisch ist auch die Möglichkeit, bestimmte Ebenen nach Belieben ein- oder auszuklappen. So lassen sich umfangreiche Gliederungen kompakter darstellen, und es lässt sich nur derjenige Bereich ausklappen, der gerade für Sie interessant ist. Klicken Sie dazu auf der darüber liegenden Ebene das graue Fünfeck doppelt mit der linken Maustaste an. Alle Einträge der tiefer liegenden Ebene im selben Abschnitt werden nun ausgeblendet. Ein Plussymbol in einem Quadrat weist auf das Vorhandensein weiterer Ebenen hin. Ein Doppelklick darauf blendet die Ebenen wieder ein.

3.7 Externe und interne Links

Immer wenn Sie Daten von außen (beispielsweise aus einem Webbrowser) in eine OneNote-Notiz übertragen, wird optional ein Link zur ursprünglichen Herkunft (zum Beispiel zur entsprechenden Webseite) mit eingefügt. Mehr über diese Funktion erfahren Sie in Kapitel 4, »Zusammenspiel mit anderen Programmen«.

Sie können aber auch jederzeit selbst Links in Notizseiten einbauen. Das ist vor allem dann sinnvoll, wenn Sie etwa auf weiterführende Informationen zu einem Thema verweisen oder die Herkunft einer Recherche im Web festhalten möchten.

Dabei wird zwischen zwei Arten von Links unterschieden:

- Links, die zu einem externen Ziel (in den meisten Fällen zu einer Webseite) führen.
- Verweise auf andere OneNote-Notizen.

3.7.1 Externe Links einfügen

Wie in anderen Office-Programmen auch, ist der einfachste Weg zum Einfügen eines Links, ihn einfach einzutippen.

Sobald Sie anfangen, einen Text zu tippen, der mit einem typischen Begriff wie *http://*, *www* oder *ftp://* beginnt, geht OneNote davon aus, dass Sie einen Link aufschreiben möchten. Der Folgetext wird automatisch entsprechend formatiert (blau unterstrichen), und der Link funktioniert sofort wie gewollt. Ein Linksklick darauf öffnet die angegebene Seite im Standard-Webbrowser.

Leider machen typische Weblinks durch lange kryptische Zeichenfolgen einen Text ziemlich unlesbar. Wesentlich ansprechender ist es, einen aussagekräftigen Text zu verwenden und die kryptische Webadresse quasi dahinter zu verstecken – ganz so, wie es auf Webseiten eben auch üblich ist (oder zumindest üblich sein sollte).

Angenommen, Sie möchten in einer Notiz einen Link zur Microsoft-Seite mit den kostenlosen Office-Vorlagen einsetzen. Das geht folgendermaßen:

1. Tippen Sie den Text, den Sie als Beschreibung vorgesehen haben (in diesem Beispiel also »Office-Vorlagen«) in den gewünschten Notizencontainer ein.
2. Markieren Sie den Text mit der Maus. Wählen Sie nun aus der Symbolleiste *Einfügen* die Schaltfläche *Link*. Alternativ können Sie auch den gleichnamigen Befehl aus dem Kontextmenü (rechte Maustaste) oder die Tastenkombination [Strg]+[ ] verwenden.
3. Im folgenden Fenster tragen Sie die echte Adresse, also *http://office.microsoft.com/de-de/templates/* in das Feld *Adresse* ein und bestätigen mit einem Klick auf *OK*. Der Text *Office-Vorlagen* in der Notiz ist nun blau und unterstrichen und funktioniert als Link.
4. Wenn Sie die korrekte Adresse gerade nicht parat haben, klicken Sie auf das Symbol mit der Lupe über der Weltkugel rechts neben dem Adressfeld. Daraufhin öffnet sich der Standard-Webbrowser, und Sie können zur gewünschten Seite navigieren. Anschließend müssen Sie allerdings die korrekte Adresse aus dem URL-Feld des Browsers mit [Strg]+[C] in die Zwischenablage kopieren und sie anschließend – zurück im Dialogfeld *Link* von OneNote – mit [Strg]+[V] einfügen. Das Ordnersymbol ganz rechts dient übrigens zum Verlinken mit einer beliebigen Datei auf der Festplatte oder einem anderen Datenträger.

Das Gleiche funktioniert auch mit einem beliebigen Bild in einer Notiz, das Sie als Klickziel für einen Link verwenden möchten. Anstelle eines Textabschnitts wie im ersten Schritt markieren Sie einfach das entsprechende Bild durch einen Linksklick, sodass es den gestrichelten Positionsrahmen zeigt.

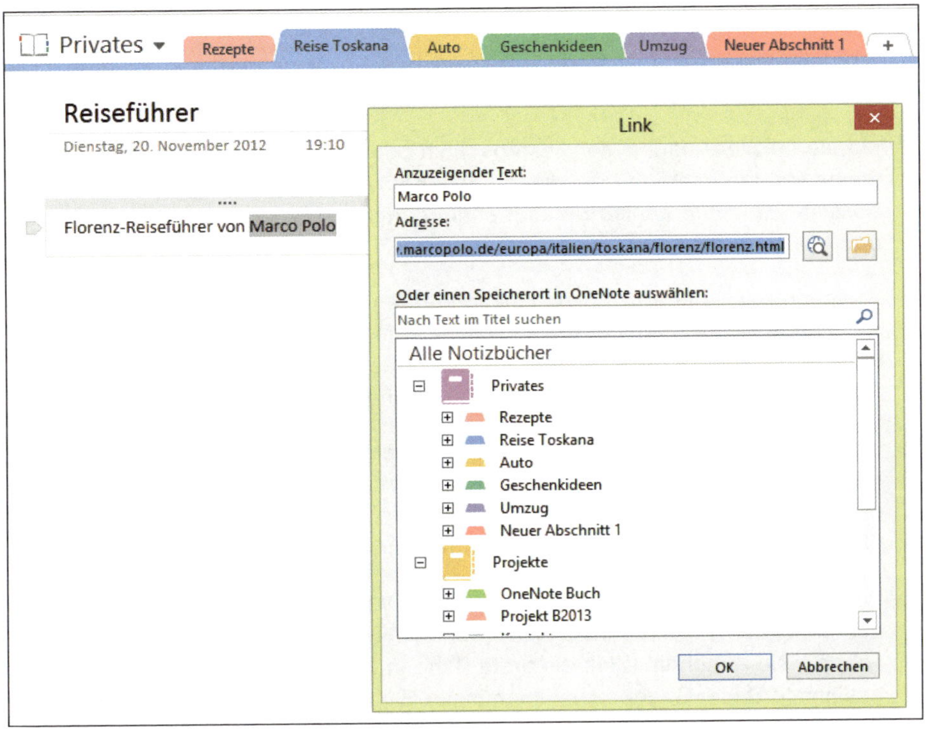

Wenn Sie einen beliebigen Text oder ein Bild mit einem Link hinterlegen, bleibt die Zieladresse zugunsten der Lesbarkeit unsichtbar.

> Im Gegensatz zu Text werden Bilder, bei denen ein Link hinterlegt ist, nicht besonders gekennzeichnet. Bewegen Sie den Mauszeiger über ein solches Bild, erscheint in seiner Nähe allerdings ein kleines Textfeld, das das Linkziel anzeigt.
>
> TIPP

Auch reicht bei Bildern ein einfacher Mausklick nicht aus, um dem Link zu folgen. Stattdessen müssen Sie beim Klicken zusätzlich die [Strg]-Taste gedrückt halten. Diese kleine Hürde soll dafür sorgen, dass Sie das Bild mit der Maus verschieben oder in der Größe verändern können, ohne unbeabsichtigt den Link zu aktiveren.

3.7.2 Links zu anderen OneNote-Seiten

Mindestens ebenso interessant wie Links zu externen Zielen sind solche, die auf eine andere OneNote-Notizbuchseite verweisen. So lassen sich verstreute Informationen organisieren und komplexere Themen strukturieren, die sich über mehrere Seiten, Abschnitte oder gar Notizbücher verteilen.

Die Vorgehensweise ähnelt stark dem zuvor beschriebenen Verfahren, um externe Links zu erzeugen.

1. Markieren Sie zunächst den Textabschnitt oder das Bild, der bzw. das als Klickfläche für den internen Link dienen soll. Klicken Sie dann auf *Link* in der Symbolleiste *Einfügen*, wählen Sie den entsprechenden Befehl im Kontextmenü aus, oder drücken Sie Strg+Leertaste.

2. Im schon bekannten Dialogfeld *Link* ignorieren Sie aber diesmal das Feld *Adresse*. Stattdessen wählen Sie das Linkziel – zum Beispiel eine bestimmte Notizseite in einem anderen Abschnitt – aus dem unteren Bereich aus, in dem Sie eine Aufstellung aller derzeit geöffneten Notizbücher finden.

3. Ist das Notizbuch mit dem gesuchten Linkziel nicht dabei (weil es derzeit nicht geöffnet ist), schließen Sie das Dialogfeld *Link* durch einen Klick auf *Abbrechen*, öffnen das entsprechende OneNote-Notizbuch, navigieren wieder zu der Seite, die Sie gerade bearbeitet hatten, und beginnen noch einmal mit Schritt 1.

4. Wählen Sie nun im unteren Abschnitt des Dialogfelds *Link* das Ziel des Links aus. Das kann ein komplettes Notizbuch sein (Ziel: die erste Seite im ersten Abschnitt), ein Abschnitt (Ziel: die erste Seite in diesem Abschnitt) oder eine ganz bestimmte Seite. Gegebenenfalls müssen Sie den entsprechenden Bereich mit den kleinen Pluszeichen an Notizbüchern und Abschnitten erst aufklappen.

Sie können als Linkziel auch eine noch gar nicht existierende Seite angeben bzw. eine neue anlegen, allerdings nur innerhalb des aktuellen Abschnitts und Notizbuchs. Dazu müssen Sie das Dialogfeld *Link* nicht verlassen. Sie finden die entsprechende Option ganz unten unter *Neue Seite erstellen*.

> **TIPP**
> Wenn Sie die konkrete Seite, auf die Sie verlinken möchten, gerade nicht auswendig parat haben, können Sie sie direkt vom Dialogfeld *Link* aus suchen. Das funktioniert aber nur mit Suchbegriffen, die in den jeweiligen Seitentiteln zu finden sind, nicht mit beliebigen Notizinhalten. Tippen Sie den entsprechenden Begriff in das Feld mit der Lupe im Dialogfeld *Link* ein.

Es gibt eine zweite Methode, um interne Links anzulegen. Der Startpunkt ist hierbei nicht die Seite, in die der Link eingefügt werden soll, sondern das Linkziel selbst:

1. Navigieren Sie zu dem Notizbuch, dem Abschnitt und/oder der Seite, zu dem bzw. der Sie einen Link einfügen möchten.

2. Klicken Sie, falls Sie auf einen Abschnitt verlinken möchten, mit der rechten Maustaste auf den zugehörigen Registerkarten-Reiter, und wählen Sie aus dem sich öffnenden Menü *Hyperlink zu Abschnitt kopieren*. Genauso geht's, wenn Sie auf eine Seite verlinken möchten. Hier erreichen Sie das Menü durch einen Rechtsklick auf den entsprechenden Eintrag in der Seitennavigation am rechten Rand. Der Befehl lautet hier *Hyperlink zu Seite kopieren*.

3. Sie können auch zu einem bestimmten Absatz auf einer Notizseite verlinken. Setzen Sie die Einfügemarke in den betreffenden Absatz, drücken Sie dann die rechte Maustaste, und wählen Sie aus dem Kontextmenü *Link zu Absatz kopieren*.

Der Link steht nun in der Zwischenablage. Wechseln Sie zu der Notizbuchseite, auf der Sie den Link platzieren möchten, und drücken Sie die Tastenkombination Strg+V.

> TIPP
>
> Sie können den Link zu einem Abschnitt oder einer Seite auch außerhalb von OneNote verwenden – etwa, um ihn per E-Mail zu verschicken oder eine Verknüpfung auf den Windows-Desktop zu legen. Kopieren Sie einen solchen Link einmal probehalber zum Beispiel in den Windows-Editor. Bei Notizbüchern auf OneDrive oder SharePoint werden Sie feststellen, dass die Zwischenablage sogar zwei Links enthält. Einen zur Webadresse (öffnet OneNote Online) und einen zum lokalen OneNote.

3.7.3 Wiki-Links erzeugen

Was ist ein Wiki-Link? Nichts anderes, als ein gewöhnlicher interner Link auf eine andere Seite. Der Clou ist, dass Sie sich durch direktes Eintippen die Umwege über Kontextmenüs oder die Zwischenablage komplett sparen können. Das ist dann interessant, wenn Sie besonders viele Verknüpfungen innerhalb von OneNote verwenden, zum Beispiel für Verzeichnisse oder gegliederte Dokumentationen – auf Neudeutsch: Wikis.

Und so geht's: Tippen Sie an der Stelle, wo der Link auf eine andere Notizseite stehen soll, zwei geöffnete eckige Klammern, gefolgt vom betreffenden Seitentitel, und dann zwei geschlossene eckige Klammern. Also zum Beispiel *[[Seite 2]]*. Nach dem nächsten Leerzeichen oder dem Drücken der ↵-Taste sehen Sie, dass die Klammern verschwunden sind und der Text als Link ausgezeichnet ist.

Einige Besonderheiten sind dabei zu beachten:

- Die Schreibweise des Ziel-Seitentitels muss korrekt und eindeutig sein. Es sollte also keine weitere Seite mit derselben Überschrift existieren– auch nicht in einem anderen Notizbuch.
- Wenn Sie einen noch nicht als Seitentitel verwendeten Begriff zwischen den Klammern eingeben, legt OneNote automatisch eine neue Seite mit eben diesem Titel im aktuellen Notizbuch und Abschnitt an und verlinkt auf diese.

- Links auf leere Seiten (die es zum Beispiel geben kann, weil sie automatisch neu angelegt wurden) werden durch eine gestrichelte Unterstreichung angezeigt.
- Eine seltsame Eigenheit: Sie müssen den Wiki-Link wirklich von links nach rechts tippen, also erst die beiden offenen Klammern, dann den Text, dann die geschlossenen Klammern. Alternativ können Sie auch erst den Text schreiben und dann die Klammern davor und dahinter einfügen. Wenn Sie dagegen zum Beispiel erst alle vier Klammern schreiben (ist ja bequemer auf der Tastatur) und dann den Seitentitel dazwischentippen, wird kein Link erzeugt!

3.7.4 Links bearbeiten und entfernen

Sowohl interne als auch externe Links lassen sich nachträglich bearbeiten oder entfernen.

1. Um einen Link zu bearbeiten, etwa um das verlinkte Ziel (Webadresse, Datei, OneNote-Notizseite etc.) zu verändern, klicken Sie ihn mit der rechten Maustaste an.
2. Aus dem sich öffnenden Kontextmenü wählen Sie *Hyperlink bearbeiten*.
3. Es erscheint das bekannte Dialogfeld *Link*, in dem die Zieladresse bereits markiert ist. Sie können die Adresse einfach überschreiben oder alternativ im unteren Bereich ein anderes OneNote-Ziel angeben.
4. Ein Klick auf *OK* speichert die Änderungen.

Um einen Link zu löschen, gibt es zwei Möglichkeiten: Entweder Sie möchten ihn komplett aus der Notiz entfernen oder nur vom Linkziel trennen, also in normalen Text umwandeln.

Das Umwandeln in normalen Text funktioniert jedoch nur mit solchen Links, die einen abweichenden Anzeigetext haben. Wenn Sie dagegen beispielsweise *www.microsoft.com* direkt in die Notiz eingegeben haben und der Link auch so dargestellt wird, können Sie ihn nur komplett löschen. Dazu markieren Sie den gesamten Link mit der Maus (Alternative: Rechtsklick auf den Link und aus dem Kontextmenü *Hyperlink auswählen* wählen) und drücken dann die [Entf]-Taste.

Wollen Sie dagegen einen Link vom Linkziel trennen und als normal formatierten Text anzeigen, geht das so:

1. Klicken Sie den Linktext mit der rechten Maustaste an.
2. Wählen Sie im Kontextmenü den Befehl *Hyperlink entfernen* aus.

Der betreffende Text wird nun nicht mehr blau und unterstrichen, sondern als normaler Text dargestellt. Das Linkziel wurde dabei auch gelöscht. Das bedeutet: Wollen Sie den Link wiederherstellen, müssen Sie die Zieladresse oder Notizbuchseite wieder über das Dialogfeld *Link* eingeben bzw. auswählen.

3.8 Kategorien verwenden

Einzelne Elemente einer Notiz oder der jeweilige Seitentitel lassen sich in OneNote kategorisieren. Im Wesentlichen geht es darum, bestimmte Abschnitte einer Notiz (zum Beispiel Absätze) oder das gesamte Notizblatt mit einer Kennzeichnung zu versehen. Das kann entweder ein bestimmtes grafisches Symbol wie ein Stern, ein Telefonhörer, ein Briefumschlag oder eine farbige Auszeichnung des Textes selbst sein. Auch beides in Kombination ist möglich. Es gibt zwei Gründe, Kategorienmarkierungen zu verwenden:

- Zum einen kennzeichnen Sie bestimmte Informationen mit einer entsprechenden optischen Hervorhebung, um sie auf einen Blick zuordnen zu können. Eine zu klärende Frage etwa kann ein grafisch auffälliges Fragezeichen erhalten. Eine Idee markieren Sie mit der plakativen Glühbirne oder eine E-Mail-Adresse mit einem Briefumschlagsymbol.
- Außerdem lassen sich Kategorien als Suchkriterium verwenden. Sie könnten also zum Beispiel alle Notizen anzeigen lassen, die noch eine ungeklärte Frage enthalten, weil Sie dafür grundsätzlich die Markierung mit dem Fragezeichen gesetzt haben.

Wie Sie Kategorienmarkierungen für die Suche von Notizen verwenden, erfahren Sie in Kapitel 5, »Suchen und finden«. Zunächst einmal geht es um die Vergabe solcher Markierungen und um das Definieren eigener Kategorien.

3.8.1 Absätzen Kategorien zuweisen

Praktisch alle Objekte, die auf einem Notizblatt enthalten sein können, lassen sich mit Kategorienmarkierungen versehen: Textzeilen, Absätze, Bilder, Tabellen (auch Excel-Tabellen), grafische Elemente wie Zeichnungen oder Handschrift, sogar eingebettete Audionotizen oder Dateien.

Um einen Textabschnitt, zum Beispiel einen Absatz, mit einer Auszeichnung zu versehen, setzen Sie die Einfügemarke hinein. Klicken Sie dagegen auf den oberen Rand eines Notizencontainers, werden alle enthaltenen Absätze eine Markierung erhalten. Sonstige Objekte wie Bilder oder Tabellen aktivieren Sie durch einfaches Anklicken.

Wählen Sie dann aus dem *Start*-Register in der Gruppe *Kategorien* die gewünschte Form aus. In der scrollbaren Liste werden nur drei Kategorien gleichzeitig angezeigt. Eine komplette Übersicht aller verfügbaren Auszeichnungen bekommen Sie durch einen Klick auf das kleine Dreieck mit dem oben liegenden Querstrich unterhalb der Bildlaufleiste.

Alternativ erhalten Sie eine Auswahl der verfügbaren Markierungen auch per Rechtsklick im oberen rechten Bereich des Kontextmenüs in der Formatierungsleiste. Die ersten neun Kategorien lassen sich zudem mit den Tastenkürzeln Strg+1 bis Strg+9 rufen.

Sie können einem Abschnitt oder Objekt durchaus mehrere Kategorien zuweisen. Die entsprechenden Markierungen werden dann nebeneinandergesetzt.

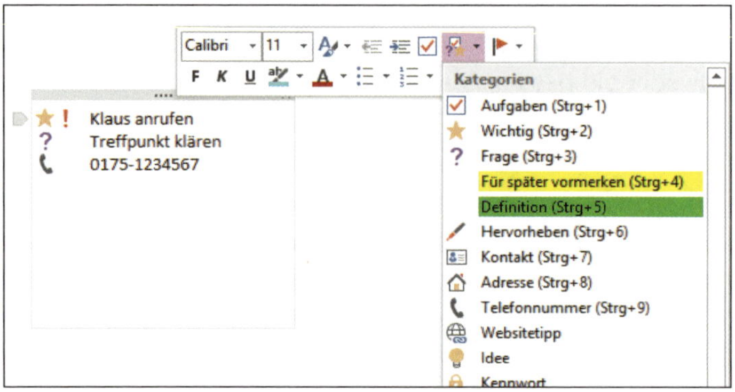

Kategorien kennzeichnen Notizen mit bestimmten Symbolen und lassen sich auch kombinieren.

Die Kategorienmarkierungen lassen sich nachträglich ganz einfach wieder entfernen:

1. Klicken Sie das entsprechende Kategoriesymbol (nicht das zugehörige Text- oder Grafikobjekt) mit der rechten Maustaste an.
2. Es öffnet sich ein kleines Kontextmenü, aus dem Sie den Eintrag mit der Bezeichnung *Tag entfernen* auswählen.

Möchten Sie eine Kategorie gegen eine andere austauschen, funktioniert das nur indirekt. Sie müssen zunächst wie beschrieben die Markierung löschen und dann eine neue setzen.

3.8.2 Die To-do-Kategorie

Etwas spezieller ist die To-do-Kategorie. Sie erlaubt den Einsatz von OneNote als einfacher Aufgabenplaner. Die To-do-Kategorie ist dazu gedacht, anstehende Aufgaben zu kennzeichnen oder als *Erledigt* zu markieren. Als Symbol wird dabei ein Kästchen verwendet, das sich per Mausklick mit einem Häkchen versehen lässt. Standardmäßig liegt diese Auszeichnung auf der ersten Position der Kategorienliste und ist daher mit der Tastenkombination Strg+1 erreichbar.

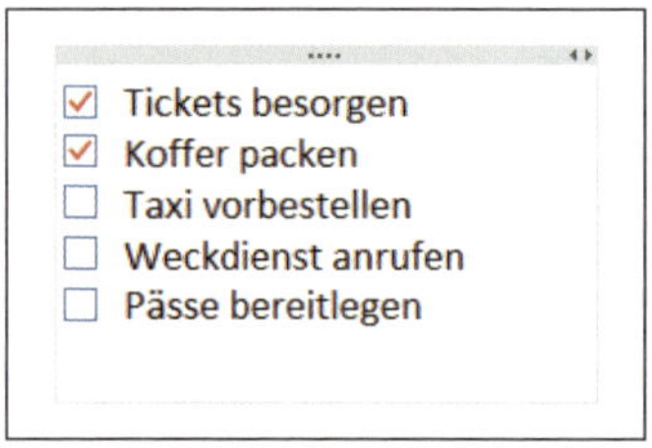

Die To-do-Kategorie stellt den Notizen quadratische Kästchen voran, die sich abhaken lassen.

> Es gibt auch die Möglichkeit, den Aufgabenplaner von Microsoft Outlook mit OneNote zu verbinden. Die entsprechende Funktion hat nichts mit der hier beschriebenen To-do-Kategorie zu tun. Mehr dazu lesen Sie in Kapitel 4, »Zusammenspiel mit anderen Programmen«.
>
> TIPP

3.8.3 Kategorien bearbeiten oder hinzufügen

Wenn Ihnen die Auswahl verfügbarer Kategorien nicht ausreicht, haben Sie unter OneNote 2013 und 2016 die Möglichkeit, weitere zu definieren oder vorhandene zu verändern:

1. Klicken Sie mit der rechten Maustaste auf eine beliebige Kategorie der Auswahlliste im Abschnitt *Kategorien* der *Start*-Symbolleiste.
2. Wählen Sie im zugehörigen Kontextmenü den Eintrag *Kategorien anpassen* aus.
3. Es öffnet sich ein Fenster mit einer Liste aller Kategorien. Mit den beiden Dreieckssymbolen am rechten Rand können Sie zunächst die Reihenfolge verändern. Das ist vor allem interessant für die obersten neun Einträge, denen jeweils ein Tastenkürzel zugeordnet ist.
4. Ein Klick auf das X-Symbol löscht die ausgewählte Kategorie.
5. Die beiden unteren Schaltflächen *Neue Kategorie* und *Kategorie ändern* führen zu einem weiteren Dialogfeld. Hier können Sie die Bezeichnung der Kategorie, das grafische Symbol und eventuelle Textauszeichnungen ändern oder definieren.

Das Dialogfeld zur Bearbeitung von Kategorien erreichen Sie auch auf alternativen Wegen:

- Öffnen Sie durch einen Rechtsklick irgendwo auf einer Notizseite das Kontextmenü. Im rechten oberen Bereich finden Sie die Schaltfläche für die Kategorien und an deren rechtem Rand ein nach unten zeigendes Dreieck. Ein Klick darauf öffnet die Liste aller Kategorien, an deren unterem Ende der Eintrag *Kategorien anpassen* steht.
- Diese Kategorienliste mit dem zusätzlichen Menüeintrag erscheint auch, wenn Sie in der *Start*-Symbolleiste die rechte untere Ecke der Bildlaufleiste in der Kategorienauswahl anklicken.
- Ein weiterer Weg ist ein Rechtsklick auf ein vorhandenes Kategoriensymbol in einer Notiz. Es öffnet sich ein kurzes Kontextmenü, das unter anderem ebenfalls den Eintrag *Kategorien anpassen* enthält.

Die Auswahl vorhandener Kategorien lässt sich durch eigene Kategorien beliebig erweitern.

TIPP

OneNote 2013–2016 speichert selbst definierte Kategorien lokal und separat. Sie werden also nicht mit dem Notizbuch (etwa auf OneDrive oder SharePoint) synchronisiert und stehen damit anderen Rechnern, die darauf zugreifen, auch nicht zur Verfügung – jedenfalls nicht zur Eingabe. Egal, ob es sich dabei um Windows-Rechner mit dem Office-OneNote handelt oder um eine der mobilen Versionen. Die selbst definierten Kategorien werden auf den Notizseiten aber in jedem Fall korrekt, ggf. auch mit ihrem spezifischen Symbol, dargestellt. Handelt es sich hingegen um ein OneNote 2013–2016 (nicht die Universal-App), können Sie nicht vorhandene, aber in einer Notiz eingefügte Kategorienmarkierungen ganz einfach in die lokale Kategorienliste übernehmen: Klicken Sie die »unbekannte« Markierung mit der rechten Maustaste an und wählen Sie aus dem Kontextmenü den Eintrag *Zu meinen Kategorien hinzufügen*.

3.9 Dateien in Notizen einfügen

Nicht selten gehören zu dem, was Sie sich mithilfe von OneNote merken wollen, auch Dateien auf einem lokalen Datenträger oder im Netzwerk. OneNote kennt gleich drei verschiedene Methoden, um eine oder mehrere Dateien in eine Notiz einzubinden, die im Folgenden vorgestellt werden.

3.9.1 Dateien als Link einfügen

Im Abschnitt 3.7.1 haben Sie bereits gelernt, wie Sie externe Links in eine Notiz einbauen. Das Ziel muss dabei nicht zwingend eine Webseite sein. Auch externe Ordner oder Dateien können das Ziel eines Links sein.

Vorteil: Es wird nur ein Verweis auf die Datei nebst exaktem Speicherort in der Notiz abgelegt, nicht aber die Datei selbst. Das spart Speicherplatz und – bei online gespeicherten Notizbüchern – auch Zeit bei der Übertragung.

Nachteil: Ändert sich der Dateiname oder der Speicherort, bekommt OneNote das nicht mit. Ein Klick auf den Link zur Datei führt ins Leere und zu einer Fehlermeldung.

So fügen Sie eine Datei als Link ein:

1. Setzen Sie die Einfügemarke an die gewünschte Position auf der Notizseite.
2. Klicken Sie in der Symbolleiste *Einfügen* auf die Schaltfläche *Link*. Wenn Sie möchten, können Sie zuvor einen Text in der Notiz markieren, der als Beschreibung für den Link dienen soll. Ansonsten verwendet OneNote den Dateinamen ohne Endung.
3. Es erscheint das schon aus Abschnitt 3.7 bekannte Dialogfeld *Link*. Klicken Sie hier auf das gelbe Ordnersymbol ganz rechts neben dem Feld *Adresse*.
4. Im folgenden Dialogfeld *Mit Datei verknüpfen* navigieren Sie zu der Datei, zu der Sie verlinken wollen, und wählen diese aus. Sie können auch mehrere Dateien markieren, indem Sie die Strg-Taste drücken und halten (wahlfreies Selektieren von Dateien) bzw. die ⇧-Taste ebenso verwenden (Auswahl eines zusammenhängenden Listenbereichs).
5. Bestätigen Sie mit *Öffnen*. Nun wird der Link angelegt.

Ein Klick auf den Link wird die Datei in der Windows-Standardanwendung öffnen, die dem jeweiligen Dateityp zugeordnet ist. Um den vollständigen Dateinamen und Speicherort zu sehen, zeigen Sie mit der Maus auf den Link. Die Informationen werden nach kurzer Verzögerung in einem Tooltip eingeblendet.

> In OneNote 2010 war das Einfügen von Links zu externen Dateien noch viel einfacher. Hier konnten Sie sie nämlich einfach per Drag-and-drop aus dem Explorer in die Notizseite ziehen. Dabei wurden Sie gefragt, ob Sie die Datei einbetten, als Ausdruck oder als Link einsetzen möchten. Diese letzte Option ist leider mit OneNote 2013 weggefallen und wurde auch mit OneNote 2016 nicht wieder eingeführt.
>
> TIPP

3.9.2 Dateien als Kopie einfügen

Die Alternative ist, eine Kopie der entsprechenden Datei physisch in die OneNote-Notiz einzubinden.

Vorteile: Es spielt keine Rolle, was mit dem Original auf dem Datenträger passiert. Die Version in der Notiz bleibt auf jeden Fall erhalten. Außerdem ziehen eingebettete Dateien gegebenenfalls mit dem OneNote-Notizbuch um – zum Beispiel, wenn Sie es von der lokalen Festplatte in Ihren OneDrive-Speicher verlagern.

Nachteil: Je nach Größe der Dateien können solche Kopien den benötigten Speicherplatz für die OneNote-Notizbücher schnell aufblähen. Entsprechend langsamer verläuft auch die Synchronisation. Das macht sich besonders bei online gespeicherten Notizbüchern bemerkbar.

So fügen Sie eine Datei als Kopie ein:

1. Setzen Sie die Einfügemarke an die gewünschte Position der Notizseite.
2. Klicken Sie in der Symbolleiste *Einfügen* auf die Schaltfläche mit der Büroklammer (*Dateianlage*).
3. Im folgenden Dialogfeld navigieren Sie zu der Datei, die Sie einfügen möchten, und wählen diese aus. Auch hier ist eine Mehrfachselektion durch Drücken und Halten der Strg- oder ⇧-Taste möglich.

STOP

Es gibt keinerlei Verbindung zwischen der Kopie in OneNote und der Originaldatei auf dem Datenträger. Wenn Sie am Original irgendetwas ändern, wird die OneNote-Kopie nicht synchronisiert, sondern bleibt auf dem Stand, den sie zum Zeitpunkt des Einfügens hatte. Für ein Dokumentenarchiv kann dieses Verhalten aber gerade erwünscht sein.

3.9.3 Datei als Ausdruck einfügen

Dateien, die gemäß einer der beiden oben beschriebenen Methoden in eine OneNote-Notiz eingefügt wurden, erscheinen nur als Platzhalter auf der Seite: also entweder als blauer, unterstrichener Linktext oder als Symbol mit Dateinamen. Um den Inhalt der Datei zu sehen, müssen Sie in beiden Fällen auf den Platzhalter klicken und die Datei vom zugehörigen Programm öffnen lassen.

Des Weiteren wird der Inhalt so eingebundener Dateien von der OneNote-Suchfunktion nicht berücksichtigt (siehe Kapitel 5, »Suchen und finden«). Es gibt aber noch einen dritten Weg, um bestimmte Dateien in eine Notizseite einzubinden. Der Inhalt der eingefügten Datei wird dabei so in der OneNote-Notiz angezeigt, wie ein Ausdruck der Datei aussehen würde.

Tatsächlich ist es sogar ein Ausdruck, den OneNote in dieser Variante anfertigt. Nur eben nicht auf Papier, sondern mithilfe eines speziellen Druckertreibers, der zur OneNote-Installation gehört.

Daraus ergibt sich schon einmal eine Einschränkung: Dateien, die Sie als Ausdruck in eine Notiz aufnehmen wollen, müssen auch druckbar sein. Es gibt also kein Problem bei Excel-Tabellen, PDF-Dateien, Textdokumenten oder Ähnlichem. Es klappt aber nicht mit Binärdateien (z. B. EXE oder DLL), Archiven (ZIP, RAR etc.), Audio- und Videodateien und anderem Datenmaterial, das nicht direkt auf Papier darstellbar ist.

Außerdem muss ein zum jeweiligen Dateityp passendes Programm installiert sein, das eine eigene Druckfunktion besitzt. Für PDF-Dateien brauchen Sie also einen PDF-Reader (die Windows-8-App zur PDF-Anzeige funktioniert allerdings nicht), für Textdokumente eine passende Textverarbeitung und so weiter.

Vorteile: Eine Datei, die Sie als Ausdruck in eine Notiz einbinden, zeigt sofort ihren Inhalt und ist damit natürlich weit aussagekräftiger als ein Link oder ein Platzhaltersymbol. Außerdem lässt sich der Inhalt – zumindest der lesbare Text – genau wie andere Notizbuchinhalte nach Stichwörtern durchsuchen (siehe Kapitel 5, »Suchen und finden«). Dafür sorgt die in OneNote integrierte Grafik-zu-Text-Umwandlung (OCR), die Sie bereits im Abschnitt 3.4 kennengelernt haben.

Nachteile: Es handelt sich beim eingefügten Objekt um eine reine Bitmap-Grafik. Text oder sonstige Inhalte lassen sich nicht mehr bearbeiten, jedenfalls nicht direkt in OneNote. Außerdem werden die Ausdrucke im Standard-Papierformat ausgegeben – normalerweise also in DIN-A4-Größe. Besteht die Originaldatei zudem aus mehreren Seiten, landen alle als separater Ausdruck in der Notiz. Das kostet gewaltig Platz. Als Grafikobjekte können Sie sie zwar nach Belieben verkleinern, das geht aber stark zulasten der Lesbarkeit.

So fügen Sie eine Datei als Ausdruck ein:

1. Setzen Sie die Einfügemarke an die gewünschte Position auf der Notizseite.
2. In der Symbolleiste *Einfügen* klicken Sie im Abschnitt *Dateien* auf die Schaltfläche *Dateiausdruck*.
3. Im folgenden Dialogfeld navigieren Sie zu der Datei, die Sie einfügen möchten, und wählen diese aus. Sie können auch mehrere Dateien durch Drücken und Halten der Strg- oder ⇧-Taste markieren.
4. Starten Sie den Import mit einem Klick auf die Schaltfläche *Einfügen*. OneNote wird nun versuchen, die gewünschte Datei mit dem zugehörigen Programm fremdzustarten und einen Ausdruck mit dem OneNote-Druckertreiber direkt in die aktuelle Notiz zu veranlassen. Das kann ein paar Sekunden dauern und wird durch einen Fortschrittsbalken angezeigt.

Wenn alles geklappt hat, sehen Sie nun einen Dateiausdruck als einzelnes Grafikobjekt für jede gedruckte Seite an der gewünschten Stelle in der Notiz. Handelt es sich jedoch um eine nicht druckbare Datei oder ist kein zum Dateityp passendes Programm in Windows eingerichtet, erscheint eine entsprechende Fehlermeldung.

OneNote hat mit Dateiausdrucken noch ein paar nette Tricks auf Lager:

- Über der ersten Seite des Dateiausdrucks hat OneNote einen Link zur Originaldatei nebst passendem Programmsymbol und Dateinamen eingebaut. Ein Doppelklick darauf öffnet die Originaldatei in der zugehörigen Anwendung – ein DOC-File also beispielsweise in Microsoft Word. Dieser Link lässt sich nicht ändern wie herkömmliche Dateilinks. Sie können ihn aber zumindest als HTML-Link mit vorangestelltem *file://* in die Zwischenablage kopieren, um ihn im Klartext in die Notiz einzufügen. Der zugehörige Menübefehl im Kontextmenü (rechte Maustaste auf den Link) lautet *Link zum Original kopieren*.

- Möchten Sie einen mehrseitigen Ausdruck wieder von der Notizseite löschen, müssen Sie nicht jedes einzelne Grafikobjekt entfernen. OneNote bietet einen Befehl, um alle Seiten auf einmal zusammen mit dem voranstehenden Link zu löschen. Klicken Sie dazu mit der rechten Maustaste auf den Link über der ersten Seite des Dateiausdrucks, und wählen Sie den Befehl *Ausdruck entfernen*.
- Für den Fall, dass sich der Inhalt der Originaldatei ändert, können Sie den Dateiausdruck aktualisieren, ohne die alte Fassung löschen zu müssen. Auch diese Funktion finden Sie im Kontextmenü des voranstehenden Links. Wählen Sie nach einem Rechtsklick den Eintrag *Ausdruck aktualisieren*.

Wie schon erwähnt wurde, können Sie Text innerhalb des Dateiausdrucks nicht direkt bearbeiten. OneNote kann ihn aber dank OCR-Mechanismus lesen und stellt alle erkannten Textelemente auf Wunsch in der Zwischenablage zur Verfügung, um sie zum Beispiel in einen eigenen Notizencontainer einzufügen. Es gibt allerdings keine Möglichkeit, vorab Textportionen des Ausdrucks zu selektieren. Diese Funktion überträgt den kompletten erkannten Textinhalt einer oder aller Seiten ohne die Originalformatierungen. Klicken Sie mit der rechten Maustaste auf eine Seite des Ausdrucks, und wählen Sie im Kontextmenü *Text von dieser Seite des Ausdrucks kopieren* oder *Text von allen Seiten des Ausdrucks kopieren*.

3.10 Formeln, Symbole und Rechenoperationen

Wer OneNote für Schule, Studium oder wissenschaftliche Arbeiten einsetzt, wird am integrierten Formeleditor Gefallen finden. Aber auch, wenn mal nur ein paar Werte zusammengezählt oder eine einfache Prozentrechnung durchgeführt werden müssen, kann der Taschenrechner in der Schublade bleiben. OneNote beherrscht auch alle gängigen Rechenoperationen.

3.10.1 Rechnen mit OneNote

Leider bietet die Tabellenfunktion von OneNote keine Rechenfunktion, und auch die neue Möglichkeit, Excel-Tabellen einzubinden, erfordert einen Umweg. Einfache Rechenaufgaben löst OneNote dennoch auf Wunsch direkt im Text. Das ist ganz simpel:

1. Positionieren Sie die Einfügemarke an der gewünschten Stelle, zum Beispiel in einem vorhandenen oder neuen Notizencontainer oder auch in einer Tabellenzelle.
2. Tippen Sie jetzt einfach die zu lösende Gleichung ein. Geben Sie zum Beispiel *50+25=* ein, und drücken Sie dann entweder die [Leertaste] oder [↵]. OneNote ergänzt die Formel automatisch um das Ergebnis, hier also *50+25=75*. Brauchen Sie nur das Ergebnis, müssen Sie den Teil bis zum Gleichheitszeichen manuell löschen.

OneNote erkennt die folgenden mathematischen Operatoren automatisch bei der Eingabe:

Operator	Bedeutung	Beispiel
+	Addition	1+1
-	Subtraktion	1-1
x oder *	Multiplikation	1x1, 1*1
/	Division	1/1
%	Prozent	19%
^	Potenzierung	2^16
!	Fakultät	7!

Außerdem verarbeitet OneNote folgende mathematische und trigonometrische Rechenfunktionen: ABS, ARCCOS, ARCSIN, ARCTAN, COS, DEG, LOG, LOG2, LOG10, REST, PI, PHI, RAD, SIN, WURZEL und TAN. In der Regel (außer bei PI und PHI) ist der zu berechnende Wert hinter der Funktion in Klammern einzugeben. Beispiel: SIN(Winkel).

> Falls Sie öfter mathematische Ausdrücke notieren, aber keine automatische Berechnung wünschen, können Sie diese Funktion abschalten. In der Backstage-Ansicht (Registerkarte *Datei*) wählen Sie dazu *Optionen* und dann *Erweitert*. Deaktivieren Sie das Kontrollkästchen *Mathematische Ausdrücke automatisch berechnen*.
>
> TIPP

3.10.2 Der Formeleditor

Komplexere mathematische und wissenschaftliche Ausdrücke lassen sich in OneNote mit dem integrierten Formeleditor recht einfach eingeben und ansprechend darstellen:

1. Positionieren Sie die Einfügemarke an der gewünschten Stelle in der Notiz.
2. In der Symbolleiste *Einfügen* wählen Sie die Schaltfläche *Formel*. Klicken Sie entweder auf das kleine Dreieck unter dem Symbol für eine vorgefertigte Auswahl einiger gängiger Ausdrücke oder auf das Symbol selbst, um eine Formel einzutippen.
3. Die Symbolleiste wechselt nun zu einer umfassenden Auswahl von Formelzeichen und besonderen Symbolen. Im rechten Bereich wählen Sie Strukturen wie zum Beispiel Brüche oder Wurzeln aus. Das unten stehende Dreieckssymbol führt jeweils zu Variationen.
4. Im Abschnitt *Symbole* finden Sie eine Auswahl gängiger Sonderzeichen aus Mathematik und Wissenschaft. Sie können diese Liste durch einen Klick auf das Symbol unterhalb der Bildlaufleiste rechts unten erweitern. Dann öffnet sich ein größeres Auswahlfenster mit einem Menü am oberen Rand, das Zugriff auf eine umfangreiche thematisch gegliederte Symbolbibliothek gewährt.

5. Klicken Sie sich die gewünschte Formel nach Belieben zusammen. Sie lässt sich innerhalb des Notizencontainers wie gewöhnlicher Text bearbeiten.

Sie können Formeln sogar per Hand zeichnen. Diese werden von OneNote (meistens) automatisch erkannt:

1. In der Symbolleiste *Formeltools/Entwurf* klicken Sie auf *Freihandgleichung*. Das Freihandfenster öffnet sich. Zeichnen Sie den Ausdruck per Maus oder (viel besser) mit einem Grafiktablett oder Touchscreen in dieses Fenster.
2. In der Vorschau oben überprüfen Sie, ob OneNote die Formel korrekt erkannt hat.
3. Mit dem Radiergummi löschen Sie einzelne Elemente; das Lasso erlaubt die Korrektur falsch erkannter Zeichen.
4. Die Schaltfläche *Einfügen* überträgt die Formel dann sauber in Ihre Notiz.

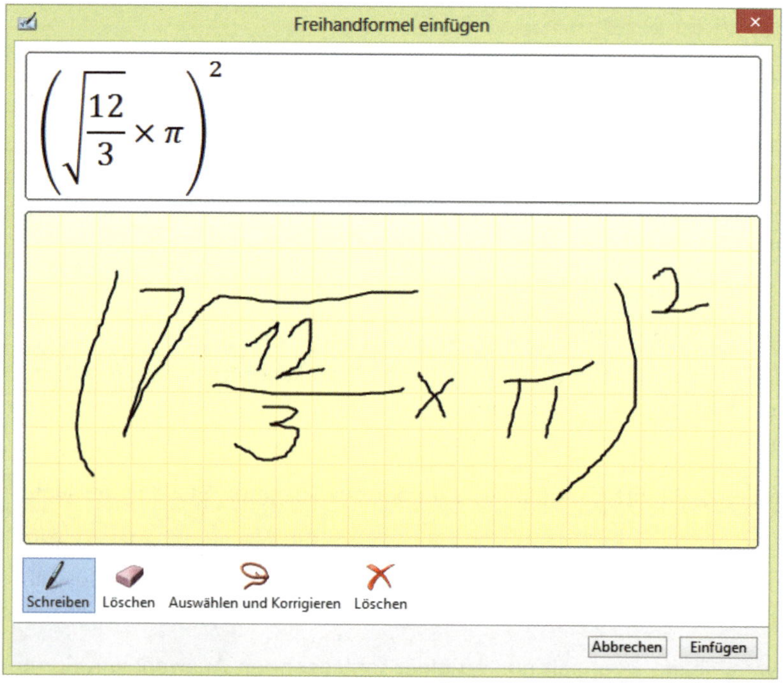

OneNote erkennt per Touchscreen, Stift oder Maus gezeichnete Formeln und Ausdrücke mit großer Sicherheit.

3.10.3 Sonderzeichen in Notizen verwenden

Auch außerhalb von mathematischen Formeln kommt es vor, dass Sie ein spezielles Symbol oder ausländisches Zeichen brauchen. OneNote hält eine umfangreiche Auswahl aus vielen Themenbereichen und Sprachen bereit:

1. Klicken Sie in der Symbolleiste *Einfügen* auf *Symbol*.
2. Es klappt ein Fenster mit einer noch recht übersichtlichen Auswahl gebräuchlicher Sonderzeichen auf.
3. Ist das gewünschte Zeichen nicht dabei, klicken Sie am unteren Rand dieser Auswahl auf *Weitere Symbole*.
4. Im folgenden Fenster haben Sie Zugriff auf weit mehr Sonderzeichen. In den oberen beiden Auswahllisten legen Sie den Zeichensatz und die Untergruppen fest – zum Beispiel Währungssymbole.
5. Wählen Sie das gewünschte Symbol aus, und klicken Sie auf *Einfügen*.

> **TIPP**
> Wenn Sie sich den unten angegebenen internen Zeichencode eines häufig gebrauchten Zeichens merken, können Sie das Symbol künftig ohne Umweg über das Auswahlfenster verwenden. Tippen Sie einfach den vierstelligen Code ein (für das Euro-Zeichen lautet er zum Beispiel *20AC*), und drücken Sie dann Alt+X. Der eingegebene Code wird durch das gewünschte Zeichen ersetzt.

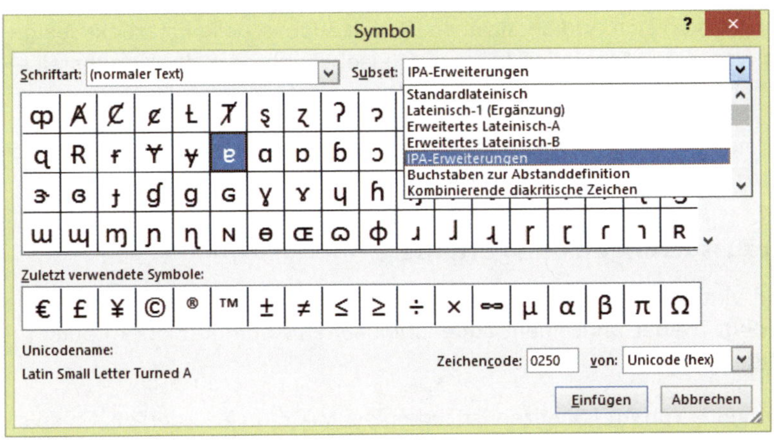

Die Symboldatenbank bietet eine riesige Auswahl an Sonderzeichen zum Einfügen in die Notizen.

3.11 Datum, Uhrzeit und Verfasser

Manchmal ist es interessant, einer bestimmten Notiz das aktuelle Datum und/oder die Uhrzeit hinzuzufügen. OneNote erledigt das nur in wenigen bestimmten Fällen automatisch (zum Beispiel bei eingefügten Webinhalten, siehe Kapitel 4, »Zusammenspiel mit anderen Programmen«). Das ist auch gut so, da ansonsten umfangreiche Notizzettel schnell unübersichtlich bis unlesbar würden. Daher setzen Sie bei Bedarf manuell einen Datums- oder Zeitstempel.

Ebenso wichtig kann es gelegentlich sein, den Verfasser eines bestimmten Abschnitts oder einer Anmerkung anzugeben. Dies gilt in erster Linie dann, wenn mehrere Personen an der Notiz arbeiten – egal, ob per Freigabe (mehr dazu lesen Sie in Kapitel 8, »Teilen und Teamwork«) oder abwechselnd am selben Rechner.

Beides geht flott von der Hand:

- In der Symbolleiste *Einfügen* klicken Sie im Abschnitt *Zeitstempel* auf *Datum*, *Zeit* oder *Datum und Uhrzeit* – je nachdem, was Sie einfügen möchten.
- Den kompletten Zeitstempel zusammen mit Ihrem Namen erhalten Sie über den untersten Eintrag im Kontextmenü, das Sie mit der rechten Maustaste öffnen, während der Mauszeiger irgendwo im Notizbereich steht.

3.12 Audio- und Videonotizen

Nicht immer ist man in der Lage, alles, was man notieren möchte, in der Geschwindigkeit zu tippen, in der die Informationen hereinkommen – zum Beispiel beim Protokollieren von Sitzungen oder beim Führen von Interviews. Auch wenn man die Hände frei haben muss, bieten sich Audionotizen an. Sollen auch visuelle Eindrücke festgehalten werden (von der Präsentation bis zum Messebesuch oder der Urlaubsreise), sind Videoaufnahmen das Medium der Wahl.

Mit beiden Formaten kann OneNote umgehen. Und das geht deutlich über das bloße Speichern einer Audio- oder Videodatei auf der Notizseite hinaus.

3.12.1 Voraussetzungen und Formate

Um Audio- und Videonotizen abzuspielen, muss der Rechner mit einer Soundkarte nebst passendem Treiber und einem angeschlossenen Kopfhörer oder Lautsprecher ausgestattet sein.

Für die Aufzeichnung von Audionotizen ist zudem ein Mikrofon erforderlich. Es spielt grundsätzlich keine Rolle, ob das ein Tischmikrofon, ein in das Notebook integriertes Mikrofon oder ein Headset ist. Funktionell zumindest – die Aufnahmelautstärke und -qualität hängt ganz wesentlich von der Qualität des Mikrofons, dem Abstand zum Sprecher und von dessen Lautstärke ab.

Vergewissern Sie sich in der Systemsteuerung von Windows, ob das Mikrofon korrekt abgeschlossen und eingestellt ist. Unter Windows 7 öffnen Sie das Startmenü und geben in das Eingabefeld *Mikrofon ein* ein. Wählen Sie dann in den Suchergebnissen den Eintrag *Mikrofon einrichten* aus. Unter Windows 8/8.1 tippen Sie den Suchbegriff direkt auf der Startseite ein, bei Windows 10 bei geöffnetem Startmenü oder ins Cortana-Suchfeld. Folgen Sie dann den Anweisungen des Assistenten zum Einrichten des Mikrofons.

Möchten Sie auch Videoaufzeichnungen mit OneNote vornehmen, brauchen Sie natürlich eine Kamera oder ein anderes Videoaufzeichnungsgerät (zum Beispiel einen Videozuspieler in Form eines Camcorders). In der Regel wird es sich wohl um eine Webcam handeln, die per USB angeschlossen oder in den Notebook- oder Tablet-PC-Rahmen eingebaut ist. In jedem Fall muss auch hier der korrekte Windows-Treiber eingerichtet sein.

Als Dateiformat für Audioaufnahmen verwendet OneNote grundsätzlich WMA (Windows Media Audio) und für Videos WMV (Windows Media Video). Die eingesetzten Codecs und damit die Aufnahmequalität und der Speicherbedarf lassen sich in der Backstage-Ansicht (auf *Datei* klicken) unter *Optionen/Audio und Video* einstellen.

3.12.2 Audio- oder Videonotizen aufzeichnen und abspielen

Eine neue Audio- oder Videoaufnahme fügen Sie – die richtige Aufnahmehardware vorausgesetzt – genauso einfach in eine Notiz ein wie andere Objekte:

1. Setzen Sie die Einfügemarke an eine passende Stelle auf der Notizseite.
2. Wählen Sie in der Symbolleiste *Einfügen* die Schaltfläche *Audio aufnehmen* bzw. *Video aufnehmen*. Die Aufnahme beginnt sofort ohne weitere Bestätigung. Gleichzeitig ist ein neuer Notizencontainer entstanden, der ein Kopfhörer- oder Kamerasymbol und den Text *Audio-* bzw. *Videoaufzeichnung gestartet* enthält, gefolgt von Uhrzeit und Datum.
3. Gleichzeitig hat die Symbolleiste ihren Inhalt gewechselt. Sie enthält jetzt Schaltflächen zum Abspielen, Pausieren, Stoppen, Vor- und Zurückspulen und ein Feld mit der aktuellen Aufnahmedauer.
4. Beenden Sie die Aufnahme mit einem Klick auf die entsprechende Schaltfläche mit dem Quadrat-Symbol.

Und so spielen Sie gespeicherte Aufzeichnungen ab:

1. Klicken Sie auf das zugehörige Kopfhörer- oder Kamerasymbol.
2. Wählen Sie jetzt das Wiedergabe-Symbol in der Symbolleiste *Wiedergabe*. Es gibt hierzu aber auch gleich drei Alternativen: Zum einen erscheint bei markiertem Audio- oder Videosymbol eine kleine Leiste rechts oberhalb davon mit den entsprechenden Schaltflächen. Es gibt aber auch beim Zeigen mit der Maus auf den entsprechenden Container ein kleines Play-Symbol in einem Kreis neben dem linken Rand des Rahmens. Außerdem enthält auch das Kontextmenü einen Befehl *Abspielen*.

3. Zum Unterbrechen, Anhalten, Vor- oder Zurückspulen klicken Sie auf die korrespondierenden Schaltflächen.

TIPP

Obwohl OneNote für eigene Aufnahmen das WMA-Format verwendet, lassen sich auch bereits vorhandene Audiodateien einbinden, zum Beispiel Podcasts oder Aufzeichnungen von einem Handy oder Diktiergerät. Verfahren Sie dazu nach der Anleitung zum Integrieren externer Dateien im Abschnitt 3.9.2. Bei vielen Formaten (zum Beispiel MP3 oder WAV) wird auch das im nächsten Abschnitt beschriebene Verlinken mit Textnotizen klappen.

3.12.3 Notizen mit Audio und Video verlinken

Eine geniale Funktion ist das Verlinken getippter Notizen mit bestimmten Stellen in längeren Audio- oder Videoaufzeichnungen. Stellen Sie sich zum Beispiel vor, Sie schneiden einen längeren Vortrag oder ein Meeting mit. Während der Aufnahme oder auch erst später beim Abhören notieren Sie sich in OneNote per Tastatur wichtige Einzelheiten. Das könnte zum Beispiel ein Sprecherwechsel oder der Beginn eines bestimmten Themas sein oder auch eine Information, die Sie später noch nachprüfen wollen. Oder Sie möchten in einer Videodatei bestimmte Szenenanfänge markieren. All das geht im Prinzip vollautomatisch:

1. Starten Sie die Aufnahme eines neuen Videos oder einer neuen Audioaufnahme, oder spielen Sie eine vorhandene Mediendatei ab.
2. An der Stelle, zu der Sie sich etwas notieren möchten, tippen Sie einfach den entsprechenden Text in einen beliebigen Notizencontainer. Ein neuer Absatz startet eine neue Referenz zur gerade abgespielten Stelle.

STOP

Wenn Sie während des Abhörens die *Pause*-Taste drücken, um mehr Zeit für das Tippen der Notiz zu haben, wird während der Pause die aktuelle Audio- oder Videoposition leider nicht festgehalten. Diese Funktion erfordert eine laufende Wiedergabe. Sobald Sie die Wiedergabe fortsetzen, werden getippte Notizen wieder verlinkt. Behelfen Sie sich gegebenenfalls mit der Taste *10 Sekunden zurückspulen*, bei Bedarf mehrfach.

Und das können Sie mit den zu bestimmten Audio- oder Videopositionen gespeicherten Notizen machen:

- Wenn Sie die komplette Audioaufnahme abspielen, hinterlegt OneNote immer dann, wenn eine Stelle mit einer dazu gespeicherten Anmerkung kommt, den zugehörigen Text mit einem grauen Balken.
- Bewegen Sie den Mauszeiger über einen Text, der zu einem Abschnitt einer Audio- oder Videoaufnahme gehört. Links neben dem üblicherweise erscheinenden grauen Fünfeck für die Absatzeinrückung taucht jetzt zusätzlich ein Play-Symbol

auf. Das ist ein graues Dreieck mit der Spitze nach rechts, das in einem Kreis sitzt. Klicken Sie mit der linken Maustaste darauf, um die betreffende Stelle in der Aufzeichnung direkt abzuspielen.

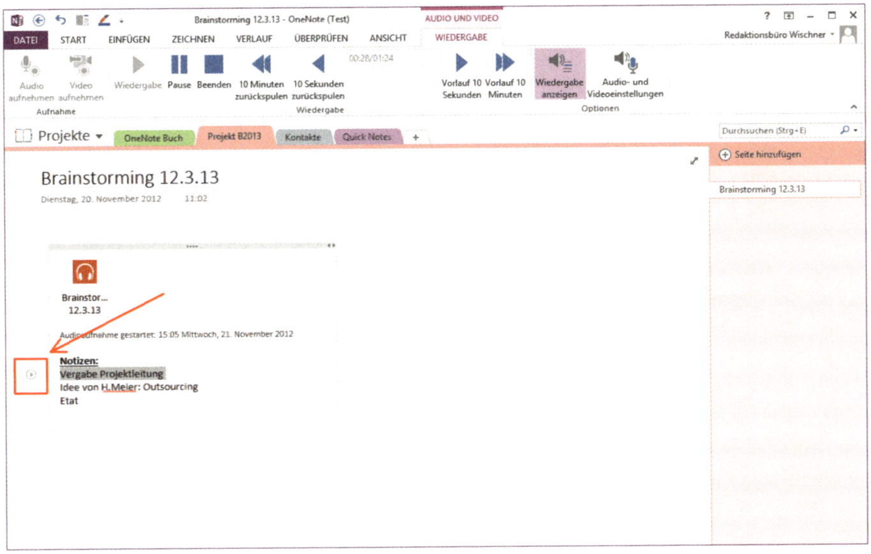

Während des Abspielens oder Aufzeichnens von Audionotizen eingetippter Text wird mit der entsprechenden Aufnahmestelle verbunden.

> **TIPP**
>
> Die Wiedergabe beginnt nicht exakt an der verlinkten Stelle, sondern etwa fünf Sekunden vorher. Diesen Wert können Sie problemlos verändern: Klicken Sie auf *Audio- und Videoeinstellungen* in der Symbolleiste *Wiedergabe*, oder wählen Sie den gleichnamigen Abschnitt der *Optionen* in der Backstage-Ansicht. Ganz oben rechts findet sich die Einstellung für den zeitlichen Vorlauf. Standardmäßig sind hier fünf Sekunden gewählt. Ändern Sie den Wert nach Belieben, und klicken Sie dann auf *OK*.

Beim ersten Anlegen einer Audio- oder Videonotiz macht OneNote das Angebot, die Suchfunktion innerhalb von Aufzeichnungen zu aktivieren (mehr dazu lesen Sie in Kapitel 5, »Suchen und finden«). Diese Einstellung lässt sich unter *Audio- und Videoeinstellungen* in der Symbolleiste *Wiedergabe* oder im gleichnamigen Abschnitt der *Optionen* in der Backstage-Ansicht jederzeit ändern.

3.13 Zeichnungen und Handschriftnotizen

Die sicher natürlichste Art, Gedanken als Notizen festzuhalten, ist per Hand – also mit Stift und Papier. Und da sich OneNote primär als Ersatz für das herkömmliche Notizbuch versteht, fehlen auch ausgefeilte Funktionen für das freihändige Zeichnen, Markieren und Schreiben nicht.

Allerdings machen die meisten davon auf einem herkömmlichen PC mit Tastatur und Maus relativ wenig Sinn. Das wird jeder bestätigen können, der schon einmal versucht hat, in einem Grafikprogramm mit zittriger Linie eine bestimmte Form per Maus zu zeichnen, oder sich gar an einen Schriftzug gewagt hat.

Erst mit einem passenden Eingabegerät spielen die Freihandfunktionen von OneNote ihre Stärke aus. Das heißt, Sie brauchen einen Tablet-PC (zum Beispiel die hierfür hervorragend geeignete Surface-Pro-Reihe mit Windows 8 oder 10 von Microsoft), einen PC oder ein Notebook mit Touchscreen (idealerweise mit zusätzlicher Stiftbedienung) oder wenigstens ein Grafiktablett.

Ganz sinnfrei ist die Palette der Möglichkeiten, die die Symbolleiste *Zeichnen* bietet, dennoch auch für Mausnutzer nicht. So finden sich hier zum Beispiel allerlei geometrische Formen, wie etwa Pfeile, um auf bestimmte Abschnitte besonders hinzuweisen. Sie lassen sich auch mit der Maus problemlos und präzise platzieren.

3.13.1 Formen und Symbole einfügen

Ein grafisches Element, etwa ein farbiger Rahmen, hebt manchmal wichtige Texte besser hervor als Textauszeichnungen wie fett, unterstrichen oder die Textgröße.

Gerade, wenn man gemeinsam mit anderen an einem freigegebenen Notizbuch arbeitet (mehr dazu folgt in Kapitel 8, »Teilen und Teamwork«), helfen Linien oder Pfeile, einen Kommentar ganz deutlich einem bereits vorhandenen Text zuzuordnen.

OneNote bietet hierfür einige grafische Grundelemente, die sich auch mit einer Maus ganz einfach erzeugen, gestalten und platzieren lassen:

1. In der Symbolleiste *Zeichnen* finden Sie den Abschnitt *Formen*. Wählen Sie hier die gewünschte Grundform, etwa einen Pfeil mit einer oder zwei Spitzen, ein Quadrat oder einen Kreis aus.
2. Ziehen Sie die Form auf dem Notizblatt mit gedrückter linker Maustaste auf. Sie muss dabei noch nicht an der richtigen Stelle stehen.
3. Das Objekt erhält automatisch einen Grafikrahmen, und der Mauszeiger ändert seine Form in die vier Pfeile zum Verschieben von Objekten, solange er innerhalb des Rahmens steht. Schieben Sie den Rahmen an den gewünschten Platz. Durch Ziehen an den Rändern oder Ecken können Sie auch die Größe noch beliebig ändern.
4. Im Abschnitt *Stifte* der Symbolleiste *Zeichnen* finden Sie eine Auswahl voreingestellter Stiftfarben und Strichbreiten. Ein Klick auf das kleine Dreieck mit dem Querstrich rechts unterhalb der Bildlaufleiste klappt die komplette Auswahl auf. Suchen Sie sich einen passenden Stift aus. Mehr Einstellungsmöglichkeiten erhalten Sie mit einem Klick auf das Farbkreissymbol *Farbe und Stärke*. Im folgenden Fenster können Sie beides auswählen und mit einem Klick auf *OK* bestätigen.

Sie dürfen den Schritt 4 auch vorziehen und zuerst die Farbe und Linienstärke einstellen und dann das Objekt auswählen und zeichnen. Beides lässt sich nachträglich jederzeit ändern. Sie brauchen dazu lediglich das betreffende Objekt mit der linken Maustaste anzuklicken, damit es wieder den Positionsrahmen erhält. Nun lassen sich sowohl die Position und Größe als auch die Linienattribute ändern.

Bei Letzterem hilft auch das nun automatisch am Objekt eingeblendete Menü, das unter anderem ein Symbol für die *Stifteigenschaften* bietet.

3.13.2 Zeichnen, markieren und skizzieren

Sie sind natürlich nicht auf die vorgegebenen grafischen Formen festgelegt, sondern können auch in OneNote praktisch genauso frei zeichnen, malen oder skizzieren wie mit Papier und Stift.

Wie bereits erwähnt wurde, klappt das allerdings mit der Maus im Gegensatz zu Stift- oder Fingereingabe per Grafiktablett oder Touchscreen nur unzureichend, wenn Sie nicht über eine ausgesprochen ruhige Hand, eine sehr hochwertige Maus und ausgeprägte Feinmotorik verfügen. Probieren Sie es einfach mal aus:

1. Stellen Sie sicher, dass in der Symbolleiste *Zeichnen* ganz links die Funktion *Typ* aktiviert ist.

2. Suchen Sie sich eine Stiftbreite und -farbe aus. Anstelle eines Zeichenstifts können Sie auch einen Textmarker wählen, um vorhandene Textstellen durch einfaches Übermalen hervorzuheben. Das klappt übrigens auch mit einer Maus noch ganz gut.

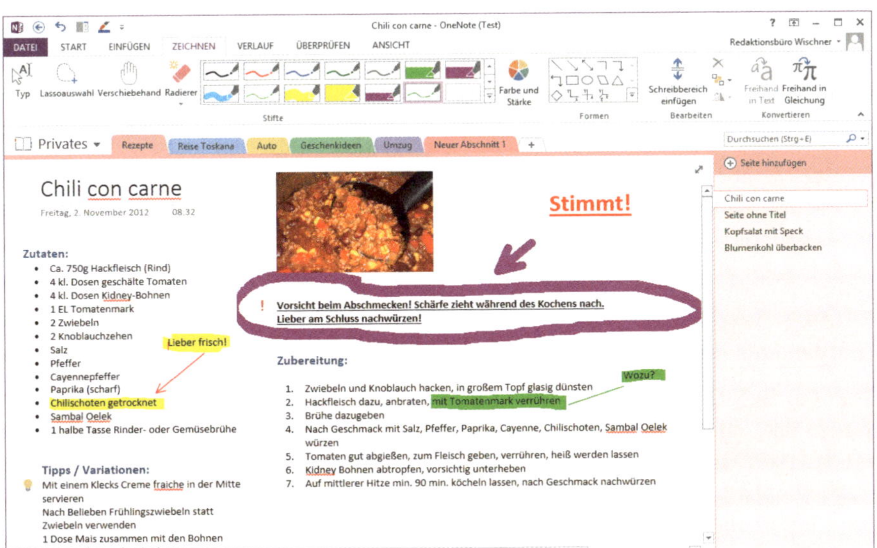

Per Tablet-PC, Stift oder Maus können Sie nach Belieben auf Notizseiten malen, markieren oder geometrische Formen einfügen.

3. Zeichnen Sie nun mit gedrückter linker Maustaste auf das Blatt. Sie dürfen Ihre Striche frei positionieren (auch über vorhandene Notizencontainer), jederzeit Stiftart, -dicke und -farbe wechseln und fehlerhafte Teile schrittweise mit der Rückgängig-Funktion aus der Schnellzugriffsleiste oder mit der Tastenkombination Strg+Z rückgängig machen.

TIPP

Wenn Sie die Textmarker-Funktion nutzen, wird die Markierung durch mehrmaliges Übermalen derselben Stelle kräftiger. Mit der Rückgängig-Funktion entfernen Sie einzelne Schichten wieder.

3.13.3 Handschriftliche Notizen

Eine ganz besondere Stärke von OneNote ist der Umgang mit handschriftlichen Notizen. Technisch gesehen sind sie nichts anderes als das im vorherigen Abschnitt beschriebene Freihandzeichnen. Die Vorgehensweise ist exakt die gleiche, nur dass Ihre Freihandmalereien eben Text bilden. Spätestens hier erweist sich die Maus als Eingabegerät indes als völlig unzureichend. Handschriftnotizen sind ganz klar die Domäne von Tablet-PCs oder Touchscreens, idealerweise mit Stiftbedienung. Auch mit einem Grafiktablett anstelle der Maus klappt es noch ganz gut, wenn man sich damit anfreunden kann, quasi blind auf dem Schreibtisch zu schreiben. Die Touchpads von Notebooks sind dagegen viel zu klein und lösen Bewegungen zu grob auf.

OneNote ist nicht nur in der Lage, handschriftliche Textnotizen bei der Suche nach Begriffen (siehe Kapitel 5, »Suchen und finden«) einzuschließen, sondern kann diese auch in normale Textobjekte umwandeln:

1. Selektieren Sie den entsprechenden Handschriftentext mit der Maus. Das geht durch einfaches Anklicken oder mit den alternativen Methoden für das Auswählen von Grafikobjekten (siehe Abschnitt 3.13.4).
2. In der Symbolleiste *Zeichnen* klicken Sie auf die Schaltfläche *Freihand in Text* bzw. *Freihand in Gleichung*. Das Umwandeln klappt nämlich auch mit Rechenausdrücken oder mathematischen Formeln und öffnet das zugehörige Dialogfeld, das Sie im Abschnitt 3.10.2 bereits kennengelernt haben. Beide Befehle finden Sie auch im Kontextmenü, das Sie per Rechtsklick auf das Grafikobjekt öffnen.
3. Der handschriftliche Text wird daraufhin gelöscht und durch ein normales Textobjekt mit dem (hoffentlich) selben Inhalt ersetzt.

Sind die Befehle *Freihand in Text* oder *Freihand in Gleichung* nicht wählbar (grau dargestellt), ist das entsprechende Objekt vermutlich als reine Grafik gekennzeichnet. Klicken Sie es mit der rechten Maustaste an, und wählen Sie *Ausgewähltes Freihandobjekt behandeln als* und im darauf zusätzlich erscheinenden Auswahlmenü den Eintrag *Handschrift*.

Möchten Sie den umgewandelten »Maschinentext« in anderen Programmen verwenden, etwa in ein Word-Dokument übertragen, geht das ebenfalls: Statt Schritt 2 in der vorangehenden Schrittanleitung kopieren Sie einfach das markierte Handschriftobjekt in die Zwischenablage. Der umgewandelte Text landet dabei ebenfalls im Clipboard und lässt sich in anderen Programmen einfügen.

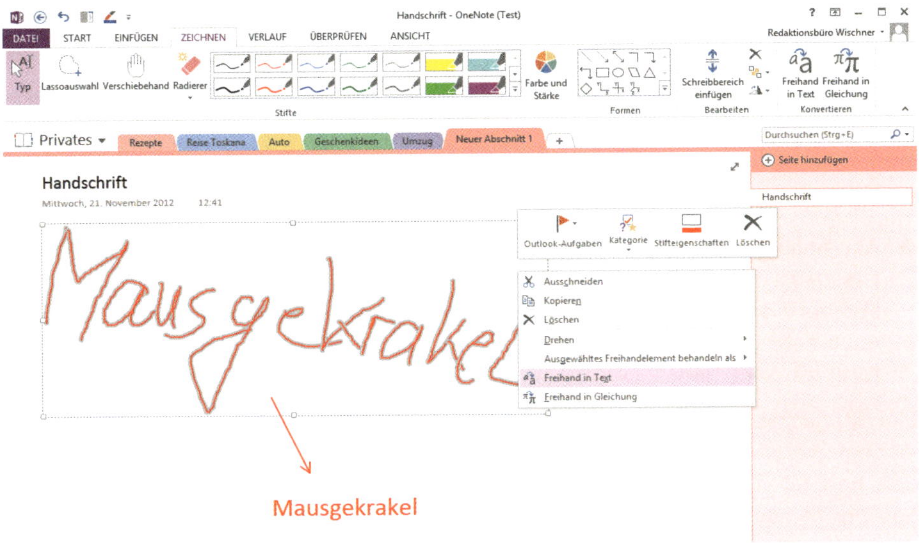

Mit einer fast schon unheimlichen Sicherheit wandelt OneNote handschriftliche Notizen in Textelemente um.

Standardmäßig wird jedes Objekt, das mit den Zeichentools der Symbolleiste *Zeichnen* erzeugt wurde, als mögliche Handschrift angesehen. Dieses Verhalten können Sie ändern, was allerdings vor allem Einfluss auf bestimmte Funktionen zur Selektion grafischer Objekte hat (siehe nächster Abschnitt):

1. In der Auswahl der Stifte und Textmarker auf der *Zeichnen*-Symbolleiste klicken Sie auf das Dreieckssymbol in der rechten unteren Ecke unterhalb der Bildlaufleiste, um die Übersicht aller voreingestellten Stiftdicken und -farben auszuklappen. Ganz unten wählen Sie den Menüpunkt *Stiftmodus*.
2. Wählen Sie nun aus, ob OneNote jedes gezeichnete Grafikobjekt grundsätzlich als Zeichnung, Handschrift oder beides (Standard) behandeln soll.
3. Anstatt diese Einstellung grundsätzlich für alle Objekte vorzunehmen, können Sie sie auch individuell einem einzelnen Objekt zuweisen. Markieren Sie das Grafikobjekt, öffnen Sie das Kontextmenü mit der rechten Maustaste, und wählen Sie unter *Ausgewähltes Freihandelement behandeln als* die entsprechende Option.

3.13.4 Korrigieren, verschieben und löschen

Da gezeichnete Objekte aus mehreren Einzelobjekten bestehen können, ist das Auswählen zum Bearbeiten, Verschieben oder Löschen nicht immer ganz einfach. OneNote bietet daher speziell für Grafikobjekte ein paar unterschiedliche Methoden.

Zunächst einmal versucht das Programm selbstständig zuzuordnen, welche Teile einer Zeichnung zusammengehören. Anhaltspunkt ist vor allem die zeitliche Abfolge beim Zeichnen. Was wurde quasi in einem Zug gezeichnet, wo waren längere Pausen oder Stiftwechsel? Klicken Sie einfach in ein Grafikobjekt, kann es daher vorkommen, dass nur einzelne Teile (Striche) selektiert werden. Das kann durchaus gewünscht sein, um eine unerwünschte Linie aus der Zeichnung zu entfernen. Sie haben aber einige Möglichkeiten, auf den Umfang der Selektion Einfluss zu nehmen:

- Vergewissern Sie sich, dass auf der Symbolleiste *Zeichnen* ganz links die Funktion *Typ* aktiv ist. Ziehen Sie dann mit gedrückter linker Maustaste einen rechteckigen Rahmen um die gewünschten Grafikelemente. Achten Sie dabei darauf, nicht versehentlich unerwünschte Notizencontainer in die Selektion einzuschließen.
- Alternativ aktivieren Sie anstelle von *Typ* das rechts daneben stehende Symbol *Lassoauswahl*. Dann können Sie mit gedrückter linker Maustaste eine Linie beliebiger Form um das gewünschte Objekt ziehen. Diese Methode eignet sich auch sehr gut, um einzelne Wörter oder Textabschnitte einer handschriftlichen Notiz zu selektieren.

Eine Möglichkeit, um unerwünschte Teile einer Zeichnung oder Handschriftnotiz zu löschen, ist erwartungsgemäß das Selektieren mit einer der vorgenannten Methoden und ein Druck auf die Entf-Taste. Alternativ können Sie auch das Kreuz aus der Minisymbolleiste verwenden, die sich beim Markieren eines Grafikobjekts direkt daneben öffnet.

Wollen Sie dagegen nur bestimmte Teile einer Zeichnung entfernen, hilft dabei der Radierer:

1. Klicken Sie in der Symbolleiste *Zeichnen* auf das kleine Dreieck unterhalb der Schaltfläche *Radierer*.
2. Wählen Sie eine Radierergröße (*Klein*, *Mittel* oder *Groß*) aus.
3. Ziehen Sie nun mit gedrückter linker Maustaste die Maus über die Teile einer Zeichnung, die Sie entfernen wollen.

Anstatt einer Radierergröße können Sie auch im Drop-down-Menü der Schaltfläche *Radierer* den Eintrag *Pinselstrichradierer* wählen. Er ist dazu gedacht, ganz gezielt einzelne Linien oder andere Formen zu entfernen, die Sie zuvor in einem Zug gezeichnet hatten. Die übrigen Grafikelemente bleiben dabei unbeschädigt.

KURZ NOTIERT

- OneNote erlaubt völlige Freiheit, wo auf einer Seite Sie etwas hinzufügen.
- Außer Text lassen sich in Notizseiten Bilder, Webseitenauszüge, Links, Dateien, Zeichnungen, Handschrift, Formeln, Audio- und Videoclips aufnehmen.
- Notizen, die Sie während des Aufzeichnens oder Abspielens von Audionotizen gemacht haben, werden mit den entsprechenden Stellen verknüpft.
- Freihandnotizen wandelt OneNote auf Wunsch in Text um.

4 Zusammenspiel mit anderen Programmen

In Kapitel 3 haben Sie erfahren, wie Sie im OneNote-Editor alle Arten von Informationen und Objekten ablegen. In der Praxis wird es aber nicht immer so sein, dass OneNote der Ausgangspunkt Ihrer Arbeit ist. Vielmehr sind Sie im Internet unterwegs, bearbeiten ein Office-Dokument, lesen E-Mails oder nutzen ein anderes Programm, wenn Sie mal eben etwas notieren möchten.

Wohl dem, der sich zwei Monitore gönnt und das, was er in einer Notiz festhalten möchte, ganz einfach per Drag-and-drop in eine OneNote-Notiz auf dem Zweitbildschirm verschieben kann. Das dürfte – zusammen mit der Zwischenablage – vermutlich auch der häufigste Weg sein, ist aber nicht der einzige.

Vor allem aus Microsoft Word, Outlook und PowerPoint, aber auch aus Webbrowsern und anderen Programmen gibt es noch bequemere Wege, bei denen Sie OneNote oft nicht einmal zu öffnen brauchen. Sie schieben alles, was Sie festhalten möchten, einfach in das gewünschte Notizbuch – aus den Augen, aber auf ewig im Sinn. Dabei brauchen Sie Ihre eigentliche Beschäftigung (fast) nicht zu unterbrechen.

Dieses Kapitel zeigt Ihnen alle Möglichkeiten, wie Sie beliebige Texte, Bilder, Webseiteninhalte, Links und sonstige Informationen direkt an OneNote schicken.

4.1 Zwischenablage und Drag-and-drop

Eine naheliegende und in vielen Fällen auch durchaus praktikable Methode, um Text- oder Grafikinhalte aus anderen Windows-Anwendungen in ein OneNote-Notizblatt zu bringen, ist das direkte Verschieben mit der Maus (Drag-and-drop) oder die damit eng verwandte Methode über die Zwischenablage.

4.1.1 Ziehen und ablegen

Simpel und intuitiv – einer der großen Vorteile der grafischen Benutzeroberfläche mit Maussteuerung ist von jeher die Drag-and-drop-Funktion. Sie nehmen einen Textausschnitt oder ein Bild mit der Maus auf, bewegen den Mauszeiger mit gedrückter linker Maustaste an die gewünschte Zielposition (auch in einem anderen Fenster oder Programm) und legen das Objekt dort durch Loslassen der Maustaste ab. Dabei entsteht im Normalfall eine Kopie – das Original bleibt an seinem Platz.

Das funktioniert natürlich auch mit OneNote. Dabei ist es hilfreich, aber nicht zwingend notwendig, wenn das Ursprungs- und das Zielfenster gleichzeitig im Blick sind. Ideal ist natürlich ein Zweitmonitor, auf dem das OneNote-Fenster liegt. Sie können aber auch die beteiligten Fenster verkleinern, um beide gleichzeitig sichtbar zu machen. Oder Sie nutzen die praktische Windows-Funktion (seit Version 7), Fenster an den linken, oberen, rechten oder unteren Bildschirmrand anzudocken, indem Sie sie einfach mit der Maus dort hinziehen. Windows 10 bietet in dieser Hinsicht noch ein paar Variationen mehr. Apropos andocken: Auch der Dock-Modus von OneNote (siehe den Abschnitt 4.7.1) eignet sich sehr gut für das Übertragen von Daten per Drag-and-drop.

Aber auch, wenn Sie den Platz für beide Fenster nicht haben, klappt das Ziehen und Ablegen. Voraussetzung ist, dass OneNote bereits läuft und das Fenster entweder minimiert ist oder verdeckt im Hintergrund liegt. Außerdem muss die Seite bereits geöffnet sein, in die Sie den Inhalt aus einem anderen Programm einfügen wollen.

1. Markieren Sie im Ursprungsfenster, etwa Ihrem Webbrowser, den zu kopierenden Textabschnitt. Grafiken und manch andere Objekte müssen Sie meist nicht markieren – sie lassen sich direkt mit der Maus aufnehmen (abhängig von der jeweiligen Anwendung).

2. Klicken Sie den markierten Bereich mit der linken Maustaste an, und halten Sie sie gedrückt.

3. Bewegen Sie die Maus (mit immer noch gedrückter Taste) auf das OneNote-Symbol in der Windows-Taskleiste am unteren Rand. Daraufhin öffnet sich das OneNote-Fenster im Vordergrund. Alternativ können Sie auch die Tastenkombination Alt+Tab oder (in Windows 7) Win+Tab so oft drücken, bis das OneNote-Fenster erscheint. Sie halten dabei immer noch die linke Maustaste fest!

4. Auf der nun im Vordergrund liegenden OneNote-Seite bringen Sie den Mauszeiger an die gewünschte Zielposition und lassen die Maustaste los.

Übertragener Text wird mit dieser Methode seine Formatierung (Schriftgröße, -art, -auszeichnungen) im Normalfall behalten. Haben Sie beispielsweise einen markierten Hyperlinktext aus einem Webbrowser übertragen, bleibt auch seine Link-Funktion bestehen.

4.1.2 Übertragen per Zwischenablage

Ein wenig flexibler als Drag-and-drop ist die Übertragung von Inhalten aus anderen Anwendungen in OneNote per Zwischenablage. Der wesentliche Unterschied – außer der etwas anderen Vorgehensweise – ist die Kontrolle über die Textformatierungen.

1. In der Anwendung, von der Sie Text, Grafik oder andere Objekte übertragen wollen, markieren Sie das entsprechende Element, zum Beispiel einen Textabschnitt.

2. Wählen Sie dann den Befehl der jeweiligen Anwendung zum Kopieren in die Zwischenablage. Sehr häufig findet er sich in einem Menü namens *Bearbeiten* oder *Edit* oder im Kontextmenü, das Sie mit der rechten Maustaste aufrufen, und heißt *Kopieren* oder *Copy*. Fast immer funktioniert auch die Tastenkombination Strg+C.

3. Wechseln Sie in das OneNote-Fenster, und öffnen Sie dort gegebenenfalls die Notizseite, auf der Sie den Inhalt einfügen wollen.

4. Setzen Sie die Einfügemarke an die gewünschte Position. Das darf ein bestehender Notizencontainer sein oder eine freie Stelle auf dem Notizblatt zur Erzeugung eines neuen Containers.

5. Wählen Sie aus der Symbolleiste *Start* die Schaltfläche *Einfügen*. Alternativ drücken Sie die Tastenkombination Strg+V.

Wenn es sich beim per Zwischenablage übertragenen Objekt um Text handelt, stehen beim Einfügen noch weitere Optionen zur Verfügung. Es geht dabei darum, ob der übertragene Text seine ursprüngliche Formatierung behalten soll. Sie können Textobjekte beim Einfügen sogar in eine Grafik verwandeln.

Die Einfügeoptionen bestimmen zum Beispiel, ob per Zwischenablage eingefügter Text seine ursprüngliche Formatierung behält.

Klicken Sie bei Punkt 5 der vorherigen Anleitung nicht auf die Schaltfläche *Einfügen* in der Symbolleiste *Start*, sondern auf das kleine Dreieck direkt darunter. Es klappt ein Minimenü mit vier Klemmbrett-Symbolen und jeweils einem zusätzlichen Zeichen auf, in dem Sie die gewünschte Einfügemethode auswählen:

- Der Pinsel steht für *Ursprüngliche Formatierung beibehalten*. Angenommen, der Originaltext, den Sie zum Beispiel aus einer Textverarbeitung kopieren, ist in der Schrift Arial in 12 Punkt Größe und fett formatiert. Mit dieser Option würde er genau dieselben Auszeichnungen in der OneNote-Notiz beibehalten – egal, wie der restliche Text eines eventuell schon vorhandenen Absatzes aussieht. Diese Option ist standardmäßig eingestellt, wird also verwendet, wenn Sie nicht explizit eine andere Methode wählen.
- Die Option *Formatierung zusammenführen*, gekennzeichnet durch einen blauen Pfeil nach rechts, versucht beide Formatierungen zu verbinden. Im genannten Beispiel bliebe dann die fette Auszeichnung erhalten, die Schriftart und -größe ändern sich aber in die des bereits vorhandenen Textes.
- Der Buchstabe A im Symbol kennzeichnet die Option *Nur den Text übernehmen*. Im genannten Beispiel wird nur der Textinhalt übertragen. Die Formatierungen gehen verloren, der Textblock bekommt das Aussehen, das dem Zielabsatz in OneNote zugewiesen ist, bzw. das der OneNote-»Normal«-Formatvorlage entsprechende Design. Falls Sie es nicht geändert haben (siehe Kapitel 3, »Notizen in OneNote eingeben«), ist das also Calibri in 11 Punkt ohne weitere Auszeichnungen.

- Die letzte Option, dargestellt durch ein kleines Bild, heißt schlicht *Grafik*. Sie wandelt den Text in ein Grafikobjekt um. Dieses lässt sich zwar in OneNote nicht mehr bearbeiten, aber skalieren und durchsuchen.

Alternativ zum Drop-down-Menü in der Symbolleiste stehen Ihnen die Einfügeoptionen auch im Kontextmenü zur Verfügung, das Sie durch einen Rechtsklick öffnen. Sie können das Textformat beim Übertragen per Zwischenablage aber auch nachträglich ändern:

Direkt nach dem Einfügen per *Einfügen*-Befehl aus der Symbolleiste oder per Strg+V erscheint dicht unterhalb der Einfügeposition ein Klemmbrettsymbol mit der Beschriftung *(Strg)* und einem kleinen Dreieck. Drücken Sie die Strg-Taste, oder klicken Sie auf das Dreieck, um eine Minisymbolleiste mit den bekannten Einfügeoptionen zu öffnen. Jetzt können Sie auch nachträglich die Formatierung des eingefügten Textes anpassen und sehen die Auswirkung sofort.

> TIPP
>
> Öffnen Sie die Minisymbolleiste nach der Auswahl der Einfügeoption nochmals per Strg-Taste oder durch einen Klick auf das Dreieck. Wählen Sie den unter den Symbolen stehenden Befehl *Als "Standard einfügen" festlegen*, wenn Sie zum Beispiel grundsätzlich Text ohne Formatierungen übertragen wollen. Sie sparen sich dann künftig das Festlegen der Einfügeoptionen.

4.2 Schnelle Notizen – das OneNote-Post-it

Notizen in ihrer ursprünglichsten Form: Sie wollen einen Gedanken, eine Telefonnummer, einen Namen oder eine anstehende Aufgabe festhalten. Sie greifen zu einem Stück Papier und einem Stift, schreiben die Information auf und legen den Zettel beiseite. Oder Sie wissen, dass Sie die Information bald wieder oder regelmäßig benötigen. Dann kommt wahrscheinlich einer dieser praktischen gelben Klebezettel, gemeinhin als Post-it bekannt, zum Einsatz und landet am Monitorrand.

Genauso funktionieren *Schnelle Notizen* – so die wörtliche, aber etwas holperige Übersetzung von *Quicknotes*, der Bezeichnung im englischen OneNote. Deren Clou ist, dass es keine Rolle spielt, in welchem Programm Sie sich gerade befinden – Sie können einfach eine Notiz aufnehmen und an OneNote zu schicken, vermeintlich, ohne das Programm dafür öffnen zu müssen.

OneNote besitzt ein kleines Hintergrundprogramm, das sich mit einem Tastenkürzel aufrufen lässt. Bei OneNote 2013 hatte Microsoft die Funktionen in diesem Tool so umorganisiert, dass ein zusätzlicher Tastendruck für das Erfassen einer Schnellnotiz erforderlich war. In OneNote 2016 wurde diese Änderung wieder zurückgenommen.

Außerdem befindet sich das Tool in OneNote 2016 nicht mehr in der Taskleiste und öffnet auch kein eigenes Fenster mit drei quadratischen Schaltflächen mehr. Stattdessen findet es sich nur noch als Symbol im Benachrichtigungsbereich von Windows (auch »Systray« genannt).

OneNote 2013: Drücken Sie [Win]+[N] und dann nochmals [N], um das Fenster für eine neue schnelle Notiz zu öffnen.

OneNote 2010 und 2016: Drücken Sie [Win]+[N], um das Fenster für eine neue schnelle Notiz zu öffnen.

Auf den ersten Blick handelt es sich um ein relativ kleines und bis auf eine Titelleiste mit drei Punkten und zwei unscheinbaren Symbolen rechts oben leeres Fenster. Im oberen linken Bereich wartet eine blinkende Einfügemarke auf die getippte Notiz.

Tatsächlich müssen Sie nichts anderes tun, als Ihren Notiztext einzutippen und auf das kleine x rechts oben zu klicken, um das Fenster zu schließen. Vertrauen Sie darauf – die Notiz ist in OneNote gespeichert.

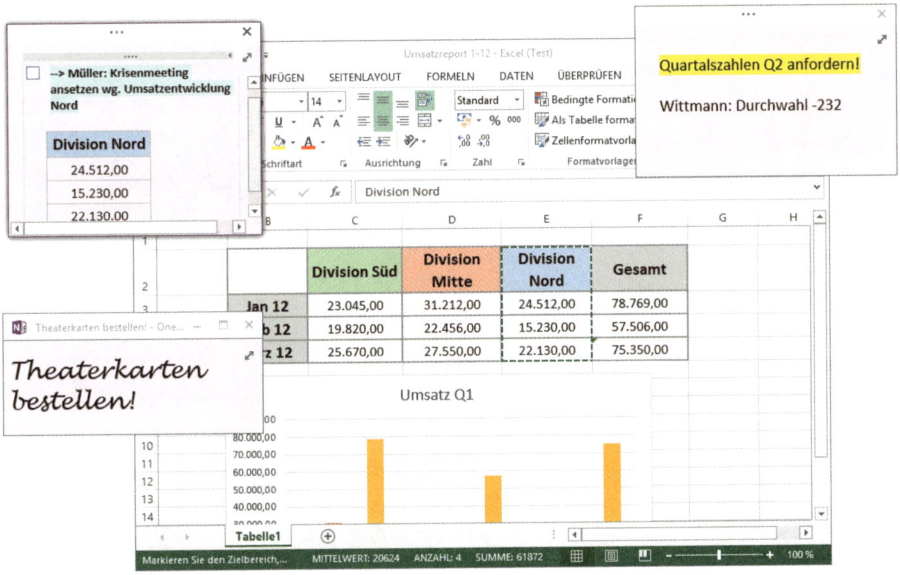

Schnelle Notizen lassen sich per Tastendruck anlegen und erfüllen denselben Zweck wie Post-it-Klebezettel.

Es steckt aber mehr hinter dem kleinen Textfenster, wie sich offenbart, wenn Sie auf den oberen Fensterrand (den mit den drei Punkten) klicken. Dann erscheint nämlich ein Teil der bekannten Symbolleisten mit den wichtigsten Formatierungs- und Zeichenfunktionen.

Dass es sich bei diesem Fenster in Wirklichkeit sogar um das komplette OneNote handelt, beweist ein Klick auf das Symbol mit dem diagonalen Doppelpfeil rechts oben. Sofort öffnet sich nämlich die vollständige OneNote-Oberfläche und erlaubt die Bearbeitung und Gestaltung der Notiz mit allen Features.

Hier zeigt sich auch, wo OneNote die schnellen Notizen speichert. Im Gegensatz zu einigen anderen Methoden, die in diesem Kapitel behandelt werden, haben Sie nicht die Möglichkeit, Notizbuch und Abschnitt als Ziel aus einer Liste auszuwählen.

Stattdessen gelangen schnelle Notizen grundsätzlich in einen speziellen, standardmäßig angelegten Abschnitt auf einer jeweils neuen Seite. Sie finden ihn am unteren Rand der Notizbuchliste.

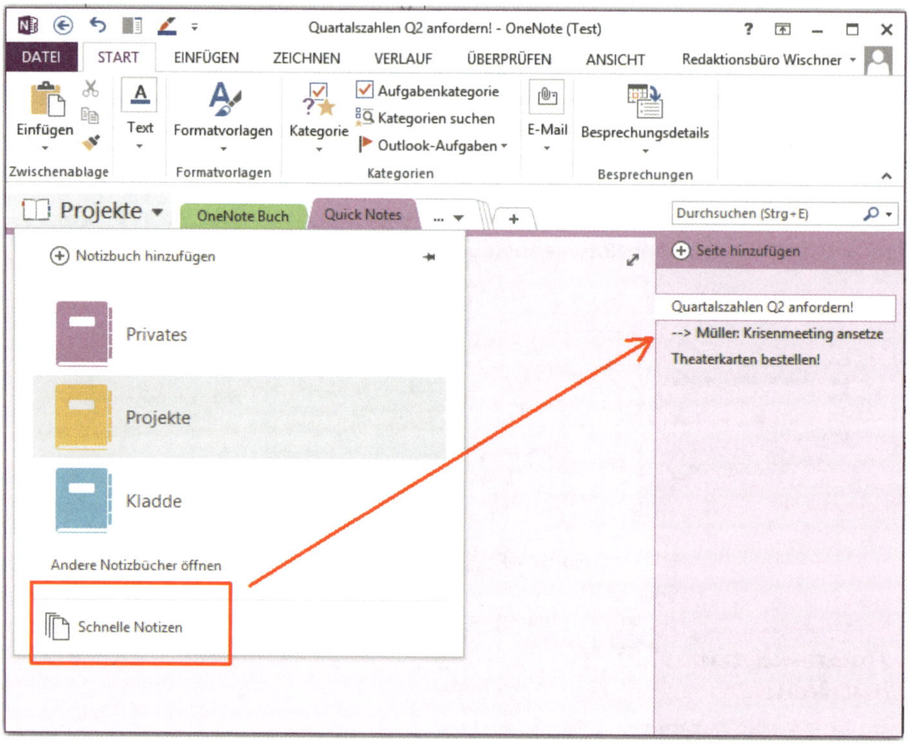

OneNote besitzt einen eigenen Abschnitt für schnelle Notizen. Sie lassen sich aber beliebig in andere Notizbücher verschieben.

Wie Sie mit den so gesammelten Notizen weiter verfahren, bleibt Ihnen überlassen. Entweder, Sie behalten den Abschnitt *Schnelle Notizen* als wilden Zettelkasten, oder Sie ordnen die einzelnen Seiten nach Bedarf Ihren richtigen Notizbüchern und Abschnitten zu. Wie das geht, erfahren Sie in Kapitel 6, »Strukturieren und aufräumen«.

TIPP

Sie können die Zettel mit den schnellen Notizen immer geöffnet lassen und weitere Notizen in neuen Fenstern anlegen. Wenn Sie möchten, bleiben die sogar immer über anderen Fenstern im Blick. Blenden Sie dazu mit einem Klick auf die Titelleiste die Symbolleisten ein, klicken Sie dann auf *Ansicht*, und wählen Sie *Immer im Vordergrund*. Sie können jede auch bedenkenlos schließen – alles ist sicher in OneNote gespeichert.

4.3 Bildschirmausschnitte speichern

Ebenfalls aus jedem Programm heraus oder vom Windows-Desktop aus erreichen Sie das Snipping Tool. Damit lassen sich beliebige rechteckige Bildschirmausschnitte in einer Notiz speichern. Diese Funktion eignet sich unter anderem sehr gut, um Ausschnitte von Webseiten im Originaldesign zu speichern. Obwohl sie als Grafikobjekt in das Notizbuch gelangen, bleiben sie dank der OCR-Funktion von OneNote durchsuchbar (siehe Kapitel 5, »Suchen und finden«). Auch dann, wenn Sie ein Bild aus einer Webseite übernehmen möchten, das gegen die Übernahme in die Zwischenablage geschützt ist, hilft das Snipping Tool.

1. Drücken Sie die Tastenkombination [Windows]+[⇧]+[Strg]. Der gesamte Bildschirm wird nun abgeblendet dargestellt.
2. Ziehen Sie mit gedrückter linker Maustaste ein Rechteck um den zu speichernden Bereich auf. Der Inhalt dieses Rechtecks erscheint in normalen Farben. Sie können die Auswahl jederzeit abbrechen, indem Sie zusätzlich die rechte Maustaste drücken.
3. Lassen Sie die linke Maustaste los, wenn der Ausschnitt passt.
4. Es erscheint ein Auswahlfenster mit den zuletzt geöffneten OneNote-Notizbüchern, Abschnitten und Seiten. Wählen Sie das gewünschte Ziel, und klicken Sie auf die Schaltfläche *An den ausgewählten Speicherort senden*.
5. Alternativ können Sie das Bild mit der Schaltfläche *In Zwischenablage kopieren* in die Zwischenablage übernehmen, manuell zu OneNote wechseln und den Ausschnitt selbst mit [Strg]+[V] an der gewünschten Stelle einfügen.

Beim Markieren eines Bildausschnitts (hier von einer Webseite) wird der nicht gewählte Bereich abgeblendet dargestellt.

Position und Größe des eingefügten Bildes lassen sich nachträglich in OneNote anpassen.

Obwohl sich diese Methode sehr gut eignet, um Webseiten oder Ausschnitte davon im Originaldesign in einer Notiz zu speichern, sei ein Nachteil nicht verschwiegen: Die Herkunft des Bildschirmausschnitts, also ein bestimmtes Programm (Webbrowser) oder gar die konkrete Seite, bleibt OneNote in den meisten Fällen verborgen. Schließlich könnten Sie ja auch einen Schnappschuss von mehreren unterschiedlichen Programmfenstern nebeneinander machen – es gibt also genau genommen gar keine Herkunft, außer eben dem Bildschirm. Eine Ausnahme bildet der Internet Explorer. Stammt der Ausschnitt von einer im Internet Explorer geöffneten Webseite, wird am Ende zusätzlich ein Link zur Originalseite eingefügt. Bei der Nutzung anderer Browser, etwa von Firefox oder Chrome, fehlt dieser Link. Das macht aber nichts, da es inzwischen mit dem OneNote-Webclipper eine bessere Möglichkeit gibt, Webseiteninhalte ganz oder teilweise (letzteres bislang nur mit Chrome) an OneNote zu schicken. Mehr dazu im Abschnitt 4.6

4.4 Inhalte per E-Mail an OneNote schicken

Ebenfalls im Rahmen der großen »OneNote-Offensive« von Microsoft im März 2014 kam eine weitere Möglichkeit hinzu, Inhalte an eine OneNote-Notiz zu schicken: Ähnlich wie beim Konkurrenten Evernote klappt das einfach per Mail.

Damit lassen sich nicht nur Nachrichten aus dem eigenen Mailprogramm zum Archivieren an OneNote schicken. Vielmehr bestückt man so sein Notizbuch mit beliebigen Inhalten aus jedem Programm heraus, das Mails versenden kann – von der Textverarbeitung bis zur Scannersoftware.

> **TIPP** Die in diesem Abschnitt beschriebene Methode, Mails an OneNote zu schicken, unterliegt einer wichtigen Einschränkung: Das Zielnotizbuch muss in der Cloud (auf OneDrive) gespeichert sein. Um Mails an lokale Notizbücher zu schicken, benötigen Sie MS-Outlook. Mehr dazu im Abschnitt 4.8.

Alle Mailinhalte landen standardmäßig im Spezialabschnitt *Schnelle Notizen* im Hauptnotizbuch (*Persönlich(Web)* oder *Notizbuch von <Kontoname>*) auf OneDrive. Seit Kurzem lässt sich dieses Ziel aber auch frei bestimmen. Dazu gleich mehr. Wer seine Notizen nicht auf OneDrive, sondern lokal, auf SharePoint oder im LAN speichert, kann von der Mail-an-OneNote-Funktion leider nicht profitieren. Es bleibt sehr zu hoffen, dass Microsoft hier nachbessert.

Die Einstellungen für Zielnotizbuch und -abschnitt erreichen Sie nur über einen Webbrowser:

1. Navigieren Sie zu *www.onenote.com/EmailSettings*.

2. Falls gefordert, melden Sie sich mit den Zugangsdaten für Ihr Microsoft-Konto an.
3. Im folgenden Fenster finden Sie unten eine Auswahlliste, die nach dem Aufklappen all Ihre Notizbücher und die enthaltenen Abschnitte zeigt. Wählen Sie hier den Zielort, an dem an *me@onenote.com* geschickte Mail-Nachrichten künftig landen sollen.
4. Bestätigen Sie mit einem Klick auf *Speichern*.

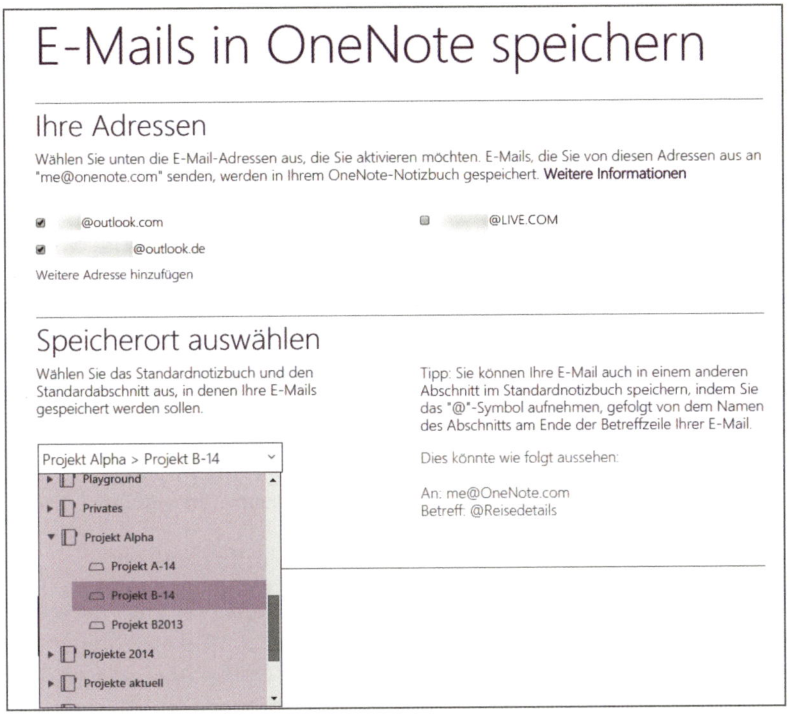

Sie können per Webbrowser festlegen, dass Mails an me@onenote.com in einem bestimmten Notizbuch/Abschnitt landen.

Im Gegensatz zum offensichtlichen Vorbild Evernote erhält bei OneNote nicht jeder Nutzer eine spezielle Zieladresse für Notizbuchinhalte. Vielmehr schickt jeder seine Nachrichten grundsätzlich an *me@onenote.com*. Der Eigentümer, also das richtige Zielkonto und -notizbuch, wird anhand des Mailabsenders ermittelt.

Wenn Sie die erste Mail an *me@onenote.com* verschickt haben, erhalten Sie (im Postfach der genutzten Absenderadresse) eine Mail von Microsoft. Darin enthalten ist ein Link zur Einrichtung der Mailfunktion. Nachdem Sie diesen aufgerufen haben, geben Sie auf einer speziellen Webseite die Zieladresse(n) an, die künftig als Absender gültig sein soll(en) und für eine Weiterleitung der Nachrichten an das OneNote-Notizbuch sorgen soll(en).

Blöderweise sind zunächst nur Microsoft-Mailadressen zugelassen, also die (Outlook.com-)Adresse, die zu Ihrem Microsoft-Konto gehört. Sie haben auf der genannten Bestätigungswebseite zwar die Möglichkeit, sogenannte Aliasadressen anzulegen, die auch durchaus bei einem anderen Provider (zum Beispiel Ihrem Firmen-E-Mail-Server) gehostet sein dürfen.

Eleganter ist aber der nachfolgend beschriebene Trick, mit dem Sie sich eine eigene Mailadresse als Ziel für OneNote-Notizen einrichten und Inhalte an diese (und damit Ihr Notizbuch) von jeder beliebigen Absenderadresse aus schicken können.

4.4.1 Microsoft-Mailadresse als Briefträger

Richten Sie zunächst auf oben genannter Bestätigungswebseite eine zusätzliche Aliasadresse ein.

1. Dazu klicken Sie auf den Link *Wird die Adresse, die Sie hinzufügen möchten, nicht angezeigt?* und dann auf *Aliaseinstellungen Ihres Microsoft-Kontos*.
2. Im folgenden Fenster richten Sie eine neue Microsoft(!)-Aliasadresse ein, zum Beispiel mit der Domain-Endung *outlook.de*. Als Name empfiehlt sich etwas, das Sie daran erinnert, dass es sich um eine Zieladresse für *OneNote* handelt, zum Beispiel *<mein Name>_OneNote@outlook.de*.

Jetzt richten Sie eine Weiterleitungsregel ein, die alles, was an die eben definierte Aliasadresse gesendet wird, automatisch an *me@onenote.com* weiterleitet:

1. Öffnen Sie *www.outlook.com*, klicken Sie bei Anzeige des Posteingangs Ihres Microsoft-Kontos auf das Zahnradsymbol rechts oben und wählen Sie *Regeln verwalten*.
2. Im folgenden Fenster legen Sie mit einem Klick auf *Neu* eine neue Regel an.
3. Es öffnet sich ein Dialog mit den Regeleinstellungen. Im linken Bereich wählen Sie unter *Wenn eine E-Mail Folgendem entspricht* die Option *Absender enthält* und tragen im Feld daneben die zuvor angelegte Aliasadresse ein.
4. Im rechten Abschnitt definieren Sie die Aktion, die von diesen E-Mails ausgelöst werden soll, nämlich *Weiterleiten an*, und im Feld daneben legen Sie die Mailadresse *me@onenote.com* fest.

Ab sofort landet der Inhalt jeder E-Mail von einem beliebigen Absender (Vorsicht! Diese Adresse nicht weitergeben, Spamgefahr!) in Ihrem OneNote-Notizbuch.

Diese Methode eignet sich im Zusammenspiel mit dem Regelassistenten von Outlook zum Beispiel auch sehr gut für die automatisierte Archivierung von Nachrichten.

4.4.2 Temporär an einen anderen Abschnitt senden

Sie können einzelne Mails auch mal an einen anderen Abschnitt im eingestellten Zielnotizbuch (derzeit aber noch nicht an ein anderes Notizbuch) senden. Dazu hängen Sie einfach an die Betreffzeile ein @, gefolgt vom Namen eines (vorhandenen) Abschnitts.

4.5 An OneNote drucken

Eine weitere flexible Möglichkeit, Daten von einer (fast) beliebigen Windows-Applikation an OneNote zu schicken, ist ein virtueller Ausdruck. Das bedeutet: Sie drucken in der jeweiligen Anwendung die Daten, die Sie in OneNote speichern möchten, einfach aus. Dazu verwenden Sie aber weder Drucker noch Papier, sondern nutzen einen speziellen Druckertreiber, der automatisch zusammen mit OneNote installiert wurde.

Dieser Treiber sorgt dafür, dass der Ausdruck in eine Grafik umgewandelt wird, die exakt so aussieht, als würden Sie auf Papier drucken. Gleichzeitig wird diese Grafik als Objekt in die OneNote-Notiz eingefügt. Sie können sich das in etwa so vorstellen, als würden Sie die Daten auf Papier ausdrucken, dann mit einem Scanner als Grafik wieder einlesen und diese auf der OneNote-Seite einbauen.

Auf diese Weise lässt sich theoretisch sogar eine Dokumentenverwaltung mit OneNote realisieren. Sie könnten zum Beispiel Ihren gesamten Schriftverkehr mit einer Behörde oder alle jemals ausgestellten Rechnungen parallel zur Papierversion auch an OneNote drucken und somit jederzeit blitzschnell wiederfinden.

Die im Grafikausdruck enthaltenen Daten lassen sich zwar nicht mehr direkt bearbeiten. Die in OneNote enthaltene OCR-Funktion (Grafik-in-Text-Umwandlung) sorgt aber dafür, dass der gesamte auf dem Ausdruck enthaltene Text von der Suchfunktion mit berücksichtigt wird. Lediglich an sehr komplexen Layouts oder manchen Schmuckschriften wird OneNote möglicherweise scheitern – wie andere OCR-Programme auch.

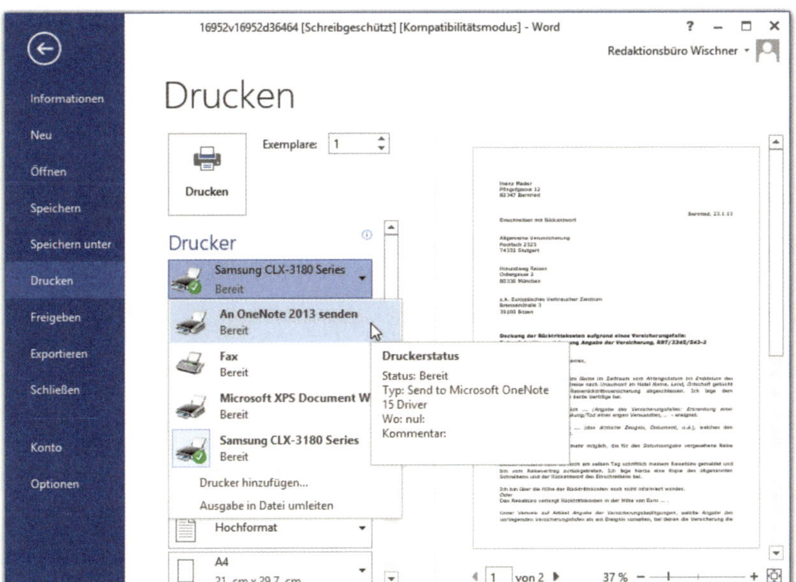

Aus jeder Anwendung mit Druckfunktion (hier: Word) schicken Sie Inhalte mithilfe eines speziellen Druckertreibers direkt an OneNote.

Diese Methode entspricht weitgehend der, die auch im Abschnitt 3.9.3 beschrieben ist. Die wesentlichen Unterschiede sind:

- In der Anwendung, von der aus Sie an OneNote drucken, müssen die entsprechenden Daten nicht zwingend bereits gespeichert sein. Die Druckfunktion arbeitet ja in der Regel einfach mit Dateien, die im jeweiligen Programm geöffnet sind.
- Sie haben die Möglichkeit, vorab einige Einstellungen (z. B. Hoch- oder Querformat, Seitengröße, Auswahl der Seiten etc.) im jeweiligen Drucken-Dialogfeld vorzunehmen.
- Auf der OneNote-Notizseite wird bei Verwendung dieses Weges lediglich das Druckdokument als Grafik eingefügt, aber weder eine Kopie der Originaldatei noch ein Link.

So drucken Sie aus einer beliebigen Anwendung (die allerdings eine Druckfunktion enthalten muss) direkt an OneNote:

1. Öffnen Sie das zu druckende Dokument oder bereiten Sie die Daten druckfertig vor (zum Beispiel durch Erzeugen eines Berichts in einer Datenbank oder durch Erstellen eines Lieferscheins in einer Faktura-Software).
2. Wählen Sie den Druckbefehl der Anwendung aus – meist also *Datei/Drucken*.
3. Wenn Sie zur Auswahl des zu nutzenden Druckers gelangen, ändern Sie diesen auf *An OneNote 2013 (2016) senden*.

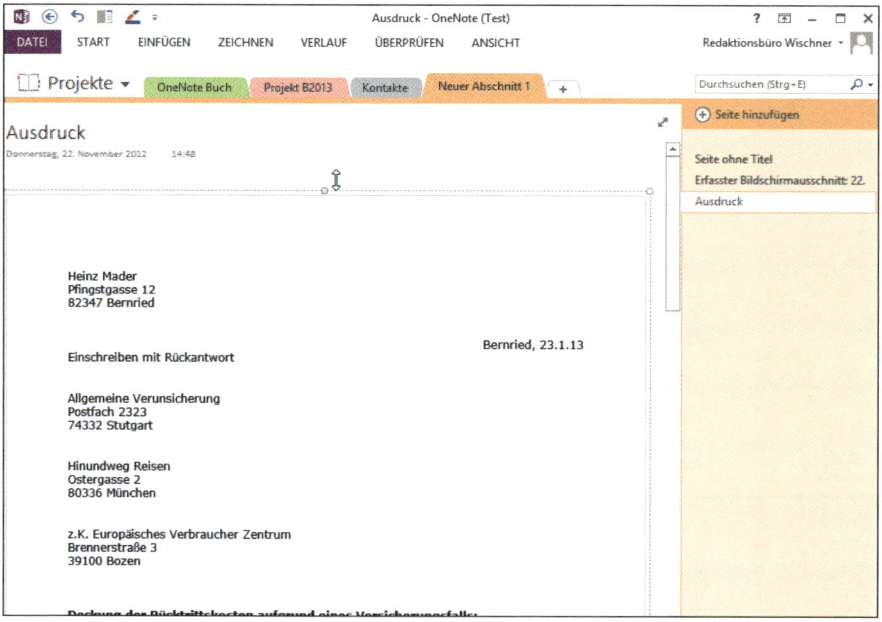

In OneNote landet ein Grafikobjekt, das exakt einem Ausdruck auf Papier entspricht und nach Inhalten durchsuchbar ist.

4. Nehmen Sie weitere Voreinstellungen nach Bedarf vor, etwa die Auswahl der zu druckenden Seiten, deren Größe oder Ausrichtung.
5. Starten Sie dann den Ausdruck mit dem jeweiligen Befehl, meist *Drucken* oder *OK*.
6. Es öffnet sich ein Fenster, in dem Sie das passende OneNote-Notizbuch, den Abschnitt und die Seite als Ziel für den Ausdruck wählen.
7. Starten Sie den Ausdruck mit *OK*.

> TIPP
>
> Wenn Sie in Schritt 6 eine bestimmte Seite wählen, wird der Ausdruck auf eben dieser unten angehängt. Wählen Sie dagegen einen Abschnitt, wird darin eine neue Seite mit dem Titel *Ausdruck* angelegt. Letzteren können Sie später natürlich nach Belieben ändern.

Wenn Sie in dem Fenster, in dem Sie das Druckziel auswählen, ein Häkchen bei *Ausdrucke immer an den ausgewählten Speicherort senden* setzen, wird dieser Schritt künftig übersprungen und dieses Ziel automatisch genommen. Sie können diese Einstellung jederzeit in OneNote wieder ändern:

1. Schalten Sie mit einem Klick auf *Datei* in die Backstage-Ansicht.
2. Klicken Sie auf *Optionen,* und wählen Sie die Kategorie *An OneNote senden*.
3. Im Abschnitt *Andere Inhalte* stellen Sie den Eintrag hinter *Ausgabe in OneNote umleiten* wieder auf *Immer nach Sendeziel fragen* um.

> TIPP
>
> Normalerweise landen alle Seiten eines mehrseitigen Ausdrucks untereinander auf derselben Notizseite. Sie können aber in den Optionen unter *Erweitert – Ausdrucke* festlegen, dass lange Ausdrucke über mehrere OneNote-Seiten verteilt werden. Wie lang »lange Ausdrucke« sind, hat sich im Lauf der OneNote-Versionen und Patches immer wieder geändert. Zurzeit liegt die Grenze bei zehn Seiten; sie lässt sich nicht verändern.

4.6 Webinhalte direkt vom Browser schicken

Alle bisher in diesem Kapitel beschriebenen Methoden, um Daten an OneNote zu senden, eignen sich auch gut, um Webseiten oder Ausschnitte daraus festzuhalten. Screenshots und Bildschirmausdrucke erhalten zwar weitgehend die Originalformatierung, bieten aber keinen automatisch erzeugten Link zur ursprünglichen Webseite. Das Übertragen per Zwischenablage oder per Drag-and-drop hingegen erhält zwar alle Links, stört aber den Arbeitsfluss, weil man zwischen Browser und OneNote-Fenster hin- und herspringen muss. Allerdings gibt es zwei Möglichkeiten, Webseiten oder Teile daraus direkt aus dem Browser an OneNote zu senden, ohne zwischen den Programmfenstern hin- und herschalten zu müssen.

4.6.1 Internet Explorer

Am leichtesten haben es Nutzer von Microsofts Internet Explorer ab Version 8, da darin bereits eine Erweiterung zum Senden ganzer Webseiten oder Ausschnitte an eine OneNote-Seite enthalten ist.

Eine Warnung vorab: In den allermeisten Fällen wird das Originallayout der Webseite auf der Notizseite ziemlich zerstört sein. OneNote nimmt alle Grafik-, Text- und Linkelemente der ursprünglichen Seite und versucht, sie einigermaßen sinnvoll anzuordnen. Vor allem ursprünglich nebeneinander stehende Objekte landen dabei untereinander. Andere Designelemente bleiben völlig auf der Strecke. OneNote bräuchte die komplette Funktionalität eines Webbrowsers, um komplexe Seiten im Originaldesign aufzubauen (um präzise zu sein: auch das würde noch nicht reichen). Entweder Sie können damit leben, dass Sie zumindest alle relevanten Texte, Bilder und Links auf der Notizseite gespeichert haben, oder Sie verwenden Bildschirmausdrucke (siehe Abschnitt 4.5) oder speichern grafische Bildschirmausschnitte (siehe Abschnitt 4.3). Dann erhalten Sie die originale Optik, verlieren allerdings die Bearbeitungsmöglichkeit von Textelementen und anklickbare Links.

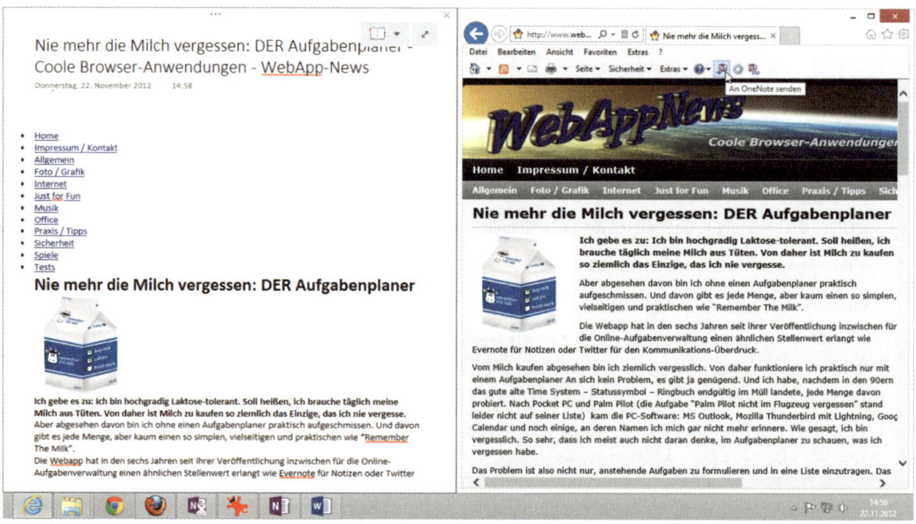

Webseiteninhalte lassen sich vom Internet Explorer direkt an OneNote schicken, verlieren aber ihr ursprüngliches Layout.

Wenn Sie lieber mit Menüs und Schaltflächen arbeiten als mit dem Kontextmenü, müssen Sie im Internet Explorer zunächst wahlweise die Menüleiste oder die Befehlsleiste einblenden. Dazu klicken Sie mit der rechten Maustaste in den Titelbereich des Internet Explorers und wählen die Option *Menüleiste* oder *Befehlsleiste*.

Markieren Sie den entsprechenden Abschnitt der Webseite, den Sie an OneNote übertragen möchten. Je nach Seitenlayout lässt es sich nicht vermeiden, dass dabei unerwünschte Elemente (etwa Bannerwerbung) mitgenommen werden. Gegebenenfalls ist es besser, die Informationen in kleineren Portionen zu speichern.

Wählen Sie nun aus dem Menü *Extras* (wenn die Menü- und/oder Befehlsleiste eingeblendet ist) den Eintrag *An OneNote senden*. Bei angezeigter Befehlsleiste funktioniert alternativ auch ein Klick auf das OneNote-Symbol mit dem Rechtspfeil. In jedem Fall können Sie auch das Kontextmenü bemühen. Der Befehl lautet hier ebenfalls *An OneNote senden*.

Es öffnet sich das Fenster mit der Zielauswahl. Bestimmen Sie hier das Notizbuch, den Abschnitt und/oder die Seite, und klicken Sie dann auf *OK*.

Wenn Sie die komplette Webseite und nicht nur einen Ausschnitt speichern möchten, funktioniert das genauso. Markieren Sie zuvor einfach keine Abschnitte der Seite.

> TIPP
>
> Mit Windows 10 hat Microsoft einen neuen Browser namens Edge eingeführt, der den Internet Explorer ablösen soll. Zur Drucklegung dieses Buches unterstützte Edge allerdings noch keine Add-ons (ist aber für Mitte 2016 angekündigt) und enthielt auch keine Funktion zum Senden von Webseiten an OneNote. Eine Option im *Teilen*-Menü von Edge erlaubt zwar auch OneNote als Ziel. Allerdings sendet diese Funktion nur Bildschirminhalte aus Edge an die Universal-App von OneNote, also den für Tablets optimierten, stark vereinfachten OneNote-Ableger, der auch nur OneDrive als Speicherort erlaubt. Wenn Sie dieses Buch lesen, ist Edge hoffentlich in Sachen OneNote ein Stück weiter.

4.6.2 Der OneNote-Webclipper

Nutzer alternativer Webbrowser wie Mozilla Firefox oder Google Chrome sind leider nicht mit einer integrierten OneNote-Unterstützung gesegnet. Bei der Installation von Microsoft Office wird auch keine entsprechende Erweiterung als Browser-Add-on für diese Programme eingerichtet.

Bis vor Kurzem halfen nur Browser-Add-ins von unabhängigen Programmierern wie »Clip to OneNote« von Jayarathina Madharasan (*www.madharasan.com*). Leider ist es recht umständlich zu installieren, es wird ein speicherresidentes Zusatzprogramm namens »Listener« benötigt, und das Tool produziert ebenfalls eine nur sehr rudimentäre Repräsentation der gespeicherten Webseite.

Seit 2014 liefert Microsoft einen eigenen Webclipper für alle gängigen Browser, also Firefox, Chrome und Safari. Er ist unter *www.onenote.com/clipper* kostenlos zu haben.

Als sogenanntes Bookmarklet ausgelegt, das lediglich ein komplexes JavaScript-Makro enthält, zieht man es direkt von der oben genannten Webseite in die Lesezeichenleiste seines Browsers. Inzwischen hat Microsoft speziell für Google Chrome eine leichter einzurichtende Add-in-Version davon veröffentlicht.

In der ersten Version war der Webclipper stark eingeschränkt. So erlaubte er zum Beispiel keine Auswahl von Zielnotizbuch und -abschnitt und speicherte Webseiten ausschließlich als großen zusammenhängenden Screenshot. Inzwischen hat er ordentlich dazugelernt, aber eine wesentliche Beschränkung behalten: Der Webclipper nutzt die neue Online-API von OneNote. Das bedeutet: Er »spricht« nicht mit dem lokal installierten OneNote 2013 oder 2016 (im Gegensatz zum alten Add-in für den Internet Explorer).

Stattdessen schickt er Inhalte **nur an Notizbücher, die auf OneDrive gespeichert sind**. Solche, die auf der lokalen Platte oder im LAN liegen, werden als Ziel für einen Webausschnitt nicht angeboten.

Arbeiten Sie mit einem lokalen Notizbuch, in dem Sie die Webausschnitte benötigen, können Sie sich nur so behelfen: Halten Sie in OneNote neben dem lokalen »Arbeitsnotizbuch« auch eines offen, das auf OneDrive liegt.

Letzteres betrachten Sie einfach als eine Art »Eingangsfach«, das Sie auch als Ziel für Ausschnitte vom Webclipper nutzen. Später verschieben Sie die benötigten Inhalte in OneNote einfach per Drag-and-drop an die passende Stelle in Ihrem lokalen Notizbuch.

Wenn Sie sich mit dieser Einschränkung arrangieren können, finden Sie im aktuellen OneNote-Webclipper ein ganz ordentliches Sammel- und Recherche-Tool, das seinem »Vorbild« im Konkurrenten Evernote schon recht nahekommt. Der OneNote-Webclipper speichert Inhalte auf eine von mehreren Arten:

- Wie gehabt als großer Screenshot der kompletten Seite, auch wenn sie deutlich größer als der sichtbare Bildschirminhalt ist.
- Als frei wählbaren Ausschnitt einer Webseite (ebenfalls als Screenshot). Diese Option stand zunächst nur im Chrome-Browser zur Verfügung, wurde aber für Firefox und für Safari auf dem Mac im Januar 2016 nachgereicht.
- Besonders pfiffig ist die dritte Option: Zunächst versucht der Webclipper festzustellen, ob die aktuell angezeigte Seite zu einem Onlineshop oder einer Rezepte-Website gehört. Dann blendet er eine entsprechend beschriftete Schaltfläche ein. Ansonsten heißt sie immer »Artikel«.

Solche Seiten versucht der Webclipper dann vor dem Ausschneiden zu bereinigen, also von Werbung, Navigationselementen und anderen unerwünschten Inhalten zu säubern. Genau genommen geht er andersherum vor, versucht also relevante Inhalte (Überschriften, Bilder, Textblöcke) zu identifizieren und aufzubereiten.

Bei Shops oder Rezepten sucht er entsprechend nach Produktbeschreibung und Preisen oder Zutatenlisten. Nur diese aufbereiteten Inhalte landen in der OneNote-Notiz, und zwar – das ist der Clou – in diesem Fall **nicht** als Grafik. Alles bleibt editierbarer Text, sogar alle enthaltenen Links bleiben unversehrt und funktionstüchtig.

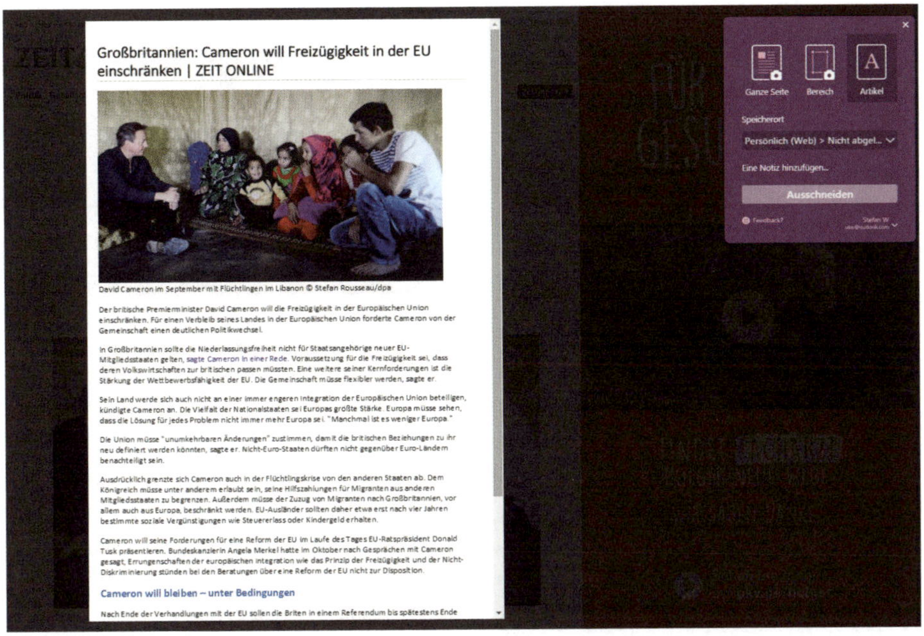

Ist die Methode »Artikel« gewählt, versucht der Webclipper, relevante Inhalte einer Webseite (hier ein Artikel von Zeit Online) – von Werbung und anderem Unerwünschten befreit – als editierbaren Text mit Bildern und Links zu speichern.

> **TIPP**
>
> Während das Bereinigen allgemeiner Artikel und Blogbeiträge meist ganz gut klappt, ist die automatische Erkennung von Onlineshops und Rezeptseiten stark auf populäre US-Angebote ausgelegt. So schneidet die aktuelle Webclipper-Version zum Beispiel brauchbare Inhalte aus Amazon-Seiten, liefert aber nichts Verwertbares etwa bei eBay oder Zalando. Die automatische Vorschau hilft gut bei der Bewertung des auszuschneidenden Inhalts. Wenn alles nichts hilft, können Sie immer auf die Screenshot-Version durch Auswahl von *Ganze Seite* zurückgreifen.

Einrichten des Webclippers in Google Chrome

1. Öffnen Sie die Webseite *www.onenote.com/clipper*.
2. Klicken Sie hier auf die Schaltfläche *In Chrome installieren*.
3. Es öffnet sich ein Bestätigungsdialog, in dem Sie auf *Erweiterung hinzufügen* klicken.

Anschließend findet sich neben der Adresszeile von Chrome bei eventuell vorhandenen Add-on-Icons auch ein OneNote-Symbol.

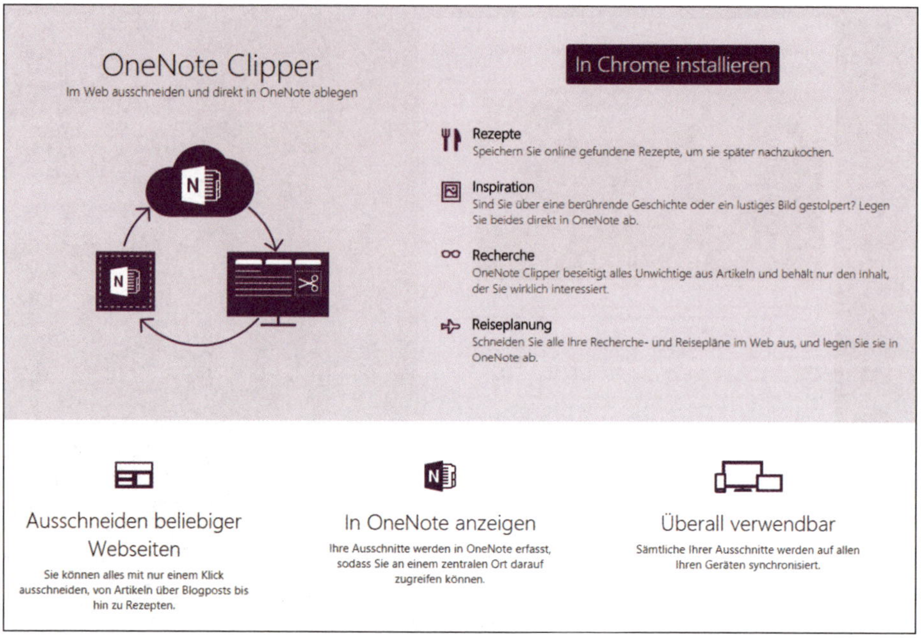

Für Google Chrome reicht es, die Schaltfläche »In Chrome installieren« auf der Webclipper-Webseite anzuklicken, um den Clipper als Browser-Add-on einzurichten.

Einrichten in Firefox, Safari und Co.

1. Falls die Lesezeichen-Symbolleiste des Browsers nicht eingeblendet ist, aktivieren Sie sie. In Firefox geht das zum Beispiel über das *Anpassen*-Menü, die Auswahl von *Symbolleisten ein-/ausblenden* und das Markieren von *Lesezeichen-Symbolleiste*.
2. Öffnen Sie die Webseite *www.onenote.com/clipper*.
3. Klicken Sie auf *In OneNote ablegen*.
4. Es öffnet sich ein weiteres Fenster, das neben einer Kurzanleitung erneut eine Schaltfläche *In OneNote ablegen enthält*. Diese klicken Sie nicht an, sondern ziehen sie mit gedrückter Maustaste an eine beliebige Stelle der Lesezeichenleiste.

Darin findet sich abschließend ein neuer (vermeintlicher) Link namens *In OneNote ablegen*. Sie können ihn wie ein normales Lesezeichen auch nach Belieben umbenennen.

> TIPP
> Damit der Webclipper funktioniert, müssen in den Sicherheitseinstellungen des jeweiligen Browsers Cookies von Drittanbietern zugelassen und JavaScript aktiviert sein.

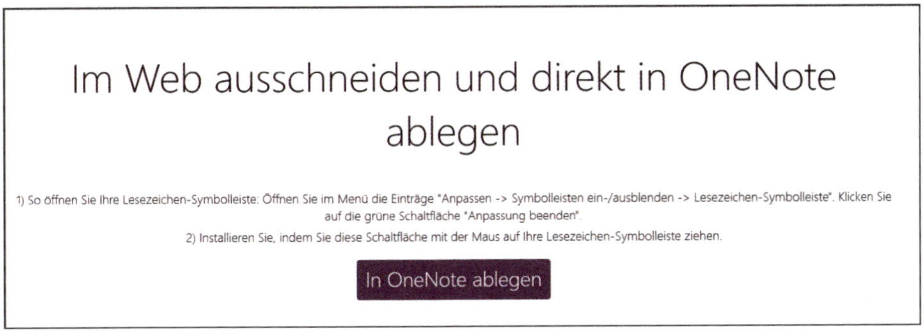

Bei anderen Browsern müssen Sie die Schaltfläche »In OneNote ablegen« mit gedrückter Maustaste in die Favoritenleiste ziehen.

Verwenden des Webclippers

Wann immer Sie künftig auf eine Webseite stoßen, deren Inhalt Sie in OneNote speichern müssen, klicken Sie einfach auf das OneNote-Symbol (Chrome) bzw. das Bookmarklet in der Lesezeichenleiste.

Beim ersten Mal wird sich der Webclipper rechts oben als für OneNote typisches violettes Feld mit einer *Anmelden*-Schaltfläche melden. Klicken Sie sie an und geben Sie im Folgenden die Zugangsdaten für Ihr Microsoft-Konto an. Die Anmeldung ist erforderlich, da der Webclipper wie erwähnt Inhalte nur an Notizbücher schicken kann, die auf OneDrive gespeichert sind.

Beim ersten Start des Clippers in der aktuellen Sitzung verlangt er eine Anmeldung mit Ihrem Microsoft-Konto.

Nach erfolgter Anmeldung erscheint die eigentliche Webclipper-Oberfläche in dem violetten Feld. Zuerst sollten Sie den Zielort in OneNote bestimmen. Klappen Sie dazu die Liste bei *Speicherort* auf und wählen Sie das Notizbuch und den Abschnitt, in dem die Inhalte der Webseite landen sollen. Die hier getroffene Einstellung merkt sich der Clipper für das nächste Mal.

> Vorhandene Notizseiten lassen sich in der aktuellen Version des Webclippers nicht auswählen. Für jeden Ausschnitt wird eine neue Seite im gewählten Notizbuch und Abschnitt angelegt.
>
> TIPP

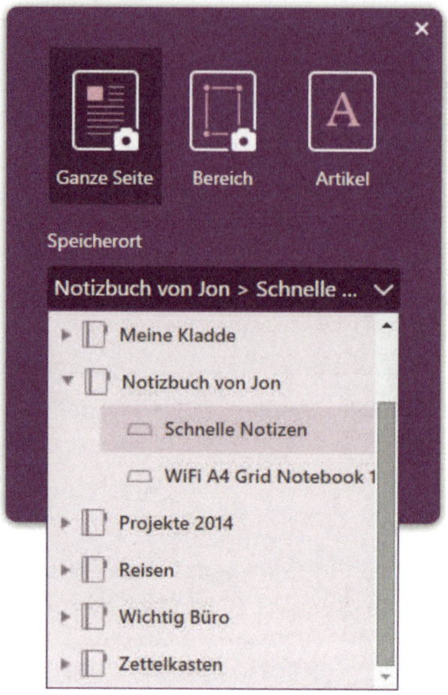

Unter »Speicherort« können Sie festlegen, wo die Webseiteninhalte in OneNote landen sollen.

Klicken Sie darunter auf *Eine Notiz hinzufügen*, öffnet sich ein Textfeld, in dem Sie zusätzliche Notizen eingeben können, die zusammen mit den Webseiteninhalten auf die Notizseite kommen. Das eignet sich zum Beispiel für Stichwörter, die Sie später als Suchbegriffe verwenden möchten.

> TIPP
> Sie brauchen die originale Adresse der ausgeschnittenen Webseite nicht zu speichern. Sie wird automatisch als anklickbarer Link mit in die OneNote-Notiz übertragen.

Wenn Sie den Zielort festgelegt und eine eventuell gewünschte Notiz hinzugefügt haben, geht es an das Ausschneiden. Im oberen Bereich finden sich Schaltflächen für die Bestimmung, was und wie von der Webseite gespeichert werden soll. Google Chrome bietet drei Optionen:

- *Ganze Seite* speichert die komplette Webseite (in voller Höhe, also auch das, was ohne Scrollen nicht auf dem Bildschirm sichtbar ist) als Grafik in OneNote.
- *Bereich* funktioniert wie das Speichern von Bildschirmausschnitten und erlaubt Ihnen das Wählen eines Bereichs, der ebenfalls als Grafik auf der Notizseite landet. Diese Funktion ist derzeit nur in Chrome verfügbar und fehlt bei den anderen Browsern komplett.
- *Artikel* ist die interessanteste Möglichkeit. Der Webclipper versucht, den relevanten Inhalt (Texte, Überschriften, Bilder) zu extrahieren und sozusagen neu

zu komponieren. Zuvor zeigt Ihnen eine Vorschau, was in der Notiz landen würde. Erkennt der Clipper die Produktseite eines Onlineshops oder ein Rezept, ist die Schaltfläche entsprechend beschriftet und die »Inhaltskomposition« entsprechend angepasst.

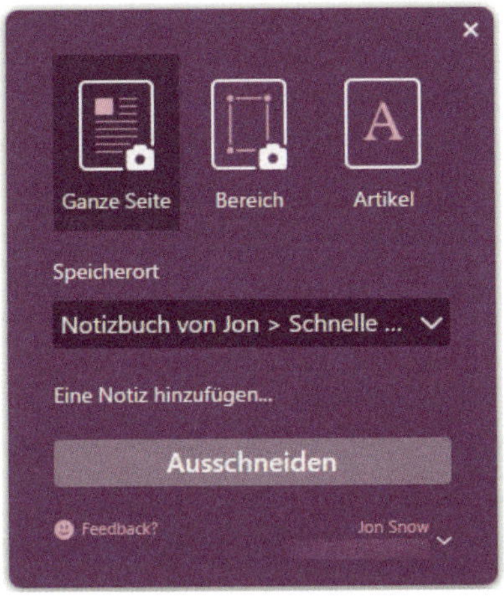

Nur in Chrome bietet der Webclipper drei Ausschneidemethoden. Die Option »Bereich« fehlt in anderen Browsern.

Klicken Sie die gewünschte Methode an. Im Fall von *Artikel* (*Produkt*, *Rezept*) erhalten Sie eine Vorschau des erkannten Inhalts. Entspricht sie nicht Ihren Vorstellungen, schließen Sie die Vorschau, indem Sie eine andere Option, zum Beispiel *Ganze Seite* anklicken. Ein Klick auf die *Ausschneiden*-Schaltfläche schickt den Inhalt dann an OneNote.

Die violette Webclipper-Box meldet den Abschluss der Aktion, bleibt aber geöffnet. Sie lässt sich mit einem Klick auf das *x* rechts oben schließen. Das ebenfalls in der Box stehende Angebot, den Webausschnitt gleich zur Kontrolle in OneNote zu öffnen, scheint verlockend. Wenn Sie es annehmen, öffnet sich die Notizseite aber nur im Browser (OneNote Online), nicht im lokalen OneNote 2013 oder 2016.

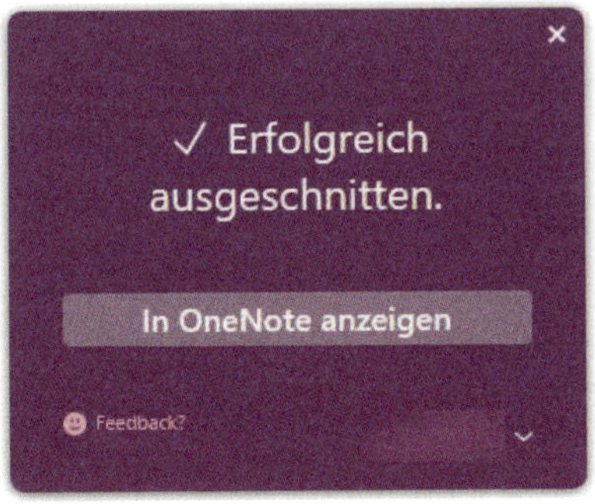

Das abschließende Angebot »In OneNote anzeigen« führt nur zur Browser-Version OneNote Online.

4.7 Dock-Modus und verknüpfte Notizen

Gerade dann, wenn Sie nicht mit zwei oder mehr Monitoren arbeiten und von einem anderen Programm aus regelmäßig Notizen in OneNote machen möchten, hilft die Dock-Funktion. Dabei wird der OneNote-Editor als schmales Fenster am rechten Bildschirmrand angeheftet. Die meisten Bedienelemente sind ausgeblendet, ähnlich der Funktion *Schnelle Notizen*, die im Abschnitt 4.2 beschrieben wird. OneNote nimmt standardmäßig dabei etwa ein Viertel der Bildschirmbreite ein. Der restliche Platz verbleibt für die Hauptanwendung, mit der Sie arbeiten. Handelt es sich bei der Hauptanwendung um Word, PowerPoint oder den Internet Explorer, bietet die Dock-Funktion noch einige pfiffige Extras, wie Sie gleich sehen werden.

4.7.1 OneNote-Fenster andocken

Von OneNote aus haben Sie drei Möglichkeiten, das Programm an den Bildschirmrand anzudocken:

- Standardmäßig findet sich in der Symbolleiste für den Schnellzugriff ganz links oben das Symbol mit einem vertikal geteilten Fenster, wobei die linke Hälfte grau ist. Klicken Sie es mit der linken Maustaste an.
- Sie finden diesen Befehl auch in der Symbolleiste *Ansicht* im Abschnitt *Ansichten*. Wählen Sie hier *An Desktop andocken*.
- Am schnellsten geht es wie meistens mit einem Tastenkürzel. In diesem Fall lautet die Kombination Strg+Alt+D.

OneNote hat sich jetzt an den rechten Bildschirmrand zurückgezogen, wo es nur noch etwa ein Viertel der Gesamtbreite einnimmt. Außerdem sind die meisten Bedienelemente, wie zum Beispiel die Symbolleisten, ausgeblendet. Mit einem Klick auf die Titelleiste mit den drei Punkten können Sie die Schaltflächen und Menüs jederzeit sichtbar machen und durch einen Klick in den Notizbereich erneut verschwinden lassen.

Starten Sie nun das Programm, mit dem Sie arbeiten und von dem aus Sie sich vielleicht Notizen machen wollen. Sie werden feststellen, dass es nur noch die verbleibende Bildschirmbreite nutzt und das OneNote-Fenster nicht verdeckt. Das gilt sogar dann, wenn Sie das Programm in die Vollbildanzeige schalten (zum Beispiel durch einen Doppelklick auf dessen Titelleiste).

Sie können den Platzbedarf des angedockten OneNote-Fensters jedoch problemlos ändern:

1. Bewegen Sie den Mauszeiger auf die Trennlinie zwischen dem Hauptfenster und dem von OneNote. Der Mauszeiger wird zu einem Doppelpfeil.
2. Drücken und halten Sie nun die linke Maustaste, und verschieben Sie die Trennlinie nach rechts oder links. Sobald Sie die Taste loslassen, haben beide Fenster ihre Breite entsprechend geändert.

Es ist auch nicht festgeschrieben, dass das angedockte OneNote-Fenster am rechten Bildschirmrand klebt. Sie können seine Position auch an den linken Rand verschieben oder den Bildschirm sogar horizontal teilen. OneNote sitzt dann ober- oder unterhalb des Hauptprogramms.

1. Klicken Sie dazu mit der linken Maustaste in die Titelleiste des OneNote-Fensters (das mit den drei Punkten) und halten Sie sie fest.

2. Bewegen Sie den Mauszeiger dann an den linken, oberen oder unteren Rand des Bildschirms. Das OneNote-Fenster wandert entsprechend mit.

3. Lassen Sie an der gewünschten Position die Maustaste los.

Es sind nur genau diese vier Positionen möglich. Ein an den rechten oder linken Rand angedocktes OneNote-Fenster lässt sich zudem nicht in der Höhe verändern. Entsprechend nimmt ein oben oder unten platziertes Fenster immer die volle Bildschirmbreite ein. Sie können in diesem Fall aber die Höhe verändern, was auch Sinn macht, da OneNote, wenn es oben oder unten positioniert ist, die halbe Bildschirmhöhe abdeckt. Verkleinern Sie das Fenster genauso, wie zuvor für ein seitlich angedocktes Fenster beschrieben. Verschieben Sie also die horizontale Trennlinie zwischen den beiden Fenstern mit gedrückter linker Maustaste.

Möchten Sie den Dock-Modus wieder verlassen, also sowohl OneNote als auch das Hauptprogramm wieder in frei positionierbaren und in der Größe veränderbaren Fenstern nutzen, klicken Sie im OneNote-Fenster auf den diagonalen Doppelpfeil rechts oben. Alternativ, aber etwas umständlicher geht es über das Einblenden der Bedienelemente durch einen Klick auf die Titelleiste, Auswahl der Symbolleiste *Ansicht* und Auswahl von *Normalansicht* unter *Ansichten*.

4.7.2 Verlinken mit dem Internet Explorer

Eine sehr praktische Erweiterung des angedockten OneNote-Fensters funktioniert zum Beispiel mit dem Internet Explorer (ab Version 8) als Hauptprogramm: Wann immer Sie beim Surfen eine Notiz in das OneNote-Fenster am Rand tippen, wird diese automatisch mit einem unsichtbaren Link zur aktuellen Webseite versehen. Sie können diese Webseite damit später jederzeit durch einen Klick auf den entsprechenden Notizeintrag wieder öffnen. Und so funktioniert's:

1. Öffnen Sie OneNote, und wechseln Sie in den Dock-Modus – zum Beispiel mit *Ansicht/An Desktop andocken* (siehe auch Abschnitt 4.7.1).

2. Starten Sie dann den Internet Explorer, und öffnen Sie die Webseite, zu der Sie sich Notizen machen möchten.

3. Sie können jetzt jederzeit in das angedockte OneNote-Fenster schreiben. Zu jeder Notiz wird automatisch ein Link zur gerade angezeigten Webseite gespeichert.

Anstelle der ersten beiden Schritte können Sie auch mit dem Internet Explorer beginnen, ohne zunächst OneNote zu öffnen und anzudocken: Wählen Sie aus dessen Symbolleiste das OneNote-Symbol mit den beiden Kettengliedern oder alternativ aus dem Menü *Extras* den Eintrag *Verknüpfte OneNote-Notizen*. Daraufhin erscheint ein Fenster, in dem Sie den passenden Speicherort in OneNote (Notizbuch, Abschnitt, Seite) auswählen. Nach einem Klick auf *OK* wird OneNote geladen und an den Bildschirmrand angedockt.

Eventuell müssen Sie im Internet Explorer zunächst die Befehls- oder Menüleiste einblenden. Das erfolgt durch einen Rechtsklick auf den oberen Bereich und durch Anwählen des entsprechenden Elements.

Rechts oben im angedockten OneNote-Fenster sehen Sie ein Symbol, das zwei verbundene Kettenglieder darstellen soll. Es zeigt an, dass das automatische Verknüpfen, also das Speichern von Links in Notizen, aktiv ist. Klicken Sie darauf, haben Sie die Möglichkeit, diese Automatik abzuschalten. Aus dem Drop-down-Menü wählen Sie dazu *Das Erstellen verknüpfter Notizen beenden*. Das Symbol mit den Kettengliedern wird um einen roten Kreis mit diagonalem Balken (wie ein Halteverbots-Verkehrsschild) ergänzt. Genauso schalten Sie die automatische Verknüpfung wieder ein. Der Befehl im Menü lautet jetzt *Mit dem Erstellen verknüpfter Notizen beginnen*. Die weiteren Einträge in diesem Menü geben eine Übersicht über alle Verknüpfungen auf der aktuellen Notizbuchseite und eine Möglichkeit, die Links (nicht die eigentlichen Notizen) zu löschen.

Und so nutzen Sie die automatisch den Notizen zugeordneten Links:

1. Bewegen Sie den Mauszeiger über eine Notiz, die Sie bei aktivierter Verknüpfungsfunktion erfasst haben.

2. Links neben dem Notizencontainer und dem grauen Fünfeck zur Absatzeinrückung erscheint das blaue »e« für den Internet Explorer. Bewegen Sie den Mauszeiger darüber, um eine Miniaturvorschau der Webseite und den kompletten Link zu sehen.

3. Mit einem Linksklick auf das Symbol öffnet sich der Internet Explorer und lädt die Webseite, die er beim Erfassen der Notiz dargestellt hatte.

STOP

Das Zurückverfolgen eines Links durch Anklicken des Internet-Explorer-Symbols neben einer OneNote-Notiz funktioniert auch, wenn Sie einen anderen Browser als den Internet Explorer als Standard-Webbrowser eingerichtet haben. Ein Klick auf das Internet-Explorer-Symbol lädt die verknüpfte Webseite dann eben in Mozilla Firefox oder Google Chrome. Beachten Sie jedoch, dass Sie trotz angedocktem OneNote-Fenster und offensichtlich aktiver Linkfunktion (das Symbol mit dem Kettenglied rechts oben ist nicht durchgestrichen) zwar neue Notizen aufnehmen, diese aber nicht automatisch mit der aktuell angezeigten Webseite verlinken können. Das funktioniert tatsächlich nur mit dem Internet Explorer.

4.7.3 Verlinken mit Word, PowerPoint und OneNote

Ganz ähnlich wie mit dem Internet Explorer funktioniert das Verlinken mit Notizen in einem angedockten Fenster auch mit Word, PowerPoint oder sogar OneNote selbst. Während Sie an einem Text oder einer Präsentation arbeiten, können Sie jederzeit Notizen im angedockten OneNote-Fenster machen. Es wird automatisch eine Verknüpfung nicht nur zum geöffneten Word-Dokument oder zu der Präsentationsdatei gespeichert, sondern auch zur aktuell angezeigten Textseite bzw. Folie. Die Symbole, die in OneNote links vom Container erscheinen, wenn Sie den Mauszeiger auf die jeweilige Notiz bewegen, entsprechen den Programmsymbolen von Word respektive PowerPoint.

Auch in diesem Fall können Sie entweder zuerst OneNote starten und in den Dock-Modus schalten und dann Word/PowerPoint laden oder andersherum vorgehen: Starten Sie zuerst Word oder PowerPoint, und wählen Sie aus der Symbolleiste *Überprüfen* im Abschnitt *OneNote* die Schaltfläche *Verknüpfte Notizen*. OneNote wird geladen und an den Fensterrand angedockt. Haben Sie bereits eine Textdatei oder eine Präsentation geöffnet, zu der verknüpfte OneNote-Notizen existieren, wird die entsprechende Notizbuchseite automatisch geöffnet. Die entsprechende Datei muss allerdings schon auf einem Datenträger gespeichert sein.

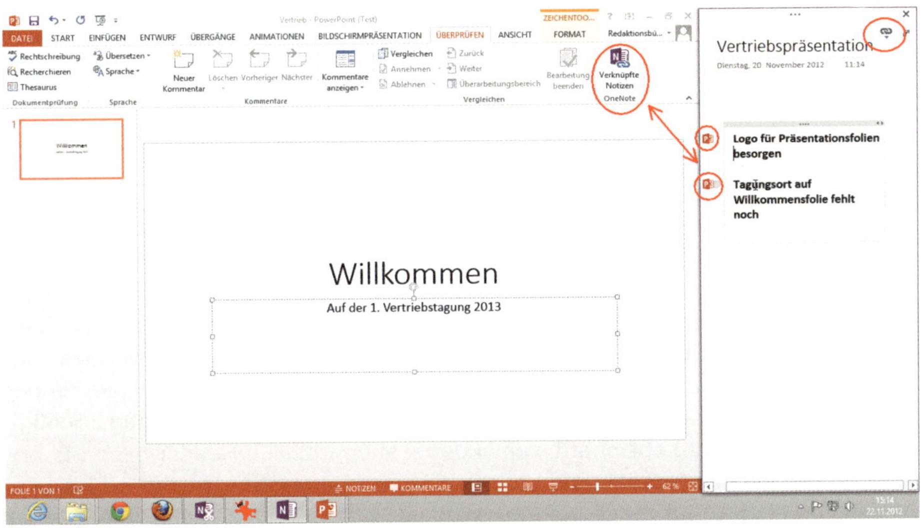

Ein an Word, den Internet Explorer oder PowerPoint (im Bild) angedocktes OneNote-Fenster verlinkt Notizen automatisch mit dem aktuellen Dokument.

Es mag im ersten Moment unsinnig klingen: Auch OneNote kann verwendet werden, um sich in einem zweiten, angedockten OneNote automatisch verlinkte Notizen zu machen. Das ist bei näherer Betrachtung gar nicht dumm. Sie könnten zwar zwei verschiedene Instanzen von OneNote öffnen, um sich auf einer Seite Notizen zu Informationen in einem ganz anderen Abschnitt zu machen. Die müssten Sie aber auch per Hand verlinken. Mit einem angedockten Fenster geht das dagegen automatisch.

Im Gegensatz zum Internet Explorer, Word oder PowerPoint funktioniert das Andocken eines OneNote-Fensters an OneNote etwas anders: Der Ausgangspunkt ist immer das Haupt-OneNote-Fenster, also das nicht angedockte.

1. Öffnen Sie die entsprechende Seite, zu der Sie sich an anderer Stelle Notizen machen möchten.

2. Klicken Sie dann in der Symbolleiste *Ansicht* im Abschnitt *Fenster* auf *Neues angedocktes Fenster*. Darauf öffnet sich eine zweite OneNote-Instanz im Dock-Modus.

Jetzt können Sie im Haupt-OneNote-Fenster nach Belieben navigieren und im angedockten OneNote automatisch verlinkte Notizen machen – genau wie in Word, PowerPoint oder dem Internet Explorer.

TIPP

Diese Funktion ist nicht zu verwechseln mit dem Befehl *Neues Fenster* in der *Ansicht*-Symbolleiste von OneNote. Dieser öffnet zwar auch eine zweite OneNote-Instanz, aber eben als normales, gleichberechtigtes Fenster ohne automatisches Verlinken von Notizen. Denselben Effekt erreichen Sie auch, wenn Sie im angedockten OneNote auf den diagonalen Doppelpfeil klicken, um es auf die Normalansicht umzustellen und damit auch vom Hauptfenster zu entkoppeln.

4.8 OneNote und Outlook

Noch besser als mit Internet Explorer, Word und PowerPoint arbeitet OneNote mit Microsoft Outlook zusammen – ganz gleich, ob Sie Outlook nur als E-Mail-Client einsetzen oder auch zur Termin-, Kontakt- und Aufgabenplanung verwenden.

Nicht wenige Anwender »missbrauchen« Outlook als Wissensspeicher. Tausende von E-Mails, von denen meist nur ein paar wenige wirklich wichtige Informationen enthalten, werden im Posteingangsordner gebunkert. Im Bedarfsfall kann man ja jederzeit die Suchfunktion von Outlook bemühen. Das ist zwar richtig, aber alles andere als elegant – vor allem, wenn es um das Organisieren zusammengehörender Inhalte oder das Ergänzen mit Zusatzinformationen geht. Da liegt es nahe, wichtige E-Mails in OneNote zu speichern, zumal dabei auch wichtige Header-Infos wie Absender oder Empfangsdatum und sogar eventuelle Dateianhänge erhalten bleiben. Dieses Vorgehen bietet gleich mehrere Vorteile:

- In manchen Firmen ist es üblich, dass E-Mails nur eine bestimmte Vorhaltezeit auf dem Server haben. Mit OneNote können Sie wichtige Nachrichten dauerhaft archivieren. Klären Sie aber im Zweifelsfall, ob Sie damit einer Datenschutzrichtlinie Ihrer Firma zuwiderhandeln!
- Die Suchfunktion von OneNote ist viel schneller als die von Outlook – vor allem dann, wenn Ihre E-Mail-Ordner auf einem Server gespeichert sind.
- Sie können E-Mail-Nachrichten nach Belieben kommentieren, ergänzen oder mit anderen OneNote-Seiten oder externen Zielen verlinken.

In diesem Abschnitt lernen Sie, wie Sie OneNote zur Archivierung wichtiger E-Mails verwenden, die Notizfunktion der Outlook-Adress- und Terminverwaltung um alle Möglichkeiten von OneNote erweitern und beide Programme als Team Ihre To-do-Liste organisieren lassen.

4.8.1 Outlook-Mails mit OneNote archivieren

Das Übertragen von Nachrichten aus dem Posteingang oder beliebigen anderen Outlook-Ordnern erledigen Sie in der Regel mit einem einzigen Mausklick. Neben dem kompletten Inhalt der E-Mail inklusive Dateianhänge erhält jede Nachricht in OneNote automatisch die Betreffzeile als Seitentitel und eine kleine Tabelle als Kopffeld. Darin stehen Absender, Empfänger, Sendedatum und -uhrzeit. Die Absenderadresse ist zudem als Link ausgeführt. Ein Mausklick darauf öffnet eine neue Nachricht an den entsprechenden Empfänger. So geht's:

1. Markieren Sie in Outlook die entsprechende Nachricht in der Ordnerliste zum Beispiel des Posteingangs oder öffnen Sie sie zum Lesen.
2. Klicken Sie in der Symbolleiste *Start* (bei angezeigter Ordnerliste) bzw. *Nachricht* (bei geöffneter Mail) auf die Schaltfläche mit dem OneNote-Symbol im Abschnitt *Verschieben*. In der Ordneransicht funktioniert alternativ auch ein Rechtsklick auf die Nachricht und die Auswahl von *OneNote* aus dem Kontextmenü.
3. Es erscheint die bekannte Auswahl für das Speicherziel in OneNote. Wählen Sie das Notizbuch, den Abschnitt und eventuell die Seite aus, und bestätigen Sie mit *OK*.

Keine Sorge: Obwohl der OneNote-Befehl im Abschnitt *Verschieben* steht, wird die Nachricht nur kopiert und bleibt in Outlook erhalten.

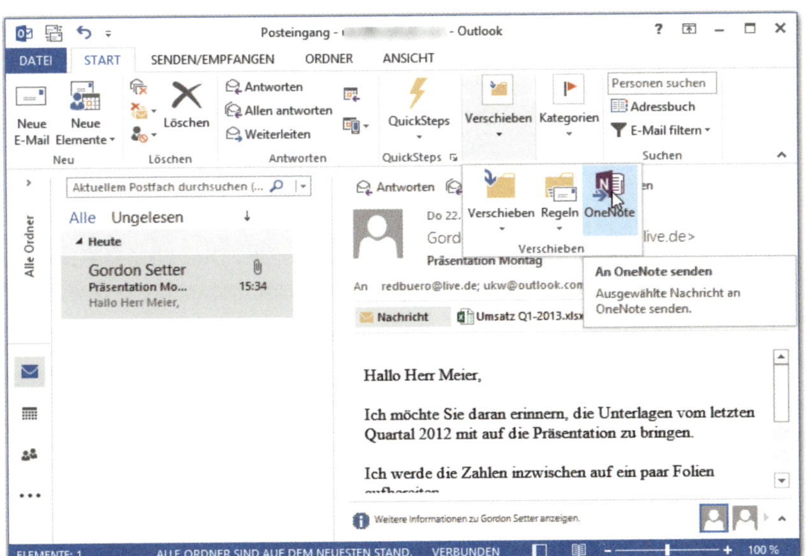

Markierte Nachrichten lassen sich mit einem Klick von Outlook in eine OneNote-Notiz kopieren.

In manchen Fällen empfiehlt es sich, ein eigenes Notizbuch oder zumindest einen eigenen Abschnitt in einem vorhandenen Buch als Speicherort für archivierte Mails anzulegen.

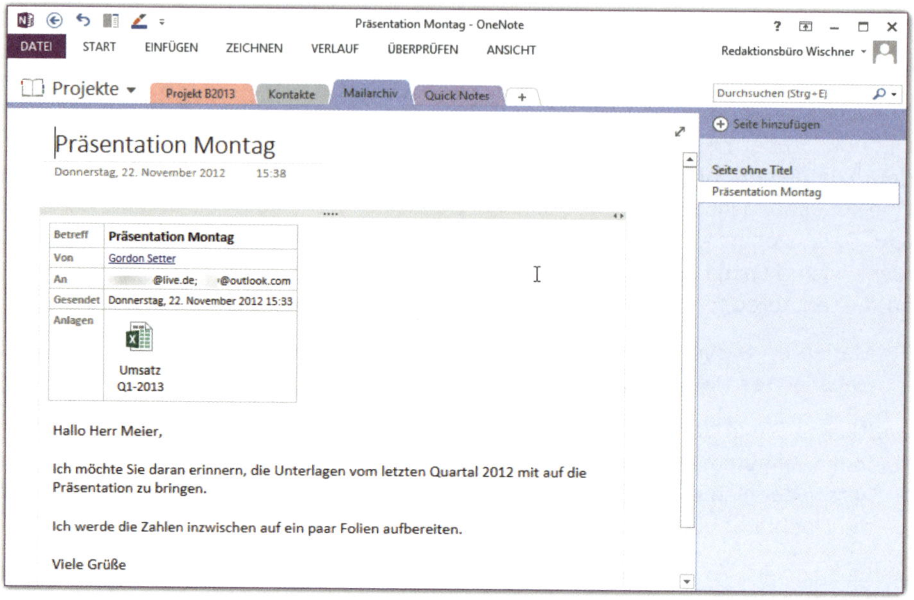

Die aus Outlook übertragenen E-Mails enthalten wichtige Header-Daten und alle Dateianlagen in einer Tabelle.

Sie können dann OneNote diesen Abschnitt als Standardziel für kopierte Outlook-Nachrichten vorgeben, um die Zielabfrage aus Schritt 3 künftig automatisch zu überspringen:

1. Öffnen Sie in OneNote die Backstage-Ansicht durch einen Klick auf *Datei*.
2. Klicken Sie auf *Optionen*, und wählen Sie in der linken Auswahl die Kategorie *An OneNote senden*.
3. Unter *Outlook-Elemente* finden Sie vier Auswahllisten. Die oberste betrifft *E-Mail-Nachrichten*. Ändern Sie hier die Einstellung von *Immer nach Sendeziel fragen* in *Standardspeicherort festlegen*.
4. In dem sich daraufhin öffnenden Auswahlfenster navigieren Sie zu dem Notizbuch/Abschnitt, in dem künftig alle Nachrichten aus Outlook landen sollen, und bestätigen mit *OK*.

TIPP

Nutzen Sie gegebenenfalls die verschiedenen Sortierungs-, Gruppierungs- oder Suchfunktionen von Outlook. So bringen Sie zum Beispiel alle Nachrichten vom selben Absender oder zum gleichen Thema für die einfachere Auswahl zusammen zur Ansicht.

> TIPP
>
> Diese Funktion hat nichts mit der im Abschnitt 4.4 beschriebenen Möglichkeit, Mails per *me@onenote.com* an ein Notizbuch zu schicken. Das Versenden von Nachrichten direkt aus Outlook wird von einem Office-Add-in erledigt, erfordert also, dass OneNote 2013 oder 2016 auf demselben Rechner installiert ist. Die *me@onenote.com*-Methode funktioniert von überall aus, auch ohne OneNote. Dafür kann Outlook auch Mails in Notizbüchern archivieren, die nicht auf One-Drive, sondern zum Beispiel auf der lokalen Platte liegen.

4.8.2 Outlook-Kontakte in OneNote

Wer seine Adressen und Kontakte mit Outlook organisiert, der wird sich möglicherweise schon über die magere Möglichkeit geärgert haben, Zusatzinformationen zu speichern. Zu jedem Kontakt gibt es nur ein schlichtes Textfeld für Notizen. Hier kann OneNote wunderbar einspringen. Die wichtigsten Kontaktdaten jedes Eintrags lassen sich auf eine OneNote-Seite übertragen und dort mit beliebigen Informationen ergänzen.

Dabei werden der Outlook-Kontakt und die OneNote-Notiz miteinander verbunden, sodass beispielsweise ein Mausklick in OneNote reicht, um den Adressbucheintrag in Outlook zu öffnen.

So übertragen Sie Outlook-Kontakte in eine OneNote-Notiz:

1. Öffnen Sie in Outlook die Kontaktübersicht, und markieren Sie die zu übertragende Adresse.
2. In der Symbolleiste *Start* klicken Sie im Abschnitt *Aktionen* auf *OneNote*. Alternativ öffnen Sie mit der rechten Maustaste das Kontextmenü und wählen hier den Befehl *OneNote*.
3. Es öffnet sich das bekannte Fenster zur Zielfestlegung in OneNote. Wählen Sie hier das Notizbuch und den Abschnitt aus, und klicken Sie auf *OK*.
4. Der Kontakt wird mit Name, Adresse, Telefonnummer und E-Mail in einer kleinen Tabelle an die OneNote-Notiz übertragen.

Genau wie zuvor bei der Übertragung von Outlook-Nachrichten können Sie auch für Kontakte ein Standardziel festlegen. Die entsprechende Einstellung finden Sie wieder in der Backstage-Ansicht (auf *Datei* klicken) unter *Optionen* im Abschnitt *An OneNote senden*.

Auf der OneNote-Seite mit den Kontaktdaten finden Sie unterhalb der Tabelle einen Link namens »Verknüpfung mit Outlook-Element«. Ein Klick darauf öffnet das vollständige Kontaktformular in Outlook.

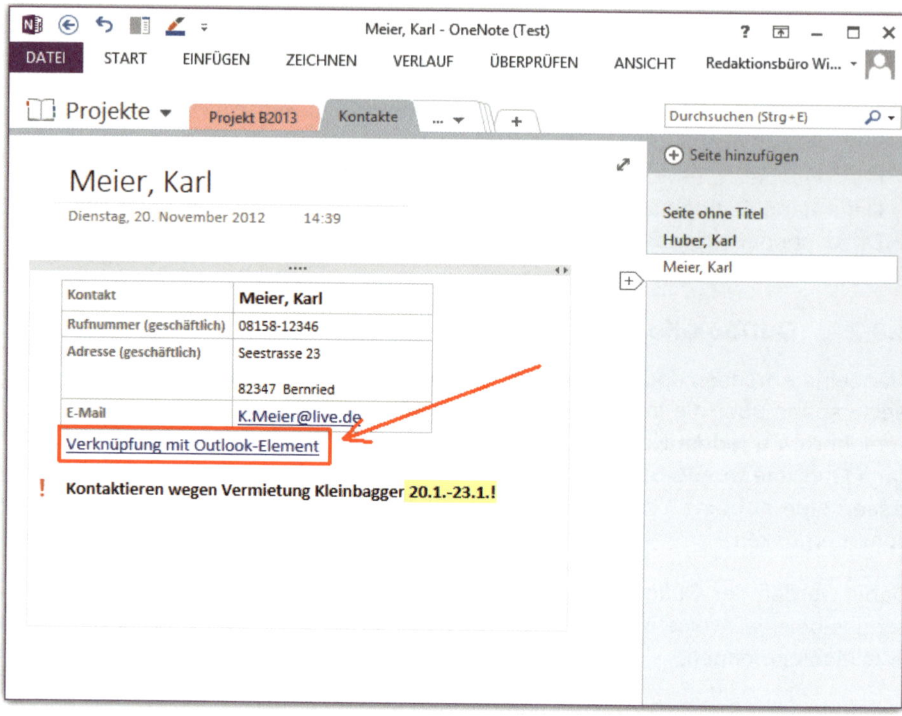

Aus Outlook übertragene Kontakte lassen sich aus OneNote über die automatisch erzeugte Verknüpfung öffnen.

Zwei Besonderheiten sind noch erwähnenswert:

- Sie können als Ziel für einen von Outlook in OneNote übertragenen Kontakt nur ein Notizbuch und einen Abschnitt, nicht aber eine existierende Seite anwählen. Jeder Adresseintrag bekommt automatisch eine neue Seite im angegebenen Abschnitt. Als Seitentitel wird der Kontaktname gesetzt.
- Der Link zwischen dem Outlook-Kontakt und der korrespondierenden OneNote-Notiz wird zwar aktualisiert, wenn Sie die Notiz in einen anderen Abschnitt oder in ein anderes Notizbuch verschieben; er bleibt also erhalten. Ansonsten ist der Inhalt aber nicht dynamisch. Das heißt: Wenn Sie zum Beispiel die Telefonnummer in Outlook oder OneNote ändern, wird die jeweils andere Version nicht automatisch aktualisiert. Auch per Hand ist eine nachträgliche Synchronisation nicht möglich.

4.8.3 Besprechungsnotizen persönlich oder im Team

Ganz ähnlich wie die Verbindung von in Outlook gespeicherten Kontaktadressen mit OneNote lassen sich auch in Outlook angelegte Besprechungstermine mit einer OneNote-Notiz verbinden. So lässt sich OneNote nutzen, um das Meeting vorzubereiten, währenddessen Anmerkungen festzuhalten oder eine Nachbearbeitung vorzunehmen. Noch besser: Sie können den entsprechenden Notizbereich dank

Teamfunktion auch für andere Mitarbeiter freigeben und gemeinsam an den Notizen arbeiten. Das ist eine der vielen Einsatzmöglichkeiten von OneNote im Team. Mehr dazu lesen Sie in Kapitel 8, »Teilen und Teamwork«.

> TIPP
>
> Auch wenn die hier beschriebenen Funktionen sich explizit auf Besprechungen beziehen und entsprechende Eintragungen (zum Beispiel eine Teilnehmerliste) in die OneNote-Notiz vornehmen, können Sie sie problemlos für anderweitige persönliche Termine verwenden.

1. Legen Sie im Outlook-Kalender einen neuen Termin bzw. eine neue Besprechung an.
2. In der Detailansicht, in der Sie zum Beispiel die Start- und Endzeit oder Benachrichtigungen einstellen, finden Sie in der Symbolleiste *Start* ein OneNote-Symbol mit der Beschriftung *Besprechungsnotizen*, das Sie anklicken, um zum Termin eine OneNote-Notiz anzulegen.

Es erscheint ein Fenster mit zwei Auswahlmöglichkeiten: *Notizen für die Besprechung freigeben* und *Eigene Notizen erstellen*. Die erste Option ist für echte Besprechungstermine vorgesehen und erlaubt das Freigeben der Notizen für andere Personen. Die zweite ist die richtige Wahl, wenn Sie nur für sich selbst Notizen machen wollen, und passt daher auch für andere persönliche Termine. Je nachdem, für welche Option Sie sich entscheiden, ändert sich die weitere Vorgehensweise etwas.

Haben Sie *Eigene Notizen erstellen* gewählt, erscheint das bekannte Auswahlfenster für das Ziel in OneNote:

1. Wählen Sie das Notizbuch, den Abschnitt und/oder die entsprechende Seite, und klicken Sie auf *OK*.
2. Die Besprechungsdetails mit Datum, Zeit und Teilnehmern werden an der angegebenen Stelle in OneNote in einen eigenen Notizencontainer eingetragen. Dort findet sich auch eine Zeile *Link zu Outlook-Element* mit der Beschriftung *Klicken Sie hier*. Er führt direkt zu den Besprechungsdetails in Outlook.

Entscheiden Sie sich hingegen für *Notizen für die Besprechung freigeben*, öffnet sich zwar auch ein Auswahlfenster für das OneNote-Speicherziel. Es bietet aber weitere Optionen:

1. Im unteren Bereich des Fensters findet sich nun ein Link mit der Beschriftung *Überprüfen, wer auf das ausgewählte Notizbuch zugreifen kann*. Er führt direkt zu den Notizbuch-Freigabefunktionen von OneNote. Mehr dazu erfahren Sie in Kapitel 8, »Teilen und Teamwork«. Außerdem gibt es eine Schaltfläche zum Anlegen eines neuen Notizbuchs, vorzugsweise an einem Speicherort, auf den die beteiligten Mitarbeiter zugreifen können.
2. Nachdem Sie das Ziel gewählt und mit *OK* bestätigt haben, werden die Besprechungsdetails wie zuvor beschrieben in der OneNote-Notiz eingetragen.

Zusätzlich ist aber auch in den Besprechungsdetails in OneNote etwas passiert: Im dortigen Notizbereich findet sich nun ein Link mit der Beschriftung *Besprechungsnotizen anzeigen (Web)*. Klicken Sie auf den vorderen Bereich, wird die entsprechende Notiz in der OneNote-Windows-Anwendung geöffnet. Klicken Sie dagegen auf *(Web)*, startet stattdessen der Webbrowser mit der Webversion von OneNote (siehe Kapitel 10.2, »OneNote Online – die Webversion«). So können auch Mitarbeiter an den Notizen arbeiten, die selbst kein OneNote installiert haben.

TIPP

Selbst wenn Sie *Eigene Notizen erstellen* gewählt haben, können Sie die Notizen nachträglich für andere Mitarbeiter freigeben. Dazu verfahren Sie einfach nach den Anleitungen zur Teamarbeit in Kapitel 8.

4.8.4 Aufgaben mit OneNote und Outlook

Gerade dann, wenn Sie OneNote für die Planung und Vorbereitung beruflicher oder privater Projekte einsetzen, dürften immer wieder zu erledigende Aufgaben Bestandteil Ihrer Notizen sein. Durch die Verbindung mit Outlook sparen Sie sich das lästige Hin- und Herwechseln zwischen den beiden Programmen und haben doch einen zentralen Speicherort für Ihre To-do-Liste. So lassen sich zum einen Aufgabeneinträge in der Outlook-To-do-Liste mit OneNote-Notizen ergänzen und verlinken. Zusätzlich ist es aber auch möglich, Aufgaben direkt in OneNote anzulegen oder eine bestehende Notiz als Aufgabe zu deklarieren. Diese wird automatisch auch in den Taskplaner von Outlook eingetragen. Noch besser: Egal, wo Sie eine erledigte Aufgabe abhaken, ob in OneNote oder Outlook – sie wird vollautomatisch auch im jeweils anderen Programm entsprechend aktualisiert.

So legen Sie eine neue Aufgabe in OneNote an:

1. Tippen Sie den Beschreibungstext, zum Beispiel »Präsentation vorbereiten«, oder setzen Sie die Einfügemarke in einen vorhandenen Textabsatz.
2. In der Symbolleiste *Start* finden Sie im Abschnitt *Kategorien* ein rotes Fähnchen, das auch in Outlook Aufgaben kennzeichnet, und daneben die Beschriftung *Outlook-Aufgaben*, gefolgt von einem kleinen schwarzen Dreieck mit der Spitze nach unten. Klicken Sie auf das Dreieck.
3. Nun klappt ein Untermenü auf, in dem Sie unter anderem die Fälligkeit für die Aufgabe festlegen können, zum Beispiel *Heute*, *Diese Woche* oder *Kein Datum*. Wählen Sie den passenden Eintrag aus.
4. Der Aufgabentext auf Ihrer Notizseite hat jetzt ein vorangestelltes rotes Fähnchen als Kategorienmarker erhalten. Die Sättigung der Farbe steht wie in Outlook für die Dringlichkeit, bezogen auf den Fälligkeitstermin.

Wenn Sie jetzt zu Outlook wechseln, werden Sie feststellen, dass dessen Aufgabenbereich automatisch einen entsprechenden Eintrag erhalten hat. Sie können das

Fähnchen neben der jeweiligen Aufgabenbeschreibung in OneNote mit der rechten Maustaste anklicken und aus dem Kontextmenü den letzten Eintrag *Aufgabe in Outlook öffnen* auswählen, um direkt zu Outlook und den Aufgabendetails zu wechseln. In diesem Menü lässt sich auch das Fälligkeitsdatum ändern, die Aufgabenmarkierung komplett löschen (*Tag entfernen*) oder die jeweilige Aufgabe als erledigt markieren. Letzteres erreichen Sie aber einfacher durch einen Klick mit der linken Maustaste auf das Fähnchen. Das Symbol ändert sich daraufhin in ein grünes Häkchen, und die Aufgabe wird automatisch auch in Outlook als *Erledigt* markiert.

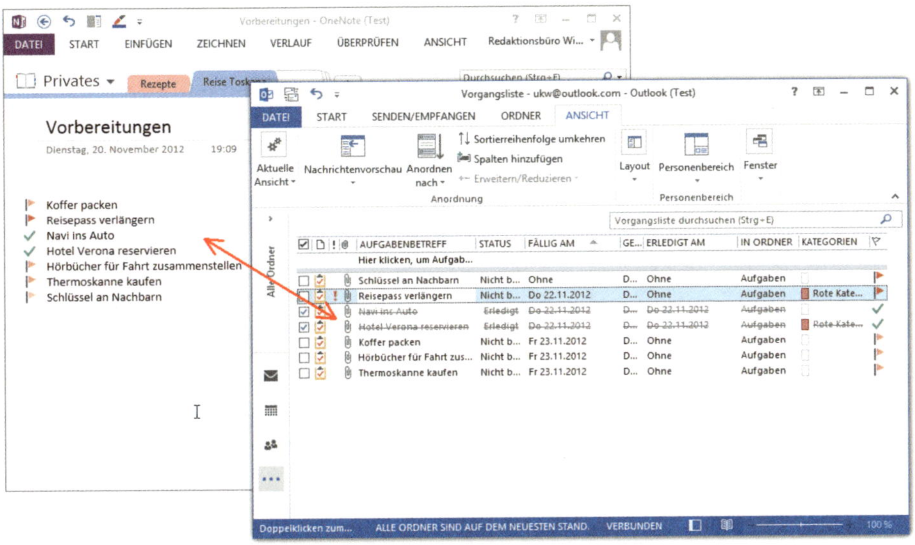

Haken Sie eine Aufgabe in OneNote ab, wird sie automatisch auch in Outlook als »Erledigt« markiert und umgekehrt.

Andersherum geht es auch: Wenn Sie eine Aufgabe in Outlook abhaken, wird auch der verknüpfte Eintrag in OneNote sofort aktualisiert. Dazu muss das jeweilige andere Programm nicht einmal laufen. Werden die Outlook-Kalender und -Aufgabenplaner auf einem Exchange-Server verwaltet, läuft die Synchronisation sofort. Ansonsten werden die Informationen aktualisiert, wenn Sie das betreffende Programm das nächste Mal starten.

Möchten Sie in Outlook beginnen, also zuerst dort eine Aufgabe anlegen und dann eine OneNote-Notiz hinzufügen, gehen Sie folgendermaßen vor:

1. Tragen Sie eine neue Aufgabe in den Planer von Outlook ein.
2. Markieren Sie die Aufgabe in der To-do-Liste, und klicken Sie in der Symbolleiste *Start* im Abschnitt *Aktionen* auf die Schaltfläche *OneNote*. Alternativ klicken Sie mit der rechten Maustaste auf die Aufgabe und wählen den Befehl *OneNote* aus dem Kontextmenü. Oder Sie können zuerst die Aufgabendetails per Doppelklick öffnen und dann auf die *OneNote*-Schaltfläche in der Symbolleiste klicken.

3. Es erscheint der übliche Auswahldialog für das Ziel in OneNote. Wählen Sie hier einen Abschnitt, wird darin eine neue Seite mit dem Aufgabentext als Titel angelegt. Geben Sie dagegen eine vorhandene Seite an, wird die Aufgabe dort in einen neuen Notizencontainer eingefügt. Bestätigen Sie mit *OK*.

Ist bereits eine Verknüpfung vorhanden, öffnet sich OneNote mit der zur Aufgabe gehörenden Notiz. Sie erkennen das daran, dass im Notizbereich der Aufgabe (in Outlook) ein OneNote-Symbol mit der Beschriftung *Verknüpfung mit Aufgabe in OneNote* vorhanden ist. Auch ein Doppelklick auf dieses Symbol bringt Sie zur zugehörigen OneNote-Notiz.

TIPP

Obwohl Sie Outlook-Aufgaben in eine OneNote-Notiz übertragen können und es auch eine Verbindung zwischen beiden Programmen gibt, ist OneNote keine vollständige Aufgabenverwaltung. Sie erhalten zum Beispiel keine Erinnerungen zu fälligen Aufgaben von OneNote, auch nicht in den OneNote-Mobilversionen (siehe Kapitel 10). Für das Verwalten, Reminder o. Ä. ist nach wie vor nur Outlook zuständig.

TIPP

Außer dem Status (noch offen oder erledigt) und dem Fälligkeitsdatum werden keine Aufgabendetails mit OneNote verlinkt. Die vergebene Priorität einer Aufgabe oder deren Bearbeitungsfortschritt sind nur in Outlook ersichtlich.

KURZ NOTIERT

- Ein Weg zur Übertragung von Informationen in eine Notiz ist die Zwischenablage.
- Weitere Möglichkeiten sind OneNote-Druckertreiber, Schnellnotizen, Screenshots, Mails an *me@onenote.com* und der OneNote-Webclipper.
- Im Dock-Modus lassen sich Notizen automatisch mit Office-Inhalten verlinken.
- Kontakte, Termine und Aufgaben gleicht OneNote auf Wunsch mit Microsoft Outlook ab.

5 Suchen und finden

Das beste Gedächtnis ergibt nur dann Sinn, wenn es nicht nur alle möglichen Daten speichern, sondern jederzeit auch wieder darauf zugreifen kann. In diesem Kapitel geht es um die wohl wichtigste Funktion von OneNote: Alles, was irgendwann einmal festgehalten wurde, blitzschnell wiederzufinden – egal, wo es steht.

OneNote ermöglicht jenen, die Informationen grundsätzlich gern strukturieren und ordnen, eine säuberliche Organisation in Notizbücher, Abschnitte und Notizbuchseiten. Die entsprechende Disziplin beim Einsortieren vorausgesetzt, können Sie mit dem Programm wie mit einem herkömmlichen Aktenordner arbeiten: das passend benannte Notizbuch öffnen, zum richtigen Abschnitt wechseln und gezielt die möglichst aussagekräftig betitelte Seite öffnen. Bis zu einem gewissen Datenumfang ist das sicher eine legitime und praktikable Methode. Irgendwann wird es aber trotzdem mühselig, vor allem, wenn sich mehr Informationen auf einer Notizseite verteilen, als auf den Bildschirm passen.

Und obwohl OneNote einen gewissen Ordnungssinn unterstützt, will es keinesfalls dazu erziehen – im Gegenteil: Wem das eher liegt, der kann alles, was er festhalten möchte, einfach hineinwerfen. Sortieren lässt sich der Zettelkasten auch später (siehe Kapitel 6, »Strukturieren und aufräumen«) – wenn überhaupt.

Die Suchfunktion von OneNote hilft bei beiden Arbeitsweisen, jede Information blitzschnell aufzuspüren – ganz egal, wo sie gespeichert ist. Und dabei ist sie kein bisschen komplizierter als der Umgang mit einer Internetsuchmaschine wie Google oder Bing: Geben Sie einfach einen oder mehrere Begriffe ein, und sofort erhalten Sie eine Ergebnisliste mit den Trefferstellen aus allen offenen Notizbüchern – oder nur aus dem aktuellen Notizbuch oder nur aus einem Abschnitt oder sogar nur innerhalb der offenen Seite: ganz, wie Sie wollen.

Das Besondere an OneNote ist dabei, dass sich die Suche nicht nur auf (getippte) Texte begrenzt. Auch Textstellen in Bildern (Bildschirmschnappschüsse, gescannte Dokumente, Fotos), PDF-Dateien, Handschriftnotizen (sofern mit OneNote vorgenommen) oder sogar in Audio- und Videoaufzeichnungen werden gefunden. Zusätzlich lassen sich auch Kategorienmarkierungen als Suchkriterium verwenden, markierte Begriffe online recherchieren oder sogar in andere Sprachen übersetzen. Dieses Kapitel zeigt Ihnen, wie Sie jede Information in OneNote wiederfinden.

5.1 Die Schnellsuche

Die sicher meistgenutzte Suchstrategie ist das Durchforsten der Notizbücher nach einzelnen Begriffen, Wortteilen oder Kombinationen aus mehreren Wörtern. So funktioniert die schnelle Suche:

1. In der normalen Ansicht von OneNote finden Sie rechts neben den Abschnittskarteireitern ein Suchfeld, in dem der Text *Durchsuchen (Strg+E)* steht. Setzen

Sie die Einfügemarke hinein oder drücken Sie die Tastenkombination Strg+E. Letzteres ist auch der richtige Weg, wenn das Suchfeld nicht sichtbar ist – beispielsweise in einem angedockten OneNote-Fenster. Daraufhin klappt ein recht großes, weitgehend leeres Fenster auf.

2. Tippen Sie den gesuchten Begriff ein. Sie können auch nach mehreren Wörtern suchen, die alle auf derselben Notizseite stehen – schreiben Sie sie einfach nebeneinander, getrennt durch Leerzeichen. Das entspricht einer UND-Verknüpfung. Exakte Wortkombinationen schließen Sie in Anführungszeichen ein. Auch eine ODER-Verknüpfung ist möglich, zum Beispiel: »Apfel ODER Birne«. Die Großschreibung von ODER ist wichtig. Groß- und Kleinschreibung wird bei den Suchbegriffen selbst dagegen nicht berücksichtigt.

3. Sie werden feststellen, dass sich das Fenster schon ab dem ersten Buchstaben mit einer Liste von Suchergebnissen füllt. Die Trefferliste verkleinert sich naturgemäß (wird dabei aber genauer), je mehr Sie von dem Suchwort schreiben.

4. Klicken Sie mit der linken Maustaste die einzelnen Einträge in der Trefferliste an. Alternativ können Sie auch die Tasten ↓ und ↑ verwenden, um durch die einzelnen Ergebnisse zu schalten. Die jeweilige Seite mit dem Suchtreffer wird automatisch geöffnet und der gesuchte Begriff farbig hinterlegt – dank der OCR-Funktion auch innerhalb von Grafiken.

5. Durch einen Doppelklick auf einen Eintrag oder das Drücken von ↵ schließt sich das Feld mit den Suchergebnissen und die zuletzt angezeigte Seite mit dem Suchtreffer bleibt geöffnet. Sie können die Suche auch jederzeit abbrechen, indem Sie Esc drücken.

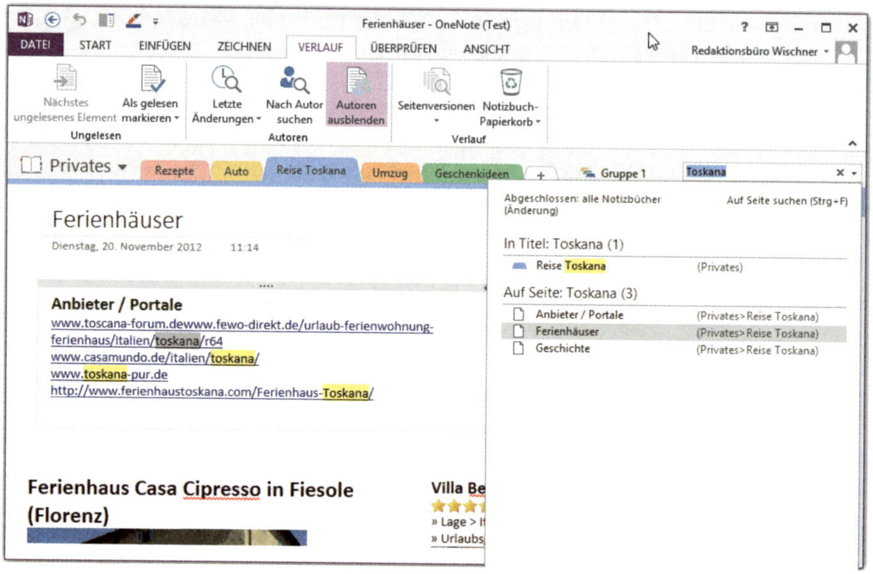

Schon während Sie einen Suchbegriff in das vorgesehene Feld rechts oben tippen, füllt sich die Trefferliste.

Es kann natürlich vorkommen, dass ein Suchbegriff mehrfach auf einer Seite steht. OneNote stellt aber nur den Seitenausschnitt mit der ersten Fundstelle dar. So finden Sie die anderen Treffer auf der Seite:

1. Wählen Sie aus der Suchergebnisliste zunächst die Seite, auf der Sie nach weiteren Vorkommen des gesuchten Wortes fahnden möchten (wie Schritt 4 in der vorherigen Anleitung).
2. Klicken Sie rechts oben *Auf Seite suchen* an, oder drücken Sie die Tastenkombination Strg+⇩.
3. Die Ergebnisliste wird geschlossen, das erste gefundene Wort auf der Notizseite wird markiert, und links neben dem Eingabefeld für die Suchbegriffe ist ein neues Element aufgetaucht: eine gelb hinterlegte Fläche mit der Bezeichnung *Übereinstimmung 1 von x*, wobei *x* die Anzahl der Vorkommen des gesuchten Begriffs auf dieser Seite angibt. Klicken Sie auf den Aufwärts- oder Abwärtspfeil rechts daneben, schaltet die Anzeige die einzelnen Fundstellen sichtbar durch.

Kommt der gesuchte Begriff mehrfach auf einer Seite vor, können Sie mit den beiden Pfeilen durch die Fundstellen wechseln.

5.1.1 Suche eingrenzen

Möglicherweise ergibt Ihre Suche zu viele Fundstellen. Immerhin gliedert OneNote die Treffer in der Ergebnisliste in Gruppen:

- *Letzte Auswahl:* Zeigt Treffer in den zuletzt geöffneten Notizseiten.
- *In Titel:* Der gesuchte Begriff steht in einem Seitentitel.
- *Auf Seite:* Es gibt (möglicherweise auch mehrere) Fundstellen irgendwo innerhalb der aufgelisteten Seiten.
- *Papierkörbe:* Treffer auf als gelöscht markierten, aber noch nicht endgültig aus den jeweiligen Papierkörben entfernten Seiten.

Um die Ergebnisliste einzugrenzen, können Sie die Suche einschränken, zum Beispiel auf das aktuell angezeigte Notizbuch oder einen geöffneten Abschnitt:

1. Klicken Sie im Ergebnislistenfenster links oben auf den Linktext *Abgeschlossen: alle Notizbücher*. Er zeigt zudem an, worauf sich die derzeit aufgelisteten Suchergebnisse beziehen – in diesem Fall eben auf alle (derzeit geöffneten) Notizbücher.
2. Es öffnet sich ein Menü, in dem Sie die Trefferanzeige auf einen kleineren Suchbereich einschränken können. Wählen Sie dazu *Diesen Abschnitt*, *Diese Abschnittsgruppe*, *Dieses Notizbuch* oder *Alle Notizbücher* aus. Der derzeit aktive Filter ist mit einem Häkchen vor dem jeweiligen Eintrag gekennzeichnet.

Daraufhin wird die Suchliste sofort entsprechend angepasst und zeigt nur noch die Einträge, die dem Suchortfilter entsprechen. Im selben Menü können Sie auch festlegen, dass ein bestimmter Suchbereichsfilter – zum Beispiel *Dieses Notizbuch* – allen Suchvorgängen zugrunde liegt.

Dafür ist der letzte Befehl in dem ausgeklappten Menü zuständig: *Diesen Bereich als Standard festlegen.*

Sie können den Suchbereichsfilter auch ohne Ergebnisliste zum Beispiel vor einem Suchauftrag einstellen. Klicken Sie dazu am rechten Rand des Eingabefelds für den Suchbegriff auf das Dreieck mit der nach unten weisenden Spitze.

5.1.2 Erweiterte Suchergebnisse

OneNote bietet außer der bisher genutzten Trefferliste eine weitere Anzeige von Suchergebnissen. Diese bietet einige Vorteile:

- Sie wird rechts an das OneNote-Fenster angeheftet und bleibt auch offen, wenn Sie zum Beispiel zwischendurch Änderungen an einer Notiz vornehmen.
- Jeder Eintrag der Trefferliste wird um einen Textauszug aus der jeweiligen Seite rund um das erste Vorkommen des Suchwortes ergänzt.
- Standardmäßig ist die Ergebnisliste nach der Aktualität, also dem letzten Änderungsdatum sortiert. Das lässt sich hier ändern, um die Fundstellen alphabetisch auf- oder absteigend nach den Abschnittsbezeichnungen oder Seitentiteln zu ordnen.
- Mögliche Treffer in Audio- oder Videoaufzeichnungen lassen sich hier gesondert anzeigen.

So öffnen und nutzen Sie die erweiterte Suchergebnisanzeige: Nachdem Sie eine Suche gestartet haben, klicken Sie auf den Link *Suchergebnisse anheften* ganz unten auf der Ergebnisseite oder drücken Alt+O. Wenn die Audiosuche bereits aktiviert ist (siehe Abschnitt 9.2.8), lautet der Link *Notiz und Audio-Suchergebnisbereich anheften.*

Die Ergebnisliste verschwindet und macht einem rechts angedockten Bereich Platz, der mit *Suchergebnisse* überschrieben ist. Direkt darunter steht der aktuelle Suchbegriff (oder die Kombination aus Suchwörtern), auf die sich die angezeigten Fundstellen beziehen.

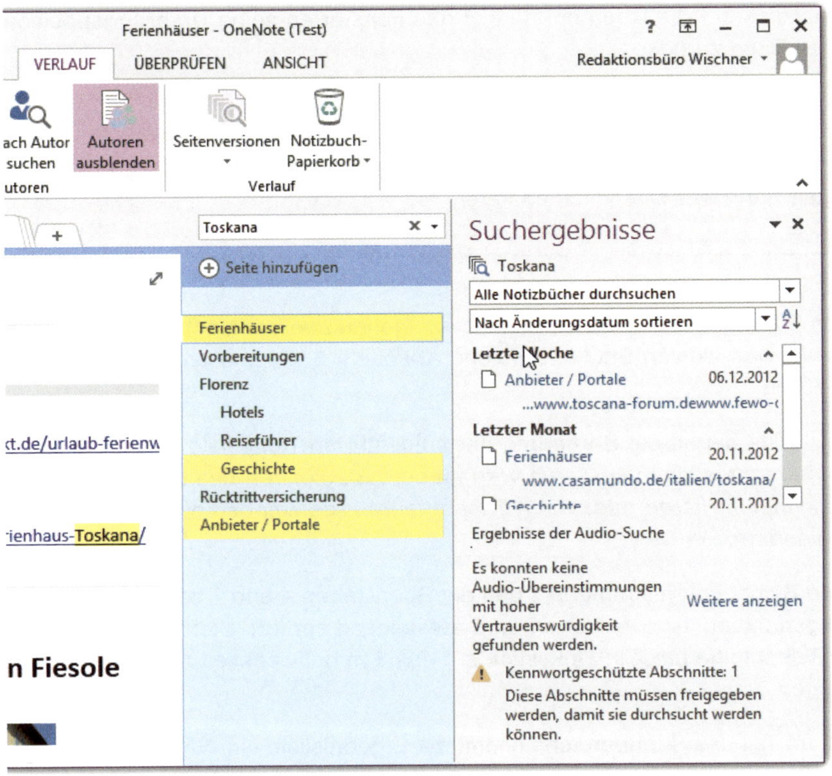

Der optionale erweiterte Suchergebnisbereich bietet zusätzliche Filter- und Sortierungsoptionen.

Hier haben Sie jetzt mehrere Möglichkeiten. Zunächst einmal können Sie die Breite des angehefteten Suchbereichs ändern oder ihn vom OneNote-Fenster entkoppeln und frei auf dem Bildschirm verschieben:

1. Klicken Sie auf das kleine Dreieck mit der nach unten weisenden Spitze rechts neben der Überschrift *Suchergebnisse*.

2. Aus dem aufklappenden Menü wählen Sie den Befehl *Größe ändern*, um die Breite des Bereichs zu verändern. Der Mauszeiger ändert seine Form in einen horizontalen Doppelpfeil und steht nun auf der Trennlinie zwischen Suchbereich und OneNote-Fenster. Bewegen Sie die Maus nach links oder rechts, und fixieren Sie die neue Breite mit einem Klick der linken Maustaste. Alternativ können Sie auch ohne Umweg über das Menü durch Anklicken eben jener Trennlinie und Halten der linken Maustaste die Breite verändern.

3. Der Befehl *Verschieben* ändert den Mauszeiger in einen Vierfachpfeil, um anzuzeigen, dass Sie den nunmehr vom OneNote-Hauptfenster getrennten Suchergebnisbereich mit gedrückter Maustaste frei auf dem Bildschirm verschieben können. Auch hierfür gibt es eine Abkürzung: Klicken Sie die Überschrift *Suchergebnisse* mit der linken Maustaste an, und halten Sie sie fest.

Ein Doppelklick auf die Überschrift setzt das Fenster an seine Ursprungsposition am rechten Rand zurück.

> TIPP
> Sie können den Suchergebnisbereich auch an die linke Seite andocken. Folgen Sie dazu der Anleitung zum Verschieben des Fensters, und bewegen Sie es an den linken Rand des OneNote-Fensters.

Im oberen Bereich des Suchergebnisfensters stehen zwei ausklappbare Listen. Die erste enthält den aktiven Suchfilter (siehe Abschnitt 5.1.1) und erlaubt Ihnen, diesen zu ändern.

Die zweite Liste betrifft die Sortierung der aufgeführten Trefferliste. Standardmäßig ist *Nach Änderungsdatum sortieren* vorgegeben. Sie können das Kriterium hier in *Nach Abschnitt sortieren* oder *Nach Titel sortieren* (gemeint sind die Seitenüberschriften) ändern.

Das kleine Symbol rechts daneben, das die Buchstaben *A* und *Z* zeigt, steht für die Sortierungsrichtung. Ist das *A* oben, wird aufsteigend sortiert. Steht es unten, dreht sich die Reihenfolge um. Ein Linksklick auf das Symbol wechselt zwischen beiden Sortierungen.

Den größten Teil des Suchbereichs nimmt die Ergebnisliste ein. Sie zeigt die Überschriften der jeweiligen Seite, das letzte Änderungsdatum und einen Textauszug rund um den ersten Treffer. Wegen der Textvorschau passen nur wenige Ergebnisse in den sichtbaren Bereich, sodass die Bildlaufleiste am rechten Rand häufiger zum Einsatz kommen wird.

Die Suchergebnisse sind der Übersichtlichkeit halber zudem in Gruppen mit jeweils eigener Überschrift unterteilt. Die Art der Gruppierung wird durch die eingestellte Sortierung bestimmt:

- *Nach Änderungsdatum sortieren* unterteilt die Ergebnisse in Zeitabschnitte, zum Beispiel in »Diese Woche« oder »Letzte Woche«.
- *Nach Titel sortieren* stellt die Ergebnisliste ähnlich einem Buchindex mit einem Abschnitt pro Buchstabe des Alphabets dar.
- *Nach Abschnitt sortieren* schließlich ordnet die Trefferliste in Gruppen, die mit der jeweiligen Abschnittsbezeichnung überschrieben sind. Die Reihenfolge entspricht dabei der Ordnung innerhalb des jeweiligen Notizbuchs, beginnend mit dem aktuell angezeigten.

Klicken Sie eines der Suchergebnisse an, wird die entsprechende Notizbuchseite im OneNote-Editor dargestellt, und zwar an der Stelle, die das erste Vorkommen des Suchbegriffs enthält.

5.1.3 Durchsuchen von Audio- und Videoaufzeichnungen

Wie in Kapitel 3, »Notizen in OneNote eingeben«, bereits angedeutet wurde, ist eine der mächtigsten Fähigkeiten der Suchfunktion das Durchforsten von Audio- und Videoaufzeichnungen nach bestimmten Textstellen. Dabei müssen Sie allerdings ein paar Einschränkungen und Besonderheiten beachten:

- Die Audiosuche muss über die Optionen aktiviert sein (siehe Kapitel 9.2.8).
- Die aufgezeichneten Audio- und Videoclips müssen zunächst indiziert werden, bevor sie durchsuchbar sind. Je nach Umfang, Länge und nicht zuletzt nach der Rechenleistung des verwendeten PCs kann das von wenigen Sekunden bis zu mehreren Stunden dauern. Die Indizierung erfolgt automatisch, wenn der Rechner im Leerlauf ist (gerade nicht benutzt wird). OneNote muss allerdings gestartet sein.
- Es werden nur Audio- und Videodateien indiziert, die in OneNote aufgenommen wurden. Importierte Dateien sind zwar abspielbar und lassen sich auch mit verlinkten Notizen versehen (siehe Abschnitt 3.12.3), das Durchsuchen nach Textstellen klappt aber nicht – selbst dann nicht, wenn sie in dem Format vorliegen, das von OneNote verwendet wird und in den Audiooptionen festgelegt wurde (zum Beispiel *WMA 9.2*).

Damit das Erkennen von Textstellen in Audio- oder Videoaufzeichnungen halbwegs zuverlässig funktioniert, sollte deren Qualität möglichst hoch sein:

- Verwenden Sie daher ein möglichst hochwertiges Mikrofon oder Headset.
- Die Texte müssen laut (aber nicht verzerrt), klar artikuliert und idealerweise langsam gesprochen sein.
- Umgebungsgeräusche behindern die Erkennungsleistung genauso stark wie ein Grundrauschen bzw. Echo- oder Halleffekte aufgrund nicht optimaler Hardware und Umgebungsbedingungen.

Kritischer in Sachen Qualität als das Aufnehmen der eigenen Stimme per Headset sind vor allem die anderen interessanten Anwendungsbereiche: Für Aufzeichnungen von Meetings, Präsentationen oder Interviews brauchen Sie vor allem ein gutes Mikrofon.

> Eine Transskript-Funktion, also das Umsetzen von Sprachaufzeichnungen in Text, ist in OneNote leider nicht vorhanden.
>
> TIPP

Wer möchte, kann einmal die Windows-eigene Spracherkennung ausprobieren, um eine Idee von der Mikrofonqualität und den Umgebungsbedingungen zu bekommen. Sie finden sie am einfachsten, wenn Sie im Eingabefeld des Startmenüs (Windows 7, 10) oder auf dem Startbildschirm (Windows 8 und 8.1) den Begriff »Spracherkennung« eingeben.

Jetzt aber zur Anwendung der Suche in Audio- oder Videodateien:

1. Gehen Sie zunächst so vor, wie zu Beginn von Abschnitt 5.1 beschrieben; definieren Sie also den oder die Suchbegriff(e) und gegebenenfalls den Suchbereich.

2. OneNote wird in der normalen Ergebnisliste in keinem Fall einen Treffer in einer Audio- oder Videodatei anzeigen. Werden Treffer aufgelistet, liegen die Fundstellen in Textabschnitten oder Bildern. Öffnen Sie die erweiterte Ergebnisanzeige (siehe Abschnitt 5.1.2).

3. Im unteren Bereich des angedockten Fensters steht *Ergebnisse der Audiosuche*. War diese erfolgreich, finden Sie darunter einen Link mit der Bezeichnung *Klicken Sie hier, um Übereinstimmungen anzuzeigen*. Tun Sie genau das.

4. Der Inhalt des Suchergebnisbereichs ändert sich und zeigt im mittleren Bereich nun die Suchtreffer (ausschließlich) in Audio- oder Videodateien an – und zwar mit dem Namen der jeweiligen Seite, dem Suchbegriff und der Position innerhalb der Aufzeichnung. Ein Klick auf eine dieser Angaben spielt die betreffende Stelle sofort ab.

Hinter der jeweiligen Positionsangabe findet sich in Klammern noch ein weiterer interessanter Wert: die Angabe der »Vertrauenswürdigkeit«. Damit ist gemeint, wie sicher sich die Audioerkennung ist, das gesuchte Wort erkannt zu haben. Dieser Wert liegt zwischen 0,1 und 0,8. Je geringer er ist, desto schlechter ist die Qualität der gefundenen Aufnahme(stelle).

Entsprechend geringer wird die Wahrscheinlichkeit, dass es sich bei dem erkannten Wort tatsächlich um den Suchbegriff handelt. Grob lässt sich sagen, dass alles ab 0,5 aufwärts recht zuverlässig ist. Bei einem Wert von 0,1 oder 0,2 werden Sie beim Abspielen der Passage dagegen oft feststellen, dass dort etwas ganz anderes zu hören ist.

Aus diesem Grund gibt OneNote auch nur dann ein positives Ergebnis der Audiosuche aus (siehe Schritt 3 in der vorherigen Anleitung), wenn die Fundstelle einen Wert für die Vertrauenswürdigkeit von mindestens 0,5 aufweist.

Wenn Sie möchten, können Sie aber auch schlechtere Aufnahmen in die Suche mit einbeziehen und eine höhere Fehlerquote in Kauf nehmen:

Im unteren Bereich finden Sie rechts eine Auswahlliste für die Mindestvertrauenswürdigkeit. Standardmäßig steht hier der Wert 0,5. Setzen Sie ihn herab, um möglicherweise weitere Fundstellen anzuzeigen.

Umgekehrt dürfen Sie bei zu vielen Fehltreffern die Einstellung auch auf 0,8 hochsetzen. Im oberen Bereich finden Sie die bereits bekannte Auswahl der Sortierung der Suchtreffer. Sie enthält jetzt auch die Option, nach der Vertrauenswürdigkeit zu sortieren (bereits voreingestellt).

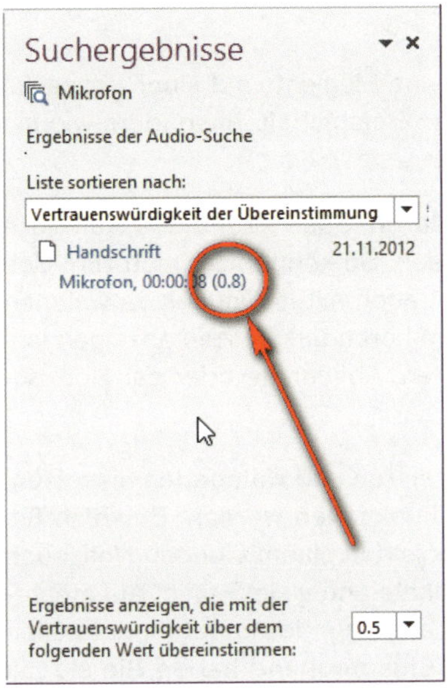

Wird die Suche in einer Audiodatei fündig, gibt die Zahl in Klammern die Vertrauenswürdigkeit (Zuverlässigkeit des Treffers) an.

Auch wenn die ursprüngliche Suche überhaupt keinen Treffer ergeben hat, kommen Sie an die Einstellung der Fehlertoleranz heran. Im unteren Bereich des Suchergebnisbereichs fehlt dann zwar der Link *Klicken Sie hier, um Übereinstimmungen anzuzeigen*. Stattdessen weist ein Text darauf hin, dass keine Audioübereinstimmungen mit hoher Vertrauenswürdigkeit gefunden wurden. Daneben steht aber der Link *Weitere anzeigen*. Ein Klick darauf öffnet wieder die (nunmehr leere) Liste der Audiofundstellen und ermöglicht den Zugriff auf die Einstellung zur Herabsetzung der Vertrauenswürdigkeit.

> Haben Sie den Suchergebnisbereich zuvor schmaler eingestellt, kann es sein, dass der Link für die erweiterte Anzeige der Audiosuchergebnisse (*Weitere anzeigen*) nach rechts aus dem Bildschirmrand gerutscht ist. Verbreitern Sie das Fenster entsprechend wieder.
>
> TIPP

> Ganz unten im Bereich der Audio-Suchergebnisliste steht manchmal ein Hinweistext mit einem gelben Warnzeichen. Er weist darauf hin, dass möglicherweise noch nicht alle relevanten Audio- oder Videoclips indiziert wurden. Dabei wird auch nur die Zahl der betroffenen Seiten, nicht aber der einzelnen Aufzeichnungen angegeben. Zudem rechnet OneNote offenbar auch importierte Audiodateien dazu, also solche, die nicht mit OneNote selbst aufgenommen wurden.
>
> TIPP

5.2 Nach Kategorien suchen

Im Abschnitt 3.8 haben Sie erfahren, wie Sie einzelne Elemente auf einer Notizseite mit Kategorien-Kennzeichen versehen und so zum Beispiel als besonders wichtig oder als noch zu erledigende Aufgabe markieren.

Richtig interessant wird diese Funktion erst dadurch, dass sich diese Kategorien-Kennzeichen als Suchkriterium verwenden lassen. So können Sie sich zum Beispiel alle noch offenen Aufgaben (das funktioniert auch mit in Outlook verwalteten Aufgaben) oder alle zu einem bestimmten Thema gehörenden Notizen anzeigen lassen – selbst dann, wenn diese über mehrere Seiten, Abschnitte oder gar Notizbücher verstreut sind.

Je nachdem, wie Sie Ihre OneNote-Notizen organisieren und Kategorien einsetzen, kann die Kategoriensuche eine der mächtigsten Funktionen werden. Beispiel: Sie fassen alle Informationen zu einem bestimmten Projekt in einem eigenen Notizbuch zusammen, verteilen sie aber über mehrere Abschnitte und viele Seiten. Auf mehreren Seiten stehen unter anderem Notizen, die zu erledigende Aufgaben darstellen oder einer bestimmten Person zugeordnet sind. Entsprechend haben Sie sie mit passenden Kategorien gekennzeichnet. Die Kategoriensuche stellt Ihnen nun auf Wunsch eine komplette und übersichtliche Aufstellung einer oder mehrerer Kategorien aus genau diesem Notizbuch zusammen.

Die Kategoriensuche ist eine eigenständige Funktion und an anderer Stelle zu finden als die Suche nach Wörtern oder Ausdrücken:

1. Klicken Sie in der Symbolleiste *Start* im Abschnitt *Kategorien* auf die Schaltfläche *Kategorien suchen*.

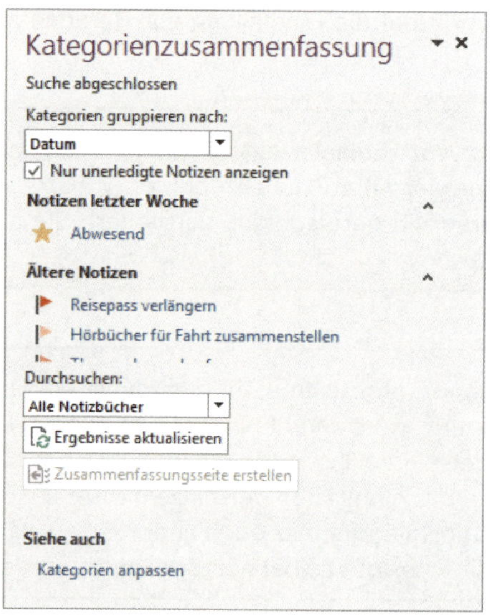

Die Kategoriensuche stellt übersichtlich alle Notizseiten mit entsprechenden Markierungen zusammen.

2. Daraufhin heftet sich rechts an das OneNote-Fenster ein neuer Bereich an, ähnlich der Suchergebnisliste, wie sie im Abschnitt 5.1.2 beschrieben ist. Er trägt den Titel *Kategorienzusammenfassung* und zeigt eine Übersicht sämtlicher Kategorienmarkierungen in allen geöffneten Notizbüchern zusammen mit einem Ausschnitt des zugehörigen Textes. Zudem bietet er einige weitere Optionen.

So lässt sich beispielsweise das Kriterium für die Gruppierung ändern. Standardmäßig sind in der Liste alle gleichnamigen Kategorien zu Gruppen zusammengefasst, sodass zum Beispiel alle als »Wichtig« markierten Notizen untereinanderstehen. Im oberen Bereich finden Sie unter *Kategorien gruppieren nach* ein Listenfeld, über das Sie weitere Gruppierungskriterien auswählen können:

- *Kategorienname* ist die eben beschriebene Standardeinstellung und fasst alle gleichnamigen Kategorien zusammen, auch selbst definierte (siehe Abschnitt 3.8.3).
- *Abschnitt* fasst alle Notizen mit einer Markierung zusammen, die auf Seiten im selben Abschnitt stehen.
- *Titel* nimmt die jeweiligen Seitentitel als Kriterium für die Gruppierung und sortiert sie alphabetisch – unabhängig von Notizbuch und Abschnitt.
- *Datum* organisiert die Notizen mit Kategorienmarkierung nach dem Datum ihrer Erstellung oder der letzten Änderung.
- *Notiztext* schließlich ordnet alle Einträge in der Liste alphabetisch nach dem zugehörigen Textinhalt des gekennzeichneten Objekts.

> **TIPP**
> Neben der jeweiligen Gruppenüberschrift finden Sie das Symbol eines Winkels mit der Spitze nach oben. Ein Mausklick darauf klappt die jeweilige Liste ein und lässt nur die Bezeichnung stehen. Das Symbol ändert sich gleichzeitig und zeigt nun mit der Spitze nach unten. Ein erneuter Klick darauf klappt die Liste wieder auf. So sorgen Sie für mehr Übersicht.

Unter der Auswahlliste finden Sie ein Kontrollkästchen mit der Beschriftung *Nur unerledigte Notizen anzeigen*. Gemeint sind damit Elemente, die als Outlook-Aufgabe (mit dem Fähnchen, nicht die OneNote-Aufgaben mit dem Kästchen) gekennzeichnet sind und nicht als »Erledigt« abgehakt wurden. Die Liste reduziert sich nach dem Aktivieren dieser Option auf eben jene unerledigten Outlook-Aufgaben und entspricht damit der Aufgabenliste, wie sie auch in Outlook erscheint.

Oft wünscht man sich, die Übersicht der Kategorienmarkierungen auf einen bestimmten Bereich zu begrenzen – etwa, um alle als »Wichtig« oder »Unerledigt« markierten Notizen aufzulisten, die zu einem bestimmten Themenbereich gehören, der in einem eigenen Notizbuch oder Abschnitt zusammengefasst ist. Im unteren Bereich der Kategorienzusammenfassung dient dazu eine weitere ausklappbare Liste mit der Bezeichnung *Durchsuchen*. Sie können die Liste hier vielfältig begrenzen. Neben den bekannten Filtern wie *Dieses Notizbuch* oder *Dieser Abschnitt* gibt es auch Filter, die sich auf das Erstellungs- oder Änderungsdatum beziehen, wie etwa *Notizen von heute* oder *Notizen letzter Woche*.

Die Schaltfläche *Ergebnisse aktualisieren* wiederholt die Suche nach Kategorien und erneuert die angezeigte Liste. Das ist dann interessant, wenn Sie die Kategorienzusammenfassung ständig geöffnet lassen und dabei Notizen bearbeiten und Kategorienmarkierungen ändern, löschen oder hinzufügen.

Als besonders praktisch kann sich die letzte Funktion der Kategorienzusammenfassung erweisen: Klicken Sie auf die Schaltfläche *Zusammenfassungsseite erstellen*, legt OneNote im aktuell geöffneten Notizbuch und Abschnitt eine neue Seite an. Sie enthält den Inhalt der gerade angezeigten Kategorienliste gemäß der eingestellten Gruppierung und Sortierung. Damit können Sie zum Beispiel alle unerledigten Aufgaben oder alle Anmerkungen, die per Markierung besonders wichtig oder vielleicht einer bestimmten Person zugeordnet sind, in eine gewöhnliche OneNote-Notiz bringen. Diese lässt sich zum Beispiel ausdrucken oder als E-Mail versenden (dazu lesen Sie mehr in Kapitel 8, »Teilen und Teamwork«).

TIPP

Haben Sie auf diese Weise eine Seite anlegen lassen, die auch mit Outlook verlinkte Aufgaben enthält, bleibt die Verknüpfung erhalten. Das heißt: Es spielt keine Rolle, ob Sie eine Aufgabe auf der originalen Notizseite, in einer automatisch erzeugten Zusammenfassung oder in Outlook selbst als »Erledigt« abhaken. Die Kennzeichnung gilt für alle Vorkommen dieser Aufgabe.

5.3 Nachschlagen und recherchieren

OneNote kennt noch eine ganz andere Art der Suche, die nicht direkt mit dem Fahnden nach Inhalten von Notizbüchern oder -seiten zu tun hat: die Recherche. Zu Wörtern oder Textabschnitten in einer Notiz können Sie Synonyme (*Thesaurus*) finden, sie in eine andere Sprache übersetzen lassen oder sie auf bestimmten Webdiensten wie *Microsoft Bing* oder *Factiva* nachschlagen.

Diese Funktionen kommen genau genommen nicht von OneNote, sondern gehören zu Microsoft Office seit der Version 2003. Entsprechend sind sie in OneNote auch nicht sonderlich elegant eingebunden, können aber dennoch manchmal recht hilfreich sein. Die folgenden Abschnitte enthalten eine kurze Anleitung zum Recherchieren bzw. Nachschlagen (die OneNote-Benutzeroberfläche verwendet an verschiedenen Stellen des Programms beide Begriffe).

5.3.1 Synonyme mit dem Thesaurus suchen

Suchen Sie manchmal verzweifelt nach einem bestimmten Wort, zu dem Ihnen nur ein sinnverwandter Begriff einfällt, der es aber nicht ganz trifft? Oder möchten Sie einen Text – vielleicht für eine Präsentation – stilistisch verbessern und Wortwiederholungen vermeiden? Dann ist der Thesaurus (Synonymwörterbuch) das richtige Werkzeug. So verwenden Sie ihn in OneNote:

1. Markieren Sie das betreffende Wort, zu dem Sie eine Alternative suchen.

2. Öffnen Sie die Symbolleiste *Überprüfen*, und klicken Sie auf die Schaltfläche *Thesaurus*.
3. Am rechten Rand des OneNote-Fensters öffnet sich der Thesaurus-Bereich und zeigt eine Liste verwandter Begriffe.
4. Ist ein passendes Wort dabei, das Sie in Ihrem Text verwenden möchten, klicken Sie es mit der rechten Maustaste an und wählen Sie aus dem Kontextmenü *Kopieren*, um den Begriff in die Zwischenablage zu übertragen.
5. An der gewünschten Textstelle auf Ihrer Notizseite fügen Sie das Wort mit Strg+V ein.
6. Unterhalb der Wortliste finden Sie die Spracheinstellung für den Thesaurus. Standardmäßig wird nach deutschen Wortentsprechungen gesucht. Sie können durch einen Wechsel der Einstellung auch nach Synonymen für englische, französische oder italienische Wörter suchen.

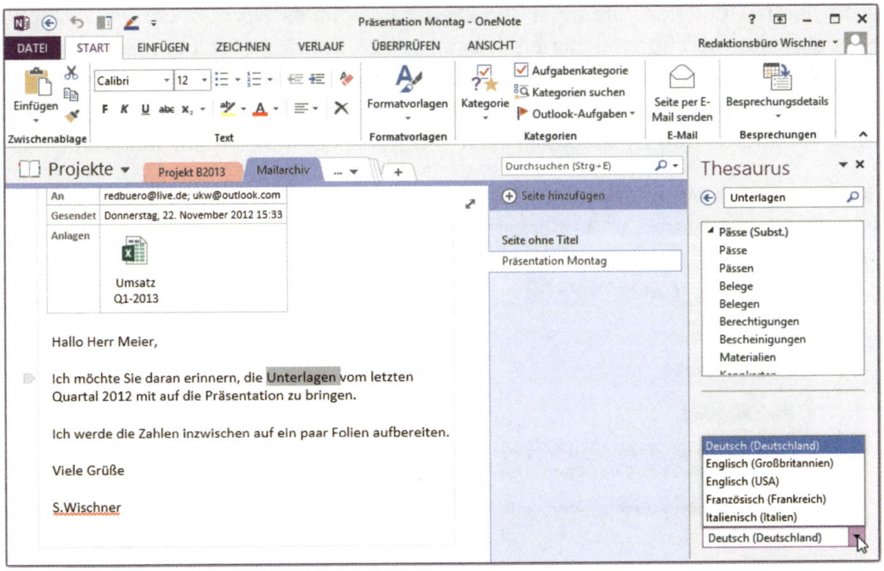

Auch in OneNote können Sie den Thesaurus (Synonymwörterbuch) von Microsoft Office nutzen.

> **TIPP**
> Wenn Sie mit der linken anstelle der rechten Maustaste auf ein Wort in der Vorschlagsliste des Thesaurus klicken, wird eine neue Anfrage nach verwandten Wörtern zu eben diesem Begriff gestartet. Ein Klick auf den blauen Linkspfeil im Kreis bringt Sie wieder zur jeweils vorhergehenden Ergebnisliste zurück.

5.3.2 Text in eine andere Sprache übersetzen

So ähnlich wie die Thesaurus-Wortsuche funktionieren die Übersetzungshilfen in OneNote. Das Programm greift dazu auf diverse Onlinesprachdienste zurück, wie zum Beispiel *Microsoft Translator* oder *WorldLingo*. So übersetzen Sie einzelne Wörter in eine andere Sprache:

1. Markieren Sie das betreffende Wort.
2. In der Symbolleiste *Überprüfen* klicken Sie auf *Übersetzen* und wählen dann *Ausgewählten Text übersetzen*. Alternativ öffnen Sie per Rechtsklick das Kontextmenü und wählen den Befehl *Übersetzen*.
3. Am rechten Rand des OneNote-Fensters öffnet sich der Recherchebereich. Im Abschnitt *Übersetzung* finden Sie zwei Felder, die mit *Von* und *Nach* überschrieben sind. Stellen Sie dort gegebenenfalls Ausgangs- und Zielsprache ein.

Entweder sofort (das Sprachpaar war schon richtig eingestellt) oder nach einem Klick auf den weißen Pfeil im grünen Kästchen rechts neben dem Feld *Suchen nach* erscheint im unteren Abschnitt die Übersetzung des Wortes.

Diese Art der Übersetzung ist vor allem dazu gedacht, ein einzelnes unbekanntes Wort nachzuschlagen. Sie nutzt den Dienst *Bilinguales Wörterbuch*. Die verfügbaren Sprachpaarungen können Sie nach einem Klick auf den Link *Übersetzungsoptionen* im oberen Bereich des sich öffnenden Fensters auswählen. Wenn Sie im selben Fenster das Kontrollkästchen *Maschinelle Onlineübersetzung verwenden* markieren, aktivieren Sie dadurch den Onlinedienst *Microsoft Translator* mit ein paar weiteren Optionen:

- Sie können bei aktiviertem *Microsoft Translator* auch ganze Sätze oder Textabschnitte markieren und übersetzen lassen.

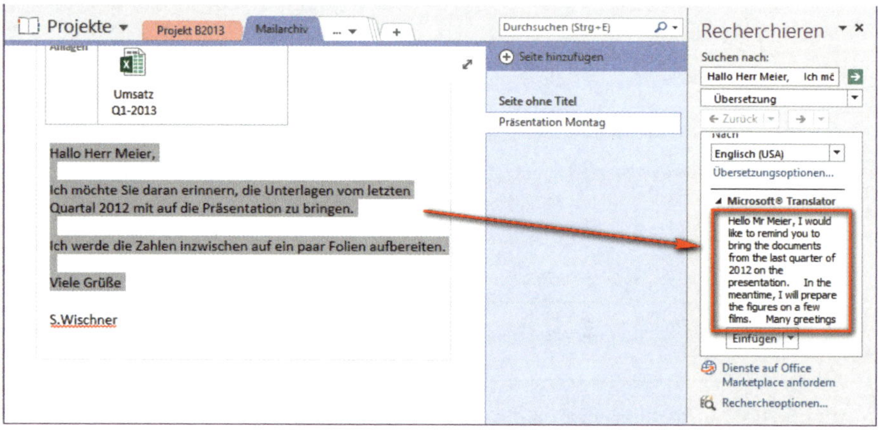

Erwartungsgemäß produziert die auch in OneNote nutzbare Übersetzungshilfe von Microsoft Office wenig Geschäftsbrief-reifes.

- Wenn Sie in der Symbolleiste *Überprüfen* auf die Schaltfläche *Übersetzen* klicken und dann die *Übersetzungshilfe* aktivieren, erscheint künftig beim Bewegen des Mauszeigers über einem Wort eine Minisymbolleiste mit der passenden Übersetzung und einer Schaltfläche für die Übertragung des Wortes in die Zwischenablage. Die Zielsprache stellen Sie gegebenenfalls ebenfalls über die Symbolleiste *Überprüfen*, dann *Übersetzen* und den Befehl *Sprache für die Übersetzung* ein.

Erwarten Sie jedoch von der Qualität der Übersetzung nicht zu viel. Wie die meisten Übersetzungsprogramme produziert auch der *Microsoft Translator* ziemlich viel grammatikalischen Unsinn, wenn er auf mehr als ein einzelnes Wort losgelassen wird.

5.3.3 Weitere Recherchedienste

OneNote (eigentlich Microsoft Office) bietet Zugriff auf einige weitere Recherchedienste, wie etwa Bing, Microsofts Gegenstück zu Google. Zunächst einmal sollten Sie sicherstellen, dass alle verfügbaren Dienste eingerichtet sind:

1. Klicken Sie in der Symbolleiste *Überprüfen* auf die Schaltfläche *Recherchieren*. Alternativ klicken Sie irgendwo mit der rechten Maustaste auf eine Notizseite und wählen *Nachschlagen* aus dem Kontextmenü.
2. Am rechten Rand öffnet sich ein neuer Bereich mit der Überschrift *Recherchieren*. Klicken Sie hier ganz unten auf den Link *Rechercheoptionen*.
3. Es erscheint eine Liste mit allen installierten Recherchediensten. Diejenigen, die im Moment aktiv sind, kennzeichnet ein Häkchen. Sie können hier die einzelnen Dienste nach Belieben ein- oder ausschalten.
4. Klicken Sie darunter auf die Schaltfläche *Aktualisieren/Entfernen*. Beim ersten Mal bittet ein Dialogfeld um Erlaubnis, künftig die Liste der Dienste selbstständig aktualisieren zu dürfen. Nachdem Sie die Erlaubnis erteilt haben, wird diese Schaltfläche eine detailliertere Aufstellung der Dienste zeigen.
5. In dieser klicken Sie wiederum auf *Aktualisieren*. Eventuell noch nicht vorhandene Dienste werden nun eingerichtet, und Sie erhalten eine Erfolgsmeldung, die Sie mit einem Klick auf *OK* bestätigen.

Als dieses Buch verfasst wurde, umfasste das Angebot etliche Übersetzungsdienste plus Microsoft Bing in verschiedenen Sprachen, mehrere Synonymwörterbücher, die *Microsoft Encarta* auf Französisch und Englisch und das Unternehmens-Nachschlagewerk *Factiva*. Während Sie dieses Buch lesen, könnte sich das Angebot möglicherweise verändert haben.

Und so nutzen Sie die Recherchedienste:

1. Markieren Sie das Wort, zu dem Sie Zusatzinformationen abrufen wollen.
2. Öffnen Sie die Symbolleiste *Überprüfen,* und klicken Sie auf die Schaltfläche *Recherchieren*.
3. Am rechten Rand erscheint der schon von der Übersetzungsfunktion bekannte Recherchebereich. Unterhalb des Feldes *Suchen nach* mit dem Recherchebegriff können Sie den Dienst aus einer ausklappbaren Liste auswählen. Klicken Sie hier zum Beispiel auf *Bing*.

Die darunter stehende Trefferliste enthält jetzt die passenden Suchergebnisse. Im Fall von Bing bestehen diese aus einer (Webseiten-)Überschrift, einem Textauszug der jeweiligen Seite und einem Link, der die entsprechende Webseite direkt im Standardbrowser öffnet.

Sie können als Suchdienst auch die Einträge *Alle Nachschlagewerke* oder *Alle Recherche-Websites* auswählen, um die Suche entsprechend zu erweitern.

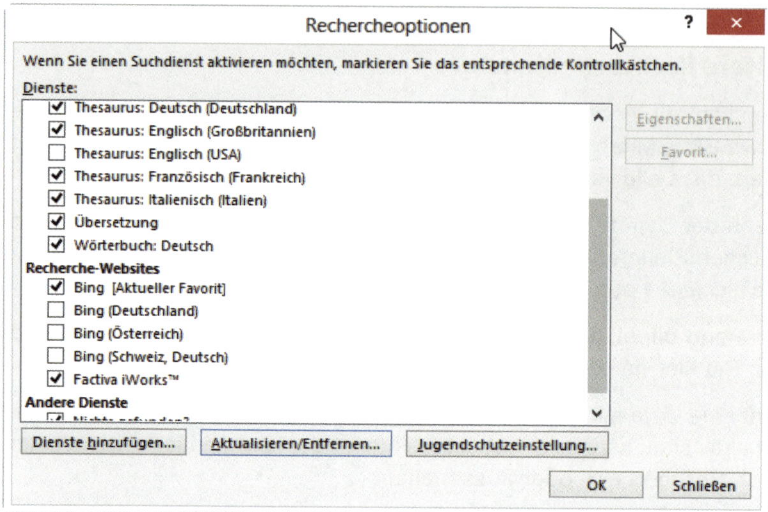

Auch die Rechercheoption von Microsoft Office lässt sich in OneNote nutzen, etwa um einen Begriff bei Bing nachzuschlagen.

> **TIPP** Es ist leider nicht ohne Weiteres möglich, die angebotenen Dienste selbst zu erweitern, um zum Beispiel *Google* oder *Wikipedia* hinzuzufügen. Das funktioniert nur, wenn die entsprechenden Dienste Microsoft-Office-Schnittstellen zur Verfügung stellen (dann über *Rechercheoptionen/Dienste hinzufügen*) oder Microsoft die entsprechenden Dienste in das Angebot aufnimmt. In OneNote 2016 fehlte zudem ausgerechnet Microsofts Bing in der Liste.

KURZ NOTIERT

- Die Schnellsuche findet Begriffe bereits beim Eintippen.
- Suchergebnisse lassen sich auf Notizbücher, Abschnitte oder Seiten beschränken.
- In OneNote aufgezeichnete Audio- oder Videoclips werden auf Wunsch ebenfalls nach Textstellen durchsucht.
- Die Suche nach Kategorienmarkierungen erzeugt übersichtliche Listen.
- Die erweiterten Recherchefunktionen bieten Synonyme, Übersetzungen oder die Suche in bestimmten Webdiensten.

6 Strukturieren und aufräumen

Es gibt so viele unterschiedliche Methoden, mit OneNote zu arbeiten, wie es verschiedene Charaktere gibt. Die einen nutzen das Programm am liebsten als unsortierten Zettelkasten: Notizen reinwerfen, keine Gedanken an Organisation oder Struktur verschwenden und dank der zuverlässigen Suchfunktion (siehe Kapitel 5, »Suchen und finden«) trotzdem alles jederzeit wiederfinden.

Andere haben Spaß daran, einen neuen Leitz-Ordner zunächst säuberlich zu beschriften und sich vorab Gedanken über die Ordnung und Aufteilung der kommenden Inhalte zu machen. Dann kommen erst einmal Registereinleger oder farbige Trennblätter hinein, vielleicht noch Einheft-Folientaschen, und der Locher wird für die erste abzuheftende Notiz bereitgelegt.

OneNote erlaubt beide Methoden und auch jede beliebige Mischung von Chaos und Ordnung. Ein bisschen Struktur kann dennoch nie schaden. Zumindest dann nicht, wenn Sie das Programm auch wie ein Nachschlagewerk verwenden – also starten, Notizbuch öffnen, blättern, gucken. Das Schöne ist: Egal, wie ungeordnet Sie Ihre Notizen im Laufe der Zeit gesammelt haben, Sie können in OneNote nachträglich jederzeit so viel umsortieren, zusammenführen, zuordnen und löschen, wie Sie möchten.

Dieses Kapitel zeigt Ihnen alle Werkzeuge, die OneNote für die Organisation der Informationssammlung zu bieten hat.

6.1 Abschnitte und Seiten beschriften

Es scheint zu naheliegend, um das Thema überhaupt anzuschneiden, und doch liegt der Hund manchmal in einer aussagekräftigen Beschriftung von Abschnitten und Seiten begraben.

Wenn Sie einen neuen Abschnitt anlegen, benennt OneNote ihn selbstständig mit *Neuer Abschnitt* und einer Nummer. Zwar ist diese Bezeichnung markiert und ließe sich unmittelbar mit einem passenderen Begriff überschreiben, aber schon ein Klick ins Notizbuch legt den Abschnittsnamen erst einmal fest.

Da es oftmals auch noch so ist, dass Sie vielleicht noch gar nicht wissen, was in den neuen Abschnitt alles hinein soll, kümmern Sie sich vielleicht auch vorläufig nicht um eine sinnvolle Bezeichnung. Macht nichts! Selbstverständlich lassen sich Abschnitte auch nachträglich umbenennen:

1. Klicken Sie mit der rechten Maustaste auf den entsprechenden Karteireiter oder den Abschnittsnamen in der Notizbuch-Navigationsleiste, und wählen Sie aus dem Kontextmenü *Umbenennen*. Alternativ funktioniert auch ein Doppelklick auf den Karteireiter.

2. Der Name ist jetzt markiert, und Sie können ihn einfach mit einer passenderen Bezeichnung überschreiben. Verwenden Sie aber nicht zu lange Bezeichnungen, sonst werden sie in der Darstellung abgeschnitten.

Ähnliches gilt für den Titel von Notizbuchseiten. Neue Seiten bezeichnet OneNote grundsätzlich mit *Seite ohne Titel*. Standardmäßig ist die jungfräuliche Seite aber nicht ganz leer, sondern enthält eine (noch unbeschriftete) Titelzeile mit Datum und Uhrzeit der Erstellung. Tippen Sie hier eine Überschrift ein, wird diese gleichzeitig zum Seitentitel, der auch in der Navigationsleiste am rechten Rand angezeigt wird.

Lassen Sie das Feld dagegen leer, verwendet OneNote automatisch den ersten Text, der auf der Seite erscheint – ganz egal, was das ist. In den meisten Fällen dürfte das nicht sonderlich sinnvoll sein. Gewöhnen Sie sich also am besten an, entweder die Titelzeile auszufüllen oder Notizseiten generell mit einer Art Überschrift zu beginnen.

Wenn Sie keinen Seitentitel möchten, können Sie ihn auch komplett mitsamt Erstellungsdatum und -zeit von der Seite löschen. Öffnen Sie dazu die Symbolleiste *Ansicht*, und klicken Sie in der Gruppe *Seite einrichten* auf die Schaltfläche *Seitentitel ausblenden*. In diesem Fall wird automatisch die erste Textzeile auf der Notiz zum Seitentitel.

6.2 Notizbücher, Abschnitte und Seiten farbig markieren

OneNote weist jedem neu angelegten Abschnitt in einem Notizbuch ziemlich willkürlich eine Farbe zu. Die bestimmt das Aussehen des zugehörigen Karteireiters und des Hintergrunds der rechts stehenden Seitennavigation. Auch Notizbücher haben unterschiedliche Farben, was sich aber nur im grafisch dargestellten Umschlagssymbol bemerkbar macht. Neue Seiten dagegen sind grundsätzlich weiß, lassen sich aber ebenfalls bei Bedarf einfärben.

Entweder überlassen Sie OneNote das Spiel mit den Farben oder Sie nehmen es zur einfacheren Organisation selbst in die Hand. So könnten Sie etwa alles, was zu einem bestimmten Projekt oder Themenbereich gehört, einheitlich einfärben.

6.2.1 Abschnittsfarben ändern

Immer wenn Sie einen neuen Abschnitt anlegen, erhält dieser ziemlich willkürlich eine neue Farbmarkierung. Es gibt zwar keine Möglichkeit, das zu unterbinden oder eine immer zu verwendende Farbe vorzugeben, Sie können den Farbton aber nachträglich problemlos ändern:

1. Klicken Sie, um die Farbe eines Abschnitts anzupassen, mit der rechten Maustaste auf den zugehörigen Karteireiter am oberen Rand eines Notizblatts.
2. Im daraufhin geöffneten Kontextmenü wählen Sie den letzten Eintrag mit der Bezeichnung *Abschnittsfarbe*. Es öffnet sich ein weiteres Menü mit der Auswahl von

16 Farben und der Option *Keine*. Letztere färbt den Abschnitt übrigens nicht weiß oder transparent, sondern steht für die Standard-Hintergrundfarbe von Microsoft Office, in der auch der Hintergrund der Menüleiste gehalten ist.

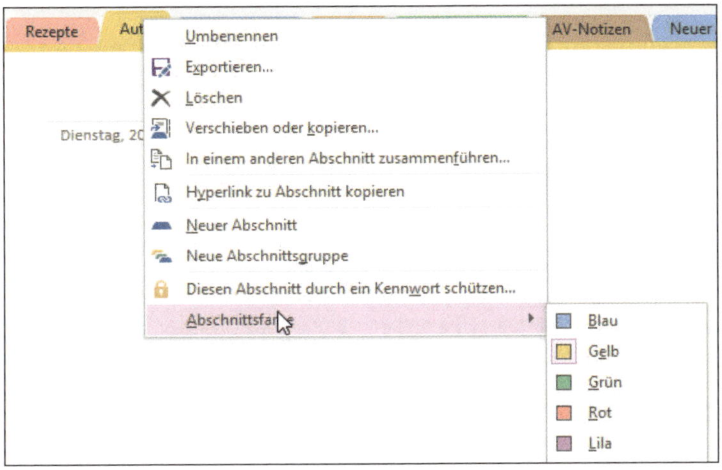

Die Farbe für den Karteireiter eines Abschnitts und den Hintergrund der Seitennavigation lässt sich jederzeit ändern.

Sobald Sie sich mit einem Mausklick für eine Farbe entschieden haben, ändern sich nicht nur der Karteireiter und die horizontale Linie darunter, sondern auch der Hintergrund der Seitennavigation am rechten Rand verwandelt sich entsprechend.

6.2.2 Notizbuchfarbe einstellen

Die Färbung der einzelnen Notizbücher dient lediglich der Darstellung in der Übersicht über alle geöffneten Notizbücher, wenn Sie diese am linken Rand des OneNote-Fensters einblenden. Sie hat keine Auswirkung auf die Darstellung der Inhalte. Auch sie wird willkürlich beim Anlegen eines neuen Notizbuchs vorgegeben, lässt sich aber nachträglich ändern.

Das funktioniert übrigens nur mit in OneNote geöffneten Notizbüchern. Sie müssen dazu das *Eigenschaften*-Dialogfeld des Notizbuchs öffnen. Dazu gibt es drei Wege:

- Klicken Sie mit der rechten Maustaste links oben auf den Namen des aktuell geöffneten Notizbuchs, und wählen Sie im Kontextmenü den Eintrag *Eigenschaften* aus. Wollen Sie die Farbe eines anderen, gerade ebenfalls offenen Notizbuchs ändern, klappen Sie zuerst die Übersichtsliste mit einem Klick auf das nach unten weisende Dreieck auf und öffnen dann das Kontextmenü mit einem Rechtsklick auf den entsprechenden Notizbuchnamen.
- Haben Sie die Notizbuch- und Abschnittsnavigation am linken Rand angepinnt, klicken Sie den Namen des Notizbuchs, dessen Farbe Sie ändern möchten, mit der rechten Maustaste an und wählen im Kontextmenü den Eintrag *Eigenschaften*.

- Wechseln Sie mit einem Klick auf *Datei* in die Backstage-Ansicht. Sie sehen eine Übersicht aller derzeit offenen Notizbücher. Klicken Sie auf das jeweilige eingerahmte Symbol mit der Beschriftung *Einstellungen*. In dem daraufhin geöffneten Drop-down-Menü können Sie den letzten Punkt *Eigenschaften* wählen.

Alle genannten Wege führen zum mit *Notizbucheigenschaften* überschriebenen Dialogfeld, in dem Sie unter anderem den Namen oder Speicherort des jeweiligen Notizbuchs festlegen können. Im rechten Bereich befindet sich ein ausklappbares Farbfeld, über das Sie die Darstellung aus 16 Farbtönen auswählen können. Ein Klick auf *OK* führt den Farbwechsel durch.

6.2.3 Seitenfarben anpassen

Im Gegensatz zu neu angelegten Notizbüchern oder Abschnitten weist OneNote einer neuen Seite keine zufällige Farbe zu, sondern verwendet immer einen weißen Hintergrund. Auch der lässt sich jederzeit anpassen:

1. Öffnen Sie die Symbolleiste *Ansicht*.
2. In der Gruppe *Seite einrichten* klicken Sie auf die Schaltfläche *Seitenfarbe*.
3. Es öffnet sich eine Palette mit einem Angebot von 16 Pastelltönen. Wählen Sie die gewünschte Tönung. Die Option *Keine Farbe* meint in diesem Fall tatsächlich Weiß.

Die Farbänderung gilt nur für die aktuell bearbeitete Seite. Sobald Sie eine neue Seite hinzufügen, erhält diese wieder einen weißen Hintergrund. Um dafür zu sorgen, dass jede neu angelegte Seite farbig hinterlegt ist, nutzen Sie die Seitenformatvorlagen von OneNote. Wie das genau funktioniert, lesen Sie im Abschnitt 6.4.

Um den Hintergrund einer Notizbuchseite einzufärben, stehen 16 Pastelltöne zur Wahl.

6.3 Ordnung in Abschnitte und Seiten bringen

Mit Farbmarkierungen allein dürfte es in wilden Abschnitts- und Blattsammlungen in der Regel nicht getan sein. Manches sollte in eine andere Reihenfolge gebracht werden, einmal definierte Aufteilungen wollen hinterfragt und geändert werden, und vieles muss schlichtweg entsorgt werden. OneNote ermöglicht das beliebige Umordnen, das Zusammenführen von Abschnitten, das Einziehen neuer Ordnungsstrukturen und Gliederungsebenen und selbstverständlich das Löschen von Seiten oder ganzer Abschnitte.

6.3.1 Abschnitte umsortieren und in Gruppen organisieren

Die Karteireiter neu angelegter Abschnitte werden grundsätzlich rechts an die bereits bestehenden angehängt. In der Notizbuch-Navigationsleiste landen sie unterhalb der vorhandenen. Möchten Sie eine andere Reihenfolge, können Sie die Abschnitte nach Belieben per Drag-and-drop umsortieren:

- Klicken Sie den Karteireiter eines Abschnitts, den Sie verschieben möchten, mit der linken Maustaste an, und halten Sie diese gedrückt. Sobald Sie die Maus in den Bereich zwischen zwei Karteireitern bewegen, taucht ein kleines Dreieck darüber auf. Das zeigt an, wo der verschobene Abschnitt landet, wenn Sie die Maustaste loslassen. Sind im aktuellen Notizbuch mehr Abschnitte vorhanden, als Karteireiter auf dem Bildschirm Platz haben, wird das durch einen weißen Reiter am Ende mit drei Punkten und einem Dreieck angezeigt. Ein Klick darauf öffnet eine Liste der gerade nicht angezeigten Abschnitte. Auch von oder nach hier funktioniert das Verschieben mit der Maus.
- Ganz ähnlich verschiebt man in der Notizbuch-Navigationsleiste. Hier können Sie allerdings einen Abschnitt auch in ein anderes geöffnetes Notizbuch befördern. Nachdem Sie mit gedrückter linker Maustaste einen Abschnitt »aufgehoben« haben, zeigt eine horizontale Linie an, an welchen Stellen Sie ihn einfügen können.
- Die dritte Variante führt über das Kontextmenü eines Abschnitts. Klicken Sie den entsprechenden Karteireiter oder die Abschnittsbezeichnung in der Notizbuch-Navigation mit der rechten Maustaste an, und wählen Sie *Verschieben oder kopieren*. Es öffnet sich das bekannte Auswahlfenster mit einer Übersicht aller geöffneten Notizbücher und der enthaltenen Abschnitte. Markieren Sie hier den Abschnitt, hinter dem der verschobene Abschnitt eingefügt werden soll, und klicken Sie dann auf *Verschieben*.

Sind die Abschnitte eines Notizbuchs zu zahlreich geworden oder möchten Sie mehrere vielleicht thematisch zusammengehörende zusammenfassen, bietet OneNote eine weitere Hierarchieebene: die *Abschnittsgruppen*.

Um den Sinn und die Funktionsweise von Abschnittsgruppen zu verdeutlichen, sei als Beispiel Folgendes angenommen: Sie organisieren all Ihre Kontakte mit vielen Zusatzinfos in einem OneNote-Notizbuch. Dabei legen Sie für jeden Anfangsbuchstaben einen eigenen Abschnitt an, was zunächst recht sinnvoll und übersichtlich erscheint. In der Praxis erweist es sich aber als recht umständlich, mit 26 einzelnen

Karteireitern zu hantieren, zumal der Platz normalerweise gar nicht ausreicht, um alle gleichzeitig anzuzeigen. Viel besser ist es, mehrere Abschnitte zu einer Gruppe zusammenzufassen, etwa: »A–E«, »F–J« und so weiter. Anstelle aller Abschnitte werden dann in der Tab-Zeile nur noch die Abschnittsgruppen angezeigt. Öffnen Sie eine davon, erscheinen die nur darin enthaltenen Abschnitte als Karteireiter – so, als wäre die Abschnittsgruppe ein eigenes Notizbuch.

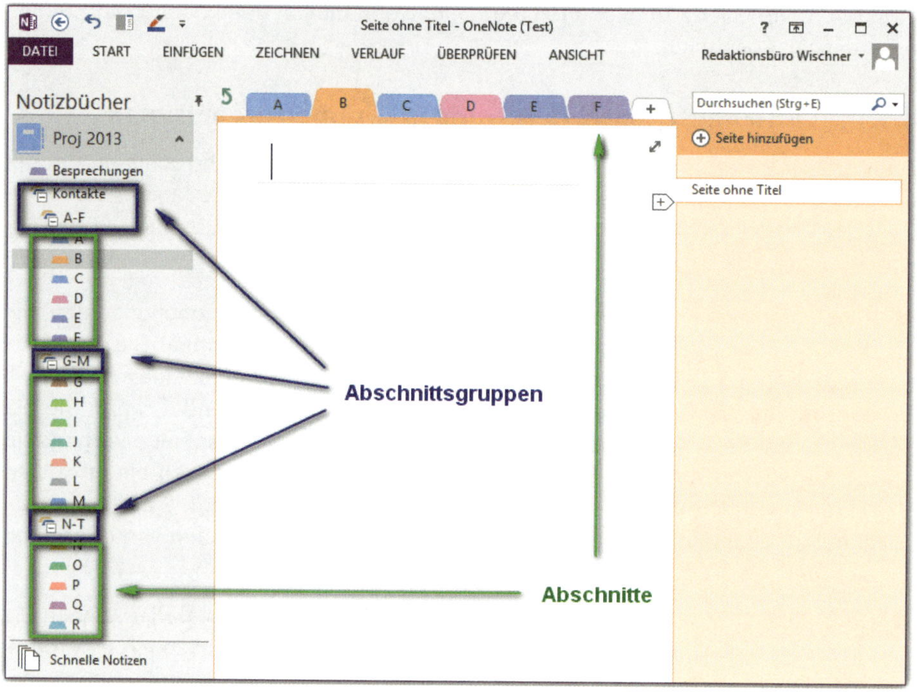

Abschnittsgruppen funktionieren wie Ordner und bringen auf Wunsch weitere Hierarchiestufen in die Struktur.

Haben Sie die Notizbuch-Navigationsleiste am linken Rand eingeblendet, werden Abschnittsgruppen als neue Ordnerebene angezeigt. Sie lassen sich im Wesentlichen auch wie normale Abschnitte behandeln. Das heißt, Sie können zum Beispiel zu einer Abschnittsgruppe verlinken, diese verschieben, löschen oder kopieren.

Entweder Sie legen von vornherein eine (noch leere) Abschnittsgruppe an, weil Sie wissen, dass Sie die kommenden Daten entsprechend organisieren möchten. Oder Sie fassen nachträglich ausgewählte vorhandene Abschnitte zu einer neuen Gruppe zusammen.

So legen Sie eine neue leere Abschnittsgruppe an:

1. Klicken Sie mit der rechten Maustaste auf den Karteireiter eines vorhandenen Abschnitts oder in den freien Bereich rechts neben dem Pluszeichen in der Tab-Zeile. Ersteres öffnet ein umfangreicheres Kontextmenü, Letzteres ein kleines mit nur zwei Einträgen.

2. Wählen Sie in beiden Fällen den Befehl *Neue Abschnittsgruppe*. Je nach vorhandenem Platz wird die neue Gruppe in der Karteireiter-Leiste oder in einem Ausklappmenü angezeigt.

3. Überschreiben Sie den vorläufigen Namen »Neue Abschnittsgruppe« mit einer Bezeichnung Ihrer Wahl.

Abschnittsgruppen tauchen zusammen mit herkömmlichen Abschnitten in der Leiste mit den Karteireitern auf, allerdings als normaler Text mit einem vorangestellten Symbol, das drei verschiedenfarbige Reiter darstellt. Öffnen Sie die Gruppe per Mausklick, ändert die Karteireiter-Zeile ihren Inhalt und zeigt nur noch die Abschnitte der geöffneten Gruppe an. Zudem steht ganz links ein Symbol mit einem blauen gebogenen Pfeil. Ein Klick darauf bringt Sie wieder eine Ebene nach oben und schließt die Abschnittsgruppe.

So fassen Sie vorhandene Abschnitte zu einer neuen Gruppe zusammen:

1. Klicken Sie einen Abschnitt, den Sie in eine Abschnittsgruppe verschieben möchten, mit der rechten Maustaste an.

2. Wählen Sie aus dem Kontextmenü den Befehl *Verschieben oder kopieren*.

3. Wählen Sie im sich öffnenden Auswahlfenster die Zielabschnittsgruppe aus, und klicken Sie dann auf *Verschieben*.

Alternativ funktioniert es auch per Drag-and-drop. Wahlweise in der Notizbuch-Navigationsleiste oder oben bei den Karteireitern klicken Sie den zu verschiebenden Abschnitt mit der linken Maustaste an und ziehen ihn in die gewünschte Abschnittsgruppe.

Wiederholen Sie diese Schritte, um weitere Abschnitte einzeln zu verschieben; eine Mehrfachauswahl ist nicht möglich.

> Sie können ohne Weiteres mehrere Abschnittsgruppen verschachteln, also innerhalb einer Gruppe eine weitere anlegen, darin noch eine und so weiter. Das kann allerdings schnell zulasten der Übersichtlichkeit gehen und zwingt praktisch zur Nutzung der Notizbuch-Navigationsleiste.
>
> TIPP

6.3.2 Seiten ordnen und gruppieren

Genauso einfach wie mit Abschnitten ist es, darin enthaltene Seiten in eine andere Reihenfolge zu bringen. Das erledigen Sie in der rechten Seitenleiste per Drag-and-drop.

Klicken Sie einen zu verschiebenden Seitentitel mit der linken Maustaste an, halten Sie diese fest, und ziehen Sie die Seite nach oben oder unten. Dabei zeigt eine horizontale Linie an, wo die Seite landet, wenn Sie die Maustaste loslassen. Anders als bei Abschnitten ist beim Verschieben von Seiten eine Mehrfachauswahl erlaubt:

Klicken Sie die zu verschiebenden Seitentitel an, während Sie die Strg-Taste gedrückt halten. Alle selektierten Titel werden grau hinterlegt und lassen sich gemeinsam an eine neue Position bewegen.

> TIPP
>
> Sie können verhindern, dass eine neu angelegte Seite unten angehängt wird, und stattdessen gleich die Position bestimmen: Anstatt oben in der Seitennavigation auf *Seite hinzufügen* zu klicken, bewegen Sie den Mauszeiger auf die horizontale Trennlinie zwischen zwei Seiten. Links neben der Seitenliste erscheint ein Fünfeck mit einem Pluszeichen darin. Klicken Sie mit der linken Maustaste auf dieses Symbol, wird an dieser Stelle eine neue leere Seite eingefügt. Fehlt dieses Fünfeck, aktivieren Sie es in den OneNote-Optionen unter *Anzeige/Unverankerte Schaltfläche „Neue Seite" nahe Seitenregistern anzeigen.*

Auch bei Seiten kennt OneNote zusätzliche Gliederungsstufen als Ordnungshilfe. Anders als bei Abschnittsgruppen (siehe Abschnitt 6.3.1) sind allerdings nur zwei zusätzliche Stufen möglich. OneNote verwendet den Begriff der »Unterseiten«, um eine tiefere Gliederungsebene zu kennzeichnen. Funktionell unterscheiden sich untergeordnete Seiten nicht von übergeordneten Seiten.

Die Gliederung ist vor allem eine optische Strukturhilfe. Immerhin lassen sich alle Seiten einer Stufe aus- oder einblenden, ganz ähnlich wie die gegliederten Punktlisten oder Aufzählungen, die im Abschnitt 3.6.2 beschrieben sind. So bestimmen Sie die Gliederungsebene einer Seite:

- Um eine Seite eine Ebene tiefer zu setzen (zur Unterseite zu erklären), klicken Sie ihren Titel in der Seitenleiste mit der rechten Maustaste an und wählen aus dem Kontextmenü den Befehl *Als Unterseite verwenden*. Viel schneller geht es allerdings direkt mit der Maus: Verschieben Sie den betreffenden Seitentitel einfach mit gedrückter linker Maustaste nach rechts.
- Um eine Seite noch eine Ebene tiefer zu bringen, schieben Sie die Seite einfach noch weiter nach rechts oder wiederholen den Befehl aus dem Kontextmenü.
- Zurück geht es genauso: Um eine Unterseite wieder eine Ebene höher einzustufen, wählen Sie aus dem Kontextmenü den Befehl *Unterseite höher stufen* oder schieben den Titel mit gedrückter linker Maustaste nach links.

Existieren zu einer Seite eine oder mehrere Unterseiten, erkennen Sie das zum einen an der eingerückten Darstellung in der Seitenleiste. Gleichzeitig finden Sie rechts neben dem Titel übergeordneter Seiten nun ein »Dach«-Symbol mit der Spitze nach oben. Ein Klick darauf blendet die Titel aller untergeordneten Seiten aus und das Symbol kehrt sich um. Ein weiterer Klick klappt die Liste wieder aus.

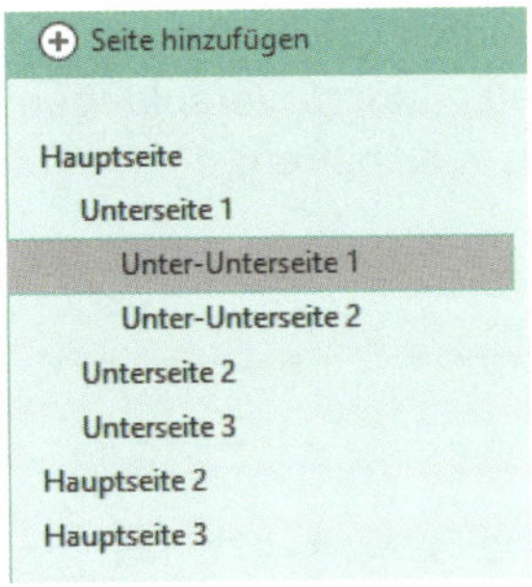

Auch Seiten innerhalb eines Abschnitts lassen sich in bis zu zwei Hierarchiestufen strukturieren.

6.3.3 Inhalte kopieren und umverteilen

Eine der wichtigsten Ordnungsmaßnahmen dürfte das Kopieren und Verschieben von Inhalten auf andere Seiten, in andere Abschnitte oder sogar in ein anderes Notizbuch sein. Natürlich lässt sich das mit der Windows-üblichen Methode lösen: Elemente auf einer Notizbuchseite markieren (gegebenenfalls mehrere durch Drücken der Strg-Taste oder Aufziehen eines Auswahlrechtecks mit der Maus), per Strg+X in die Zwischenablage verschieben und am Zielort mit Strg+V wieder einfügen. Für einzelne Textabschnitte oder Bilder ist das auch die sinnvollste Vorgehensweise. Aber was tun Sie, wenn es um das Umorganisieren kompletter Seiten oder ganzer Abschnitte geht? Hierfür bietet OneNote wesentlich komfortablere Möglichkeiten.

Das Verschieben von Abschnitten und Seiten per Drag-and-drop oder Kontextmenü wurde bereits im Abschnitt 6.3.1 beschrieben. Auf die gleiche Art können Sie auch Kopien erzeugen. Wenn Sie Drag-and-drop verwenden, drücken und halten Sie dabei einfach die Strg-Taste. Falls Sie über das Kontextmenü gehen, schließen Sie den Vorgang nach Auswahl des Zielabschnitts mit einem Klick auf *Kopieren* anstatt *Verschieben* ab.

Möchten Sie dagegen die Notizseiten aus zwei unterschiedlichen Abschnitten in einen einzigen zusammenführen, geht das noch einfacher:

1. Klicken Sie den Karteireiter des Abschnitts (oder dessen Bezeichnung in der Notizbuch-Navigationsleiste), dessen Seiten komplett in einen anderen Abschnitt überführt werden sollen, mit der rechten Maustaste an.

2. Wählen Sie aus dem Kontextmenü *In einem anderen Abschnitt zusammenführen*.

3. Es öffnet sich das Zielauswahlfenster, in dem Sie den Abschnitt markieren, in den Sie die Seiten übertragen wollen. Klicken Sie dann auf *Zusammenführen*.

4. Nun erscheint eine Sicherheitsabfrage, die das Vorhaben wiederholt und Sie darauf hinweist, dass diese Aktion nicht rückgängig gemacht werden kann. Sind Sie einverstanden, bestätigen Sie mit *Abschnitte zusammenführen*.

5. Eine weiteres Dialogfeld informiert über den Erfolg der Aktion und bietet an, den ursprünglichen Abschnitt zu *Löschen* (das entspricht also einem Verschieben) oder nicht (wenn Sie auf *Nein* klicken, entspricht das dem Kopieren).

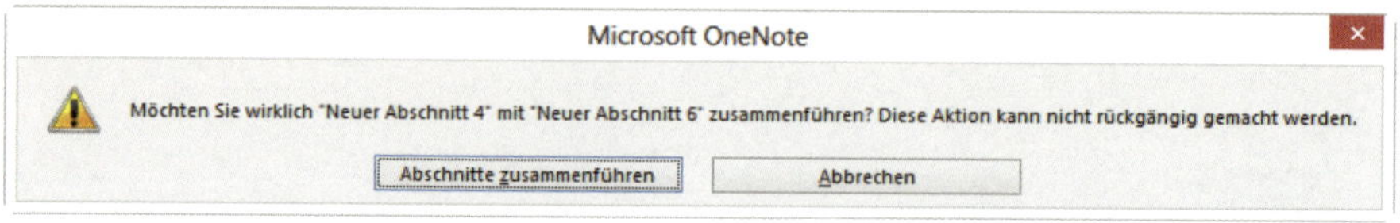

Vorsicht beim Zusammenführen von Abschnitten: Die Rückgängig-Funktion ist hierbei wirkungslos.

Im Zielabschnitt wurden nun alle Seiten des ursprünglichen Abschnitts an die Seitenliste des neuen angehängt.

6.3.4 Unerwünschtes löschen

Die meisten Aufräumaktionen haben vor allem etwas mit Ausmisten zu tun. Im Falle von OneNote bedeutet das, nicht mehr benötigte Notizelemente, Seiten, Abschnitte oder ganze Notizbücher (lesen Sie hierzu den Tipp am Ende dieses Abschnitts) zu löschen.

»Wozu? Die paar Texte und Bilder essen kein Brot, Plattenplatz ist genug vorhanden, und vielleicht brauche ich das eine oder andere ja noch mal«, werden Sie sich vielleicht sagen. Das ist natürlich richtig. Und gerade, wenn Sie denken, die eine oder andere Information vielleicht wirklich noch einmal zu benötigen, ergibt es keinen Sinn, sie zu löschen. Im Sinne der Übersichtlichkeit ist es aber vielleicht keine schlechte Idee, dafür ein eigenes Notizbuch anzulegen und mit den hier vorgestellten Methoden vorerst nicht benötigte Abschnitte und Seiten dort hineinzuschieben.

Was wirklich überflüssig geworden ist, sollten Sie aber löschen. Ein paar gute Argumente dafür:

- Der Speicherplatz auf der lokalen Platte oder dem Netzwerkordner mag ausreichend sein für alles, was sich im Laufe der Zeit in OneNote so ansammelt. Liegen Notizbücher dagegen auf OneDrive, sollte man schon auf die dort herrschende Beschränkung achten. Das gilt umso mehr, wenn auch umfangreichere Dateien oder zum Beispiel Sprachaufzeichnungen in den Notizen enthalten sind.
- Viel wesentlicher ist jedoch: Je größer ein Notizbuch ist, desto länger dauert es, es nach dem Schließen wieder zu öffnen. Wenn Sie die Notizbuch-schließen-Funktion nutzen (nicht beim Schließen von OneNote) wird nämlich der lokale Cache gelöscht. Öffnen Sie das Notizbuch wieder über das *Datei*-Menü, muss es komplett neu geladen werden. Liegt es auf OneDrive, kann das ziemlich lange dauern.

Aus diesen Punkten ergibt sich auch eine Ergänzung zum vorherigen Ratschlag, vorerst nicht benötigte Seiten und Abschnitte in ein Ramsch-Notizbuch zu bringen: Legen Sie dieses auf der lokalen Platte an, um keine zusätzlichen Synchronisationsbremsen zu schaffen.

Und wie löscht man nun Seitengruppen, Seiten oder einzelne Abschnitte? Ganz einfach:

- Um eine Seite zu löschen, klicken Sie den entsprechenden Titel in der Seitennavigation mit der rechten Maustaste an und wählen *Löschen* aus dem Kontextmenü.
- Um mehrere Seiten auf einmal zu entsorgen, markieren Sie diese zunächst mit der linken Maustaste, während Sie Strg gedrückt halten, und wählen danach den Löschbefehl aus dem Kontextmenü.
- Das versehentliche Löschen von Seiten machen Sie ganz einfach mit der *Rückgängig*-Funktion (aus der Symbolleiste für den Schnellzugriff ganz oben links oder mit der Tastenkombination Strg+Z) ungeschehen.
- Das Löschen eines einzelnen Abschnitts (mehrere auf einmal löschen geht nicht) erfolgt analog: Nach einem Rechtsklick auf den Karteireiter oder den Abschnittsnamen in der Notizbuch-Navigationsleiste wählen Sie *Löschen* aus dem Kontextmenü.

STOP

Versehentlich gelöschte Abschnitte lassen sich im Gegensatz zu Seiten nicht über die Rückgängig-Funktion reanimieren. Da beides beim Löschen aber zunächst im Papierkorb landet und dort für 60 Tage verbleibt, können Sie den Abschnitt von dort wieder zurückholen. Mehr hierzu folgt in Kapitel 7, »Sicherheitsfunktionen von OneNote«.

TIPP

Es ist in der Oberfläche von OneNote tatsächlich nicht vorgesehen, ein komplettes Notizbuch zu löschen. Wenn Sie das wirklich möchten, navigieren Sie im Explorer zum Speicherort des jeweiligen Notizbuchs und löschen Sie den gesamten Ordner, der den Namen des Notizbuchs trägt. Notizbücher, die in der Cloud liegen, löschen Sie am besten in der Weboberfläche von OneDrive oder der SharePoint-Bibliothek.

6.4 Seitenformatvorlagen nutzen

Bis jetzt ging es in diesem Kapitel vorrangig um die Ordnung und Gliederung von Seiten und Abschnitten. Als Instrument für die strukturierte Organisation von Informationen kann aber auch die Gestaltung der Notizseiten selbst dienen.

In manchen Fällen werden Sie sich vielleicht immer wieder ähnlich strukturierte Notizen machen und möchten durch eine entsprechend einheitliche Gestaltung einzelne Informationen auf einen Blick wiederfinden. Beispiele sind etwa das Protokollieren von Meetings, die Erfassung wöchentlicher Aufgabenlisten oder Rezeptsammlungen mit wiederkehrenden Daten wie Zutaten oder Zubereitungszeit.

Das Mittel der Wahl sind in OneNote die Seitenformatvorlagen. Dahinter steckt nichts anderes als vorgestaltete Seiten mit allen möglichen Elementen, die der OneNote-Editor auch für das Verfassen von Notizen erlaubt, also zum Beispiel Texte, Bilder und Grafiken, Tabellen oder Punktlisten. Dazu lässt sich noch der Hintergrund der Seite durch Einfärben (siehe Abschnitt 6.2.3) oder durch Festlegen einer Hintergrundgrafik gestalten. Für den authentischen Notizbuch-Look können Sie auch Karos oder Linien einblenden oder die Blattgröße auf ein beliebiges Format begrenzen.

STOP

Es gibt keine Möglichkeit in OneNote, bestimmte Elemente vor unbeabsichtigtem (oder auch absichtlichem) Ändern oder Löschen zu schützen. So können Sie zwar Feldbezeichnungen oder Beschriftungen in einer Vorlage einsetzen, echte Formulare, die zum Beispiel nur das Beschreiben bestimmter Bereiche zulassen, sind jedoch nicht realisierbar.

OneNote bietet eine Reihe vorgefertigter Designs, die sich durch ein Onlineangebot ergänzen lassen. Sie können aber auch selbst gestalterisch tätig werden und eigene Formatvorlagen definieren.

6.4.1 Bestehende Seitenvorlagen verwenden

In OneNote 2010 befand sich die Funktion zum Anlegen einer neuen Seite mit einer bestimmten Vorlage noch direkt über der Seitennavigation. In der aktuellen Version ist der zugehörige Befehl umgezogen:

1. In der Symbolleiste *Einfügen* finden Sie im Abschnitt *Seiten* die Schaltfläche *Seitenvorlagen*. Ein Klick auf das kleine Dreieck unter der Beschriftung öffnet eine Auswahl der zuletzt verwendeten Vorlagen, aus der Sie eine per Mausklick auswählen.
2. Ist keine passende Vorlage dabei oder haben Sie bisher noch keine Vorlage ausgewählt, klicken Sie etwas höher direkt auf das blaue Seitensymbol der Schaltfläche *Seitenvorlagen*. Daraufhin wird rechts ein neuer Bereich an das OneNote-Fenster geheftet, der mit *Vorlagen* überschrieben ist.
3. Hier sind die Bezeichnungen von fünf Vorlagengruppen aufgeführt: *Studium*, *Diverse Seitenformate*, *Business*, *Dekorativ* und *Aufgabenlisten* (plus *Eigene Vorlagen*, sofern Sie schon welche angelegt haben). Klicken Sie auf eine davon, klappt eine Liste der enthaltenen Vorlagen auf. Wählen Sie mit der Maus eine passende aus. Daraufhin wird sofort eine neue Seite im aktuellen Abschnitt mit der gewünschten Vorlage angelegt.

TIPP

Bislang bot Microsoft eine kleine Auswahl weiterer Vorlagen auf einer Webseite. Der zugehörige Link *Vorlagen in Office.com* ist zwar auch in OneNote 2016 noch vorhanden, führt aber nur noch zu einer Auswahl von Vorlagen für Word, Excel und PowerPoint. Die OneNote-Vorlagen hat Microsoft gelöscht. Ob hier in absehbarer Zeit eine neue Vorlagensammlung auftauchen wird, ist nicht bekannt.

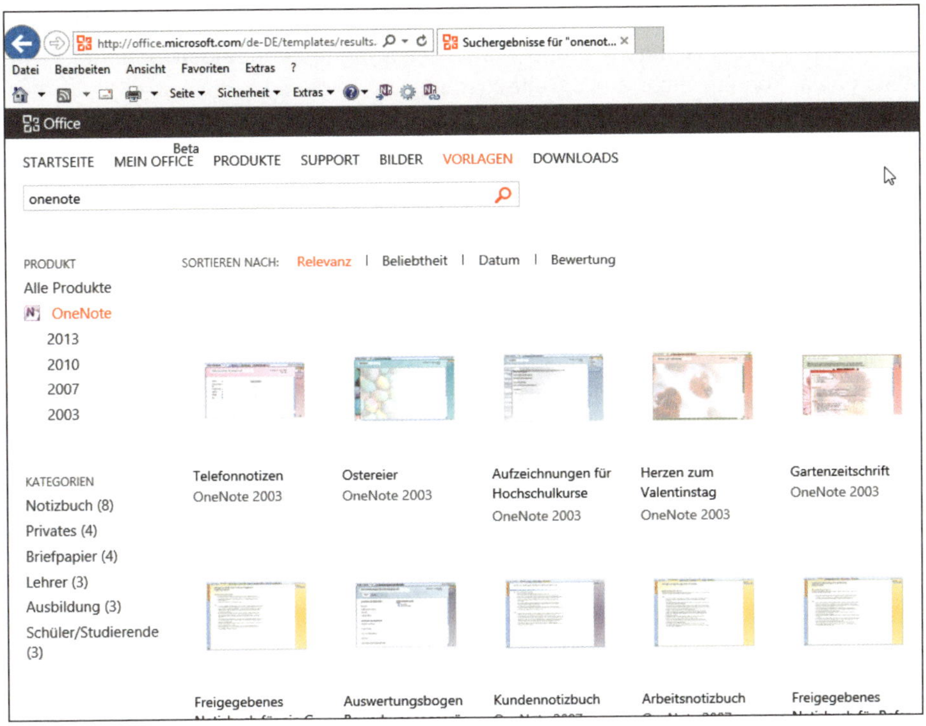

Eine Auswahl mehr oder weniger kreativer OneNote-Seitenvorlagen bietet Microsoft zum kostenlosen Download an.

Es ist übrigens nicht vorgesehen, einer bestehenden Seite nachträglich eine Vorlage überzustülpen. Stattdessen müssen Sie zunächst eine neue Seite in einem bestimmten Design anlegen und dann die Inhalte der vorhandenen Seite per Zwischenablage übertragen. Das geht auf die folgende Art aber recht flott:

1. Achten Sie darauf, dass auf der vorhandenen Seite die Einfügemarke in keinem Notizencontainer steht und kein Element markiert ist. Klicken Sie am besten mit der linken Maustaste irgendwo auf den Seitenhintergrund.
2. Drücken Sie dann die Tastenkombination Strg+A, um alle Elemente der Seite außer dem Seitentitel zu markieren.
3. Legen Sie nun gemäß der vorherigen Anleitung eine neue Seite mit der gewünschten Formatvorlage an.
4. Setzen Sie auf der neuen Seite die Einfügemarke per Mausklick an die linke obere Ecke des Bereichs, in dem der gesamte Inhalt der Zwischenablage eingefügt werden soll.
5. Drücken Sie die Tastenkombination Strg+V. Sie haben nun eine Kopie des gesamten Seiteninhalts auf einer Seite im gewählten Design.

Sollte alles an einer unpassenden Stelle eingefügt worden sein, machen Sie die Aktion mit Strg+Z rückgängig und wiederholen die letzten beiden Schritte. Wenn alles passt, können Sie die alte Seite löschen.

6.4.2 Eigene Vorlagen gestalten

Möchten Sie eine eigene Vorlage entwerfen und für die spätere Nutzung speichern, stehen Ihnen eine Reihe von Designelementen zur Verfügung:

- **Das Papierformat:** Normalerweise ist eine OneNote-Seite unendlich groß. Sie können den verfügbaren Bereich aber begrenzen. Das ist zum Beispiel dann sinnvoll, wenn die Notizseiten auch ausgedruckt werden sollen. Klicken Sie dazu in der Symbolleiste *Ansicht* in der Gruppe *Seite einrichten* auf die Schaltfläche *Papierformat*. Rechts erscheint eine angedockte Leiste, in der Sie aus gängigen Standardformaten (zum Beispiel A4) wählen oder eigene Abmessungen und Ränder bestimmen können.

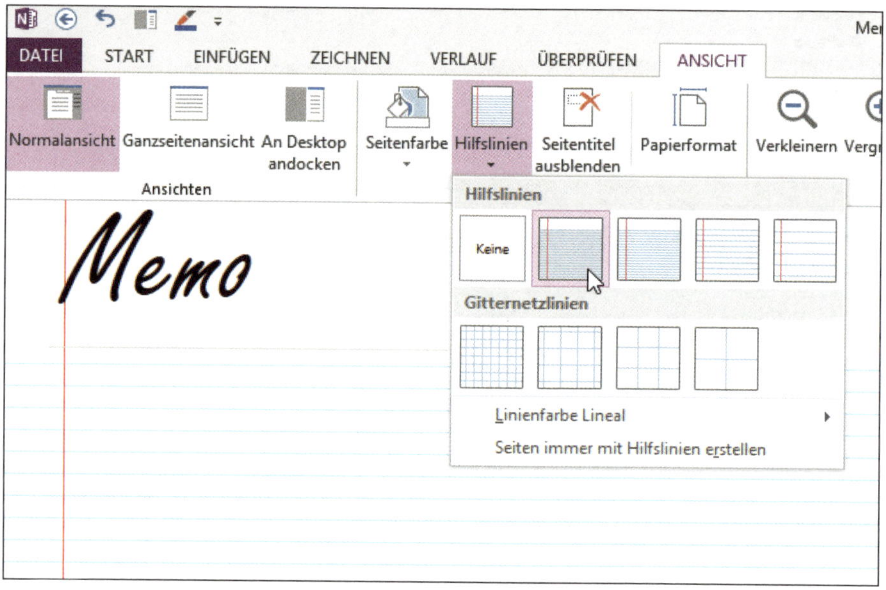

Eine karierte oder linierte Seite unterstreicht den Notizbuchcharakter.

- **Linien und Kästchen:** Sie können die Seite auch wie eine richtige Collegeblock-, Ringbuch- oder Vokabelheftseite aussehen lassen und sie kariert oder liniert darstellen. Das ist nicht nur ein optisches Gimmick, sondern kann auch beim genauen Ausrichten von Objekten helfen oder Handschriftnotizen einigermaßen gerade halten. Klicken Sie dazu in der Symbolleiste *Ansicht* auf das kleine Dreieck unter der Schaltfläche *Hilfslinien*. Es erscheint eine Auswahl mit je vier unterschiedlich feinen Linien- und Kästchenrastern, aus denen Sie eines auswählen. Die Option *Seiten immer mit Hilfslinien erstellen* erklärt sich selbst, ist hier aber auch nicht interessant, weil wir das Raster als Bestandteil einer Seitenvorlage festlegen und diese sich auch automatisch auf neue Seiten anwenden lässt (siehe nächster Abschnitt). Sobald Sie ein Raster aktiviert haben, können Sie nochmals die Auswahl öffnen und unter *Linienfarbe Lineal* einen anderen Farbton für die Hilfslinien bestimmen.

- **Die Seitenfarbe:** Wer will, legt eine bestimmte Grundfarbe für den Seitenhintergrund fest. Wie das genau geht, steht im Abschnitt 6.2.3.
- **Eine Hintergrundgrafik:** Schmuckelement, Firmenlogo oder als Markierung für bestimmte Eingabepositionen – Grafiken als Hintergrund sind flexible Gestaltungselemente. Über die Symbolleiste *Einfügen* und die Schaltflächen *Bilder*, *Onlinegrafiken*, *Gescanntes Bild* oder *Bildschirmausschnitt* importieren Sie die gewünschte Grafik (mehr dazu lesen Sie im Abschnitt 3.4). Die OneNote-Zeichnungselemente (geometrische Formen, Freihandlinien) funktionieren allerdings nicht. Das Bild darf sich zudem nicht in einem Notizencontainer befinden. Stellen Sie die Position und Größe der Grafik so ein wie gewünscht, und klicken Sie dann mit der rechten Maustaste darauf. Im Kontextmenü wählen Sie den Befehl *Bild als Hintergrund festlegen* aus. Danach lässt es sich mit der Maus nicht mehr markieren oder verändern, bis Sie erneut den Kontextbefehl verwenden. Es lassen sich übrigens auch mehrere Bilder auf einer Seite einbinden und als Hintergrund definieren.
- **Text und Bilder:** Natürlich können Sie ansonsten alles auf der Seite unterbringen, was Sie auch in Notizen verwenden, wie es in Kapitel 3, »Notizen in OneNote eingeben«, beschrieben ist, also zum Beispiel Tabellen (sehr gut, um Felder zu simulieren, also Solleingaben zu markieren), Überschriften, Gliederungen, nummerierte Listen, leere Zeilen mit Kategorienmarkierungen oder Bilder oder Zeichnungselemente.

Haben Sie die Seite nach Ihren Vorstellungen gestaltet, speichern Sie sie als Vorlage:

1. Falls der Vorlagenbereich am rechten Rand nicht eingeblendet ist, klicken Sie in der Symbolleiste *Einfügen* auf *Seitenvorlagen*.
2. Im Vorlagenbereich klicken Sie ganz unten auf *Aktuelle Seite als Vorlage speichern*.
3. Es öffnet sich ein Dialogfeld, in dem Sie der Vorlage einen Namen geben. Hier lässt sich auch die Option anwählen, im aktuellen Abschnitt neu angelegten Seiten automatisch diese Vorlage zuzuweisen. Das können Sie aber auch nachträglich einstellen (siehe Abschnitt 6.4.3).
4. Klicken Sie abschließend auf *Speichern*. Ihre Vorlage steht ab sofort im Vorlagenbereich unter der Benennung *Meine Vorlagen* zur Verfügung.

6.4.3 Eine Vorlage automatisch verwenden

Falls Sie häufig auf neuen Seiten eine bestimmte Vorlage verwenden möchten (zum Beispiel in einem Notizbuch-Abschnitt mit Besprechungsprotokollen oder einem Rezeptbuch), müssen Sie diese nicht jedes Mal von Neuem zuweisen. Legen Sie ein Design fest, das OneNote automatisch beim Anlegen einer neuen Seite verwendet:

1. Falls der Vorlagenbereich am rechten Rand nicht eingeblendet ist, klicken Sie in der Symbolleiste *Einfügen* auf *Seitenvorlagen*.
2. Im unteren Bereich finden Sie eine ausklappbare Liste mit allen zur Verfügung stehenden Vorlagen nach dem Muster *<Vorlagenname>-<Vorlagenkategorie>*. Auch Ihre selbst definierten Vorlagen finden sich in der Aufstellung. Wählen Sie hier die passende aus. Ab sofort wird jede neue Seite automatisch in diesem Design erscheinen.
3. Um die Automatik wieder abzuschalten, gehen Sie genauso vor und wählen aus der Vorlagenliste den obersten Eintrag mit der Bezeichnung *Keine Standardvorlage*.

TIPP

OneNote merkt sich diese Einstellung nur für den aktuellen Abschnitt. Für andere Abschnitte im selben Notizbuch oder in anderen Notizbüchern können Sie jeweils eigene Standard-Seitenvorlagen festlegen.

KURZ NOTIERT

- Farbige Notizbücher, Abschnitte und Seiten erleichtern die Organisation.
- Die Reihenfolge von Abschnitten und Seiten lässt sich ändern.
- Abschnittsgruppen und Unterseiten sorgen für mehr Struktur.
- Seitenformatvorlagen geben Notizzetteln einen individuellen Look.
- Notizbücher lassen sich nicht von OneNote aus, sondern nur direkt an ihrem Speicherort löschen.

7 Sicherheitsfunktionen von OneNote

Solange Sie OneNote für nicht besonders schützenswerte Notizen wie die Telefonnummer des Pizzadienstes oder persönliche Wunschlisten beim Internetshopping einsetzen, müssen Sie sich vielleicht nicht allzu viele Gedanken um das Thema Sicherheit machen – obwohl auch der Verlust solcher Daten natürlich ärgerlich sein kann.

In vielen Fällen jedoch, besonders beim beruflichen Einsatz, aber auch bei der privaten Projektplanung, wird OneNote im Laufe der Zeit der wichtigste, wahrscheinlich sogar einzige Sammelort für extrem wertvolle Daten.

Dass sich OneNote zudem im Gegensatz zu den meisten anderen Programmen selbstständig um das Speichern neuer oder geänderter Inhalte kümmert, fördert nicht gerade das Bewusstsein, wie fragil Computerdaten sind. Der Ausfall einer Festplatte oder SSD kommt in der Regel ohne Vorwarnung. Eine wichtige Datei ist ganz schnell mit einem versehentlichen Klick gelöscht – die komplette Amnesie von OneNote ist eine Katastrophe.

Weit sicherer vor Verlust scheinen die Notizen auf den Microsoft-Servern. Technisch ist das auch sicher richtig. Allerdings können Sie nie wissen, was morgen mit Ihrer Internetverbindung oder übermorgen mit Ihrem Microsoft-Konto passiert. OneNote 2013 und 2016 bieten auch hier glücklicherweise Mechanismen zum lokalen »Wegsichern« Ihrer wertvollen Daten.

Und abseits vom Super-GAU des Datenverlustes gibt es noch ein anderes sicherheitsrelevantes Thema: den Zugriff Unbefugter auf Vertrauliches und Geheimes.

OneNote bietet eine ganze Reihe von Features, die vor Datenklau oder Totalverlust schützen helfen. Diese sind Thema dieses Kapitels.

7.1 Kennwortschutz und Verschlüsselung

Vertrauliche Daten lassen sich in OneNote verschlüsseln und mit einem Kennwort sichern. Das ist vor allem dann wichtig, wenn Sie die Teamfunktionen nutzen (siehe Kapitel 8, »Teilen und Teamwork«), um ganze Notizbücher für andere freizugeben, aber bestimmte Bereiche unsichtbar halten wollen. Auch dann, wenn andere Personen Zugriff auf Ihren Rechner haben, möchten Sie vielleicht vertrauliche Daten vor neugierigen Blicken schützen.

Bevor Sie erfahren, wie Sie Notizbuchbereiche verschlüsseln und mit einem Kennwort schützen, zunächst einige wichtige Anmerkungen und Besonderheiten:

- Nur komplette Abschnitte lassen sich mit einem Kennwort sichern, nicht aber Abschnittsgruppen, einzelne Seiten, bestimmte Elemente einer Seite oder ganze Notizbücher.
- Es gibt keine Möglichkeit, ein vergessenes Kennwort zu entschlüsseln, zurückzusetzen oder zu entfernen, auch nicht durch den Microsoft-Support. Schreiben Sie also wichtige Kennwörter gegebenenfalls auf, und verwahren Sie sie an einem sicheren Ort, oder nutzen Sie ein Passwort-Manager-Tool wie zum Beispiel das kostenlose *KeePass* (*www.keepass.info*).
- Bei der Vergabe von Kennwörtern wird nach Groß- und Kleinschreibung unterschieden. Stellen Sie sicher, dass die ⇩-Taste vor der Eingabe ausgeschaltet ist.
- Weder die Stichwortsuche noch die Auflistung aller Notizen mit einer Kategorienmarkierung berücksichtigen kennwortgeschützte Abschnitte. Sie müssen diese vor einer Suche gegebenenfalls zunächst entsperren.
- Geschützte Seiten bleiben nach der Kennworteingabe für zehn Minuten entsperrt. In dieser Zeit könnten Unbefugte also die entsprechenden Inhalte sehen, wenn sie an Ihren Rechner gelangen. Diese Einstellung lässt sich jedoch ändern. Mehr dazu gleich.

7.1.1 Einen Abschnitt mit einem Kennwort schützen

Um einen Abschnitt zu verschlüsseln und mit einem Kennwort zu sichern, gehen Sie folgendermaßen vor:

1. Klicken Sie mit der rechten Maustaste auf den Karteireiter eines Abschnitts (nicht einer Abschnittsgruppe) oder auf seinen Titel in der Notizbuch-Navigationsleiste, falls diese geöffnet ist.
2. Wählen Sie aus dem Kontextmenü den Befehl *Diesen Abschnitt durch ein Kennwort schützen*.
3. Am rechten Rand des OneNote-Fensters wird eine neue Leiste geöffnet, die mit *Kennwortschutz* überschrieben ist. Klicken Sie hier auf die oberste Schaltfläche *Kennwort festlegen*.
4. Es öffnet sich ein Dialogfeld, in das Sie das Kennwort, das Sie sich ausgedacht haben, zweimal eingeben müssen. Achten Sie darauf, dass auf Ihrer Tastatur die ⇩-Taste ausgeschaltet ist.
5. Bestätigen Sie mit einem Klick auf *OK*.

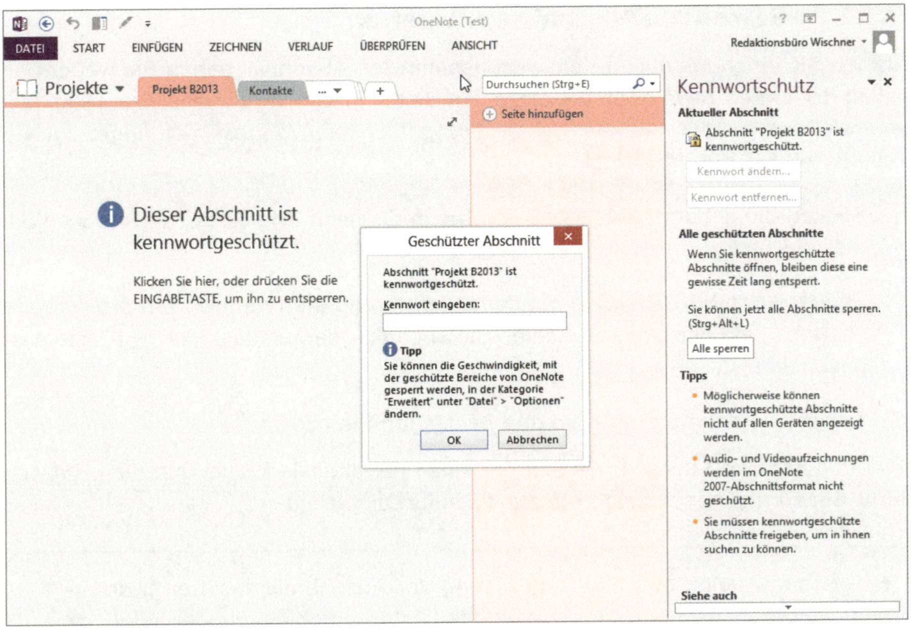

Durch die Verschlüsselung mit Kennwortschutz lassen sich komplette Abschnitte vor unbefugtem Zugriff schützen.

Sollten vom geschützten Abschnitt automatisch generierte Backups existieren (siehe Abschnitt 7.2), erhalten Sie einen entsprechenden Hinweis. Sie stehen vor der Wahl, durch einen Klick auf die entsprechende Schaltfläche das zugehörige Backup entweder zu löschen oder (vorerst ohne Kennwortschutz) zu behalten. Letzteres bedeutet, dass Unbefugte mit Zugriff auf Ihren Rechner oder den Ort, an dem das Backup gespeichert ist, die unverschlüsselte Version im Backup-Ordner einsehen könnten. Sobald ein neues Backup durchgeführt wird, ist diese Gefahr allerdings gebannt – künftige Sicherungen des gesperrten Abschnitts werden ebenfalls verschlüsselt.

Unmittelbar nach dem Schützen eines Abschnitts ist dieser noch sichtbar, also entsperrt. Die Sperre wird erst nach Ablauf von zehn Minuten (einstellbar, siehe Abschnitt 7.1.4) ohne Eingabe auf der Seite aktiv und der Inhalt des Abschnitts unsichtbar. Oder Sie klicken in der noch offenen Kennwortschutz-Liste auf die Schaltfläche *Alle sperren* bzw. nutzen die Tastenkombination Strg+Alt+R. Dann gilt die Sperre sofort und der Inhalt der Seite wird versteckt. Das ist zum Beispiel dann sinnvoll, wenn Sie Ihren Arbeitsplatz kurz verlassen.

> Wollen Sie mehrere Abschnitte verschlüsseln und sperren, müssen Sie diese Vorgehensweise für jeden Abschnitt einzeln wiederholen.
>
> TIPP

7.1.2 Geschützte Abschnitte entsperren

Öffnen Sie einen mit einem Kennwort geschützten Abschnitt, sehen Sie weder den Inhalt der ersten Seite noch die einzelnen Seiten in der Navigationsleiste. Stattdessen wird nur der Hinweistext *Dieser Abschnitt ist kennwortgeschützt* angezeigt. So entsperren Sie den Abschnitt:

1. Klicken Sie mit der Maustaste irgendwo in die gesperrte Seite oder drücken Sie die [↵]-Taste.
2. Es erscheint ein Dialogfeld mit der Aufforderung, das Kennwort in ein entsprechendes Feld einzugeben. Achten Sie auch hier darauf, dass die [⇩]-Taste ausgeschaltet ist.
3. Tippen Sie das Kennwort ein und bestätigen Sie mit *OK*.

War das Kennwort korrekt, werden der Inhalt der aktuellen Seite und die Liste weiterer Seiten des geschützten Abschnitts sofort angezeigt.

> TIPP
> Es gibt zwar keine offizielle Begrenzung der Anzahl falscher Kennworteingaben. Jedoch baut OneNote ab dem dritten Fehlversuch eine in der Folge immer länger dauernde Verzögerung als Hindernis für allzu hartnäckige oder gar automatisierte Knackversuche ein und zeigt dies durch eine Fortschrittsleiste an.

7.1.3 Kennwort ändern oder entfernen

Wenn Sie der Meinung sind, dass das Kennwort, mit dem Sie einen Abschnitt verschlüsselt haben, nicht mehr sicher ist, können Sie es jederzeit ändern. Alternativ lässt sich der Kennwortschutz für einen Abschnitt auch permanent entfernen.

1. Zunächst entsperren Sie den betreffenden Abschnitt durch die Eingabe des Kennworts gemäß Abschnitt 7.1.2.
2. Klicken Sie dann mit der rechten Maustaste auf den Karteireiter des Abschnitts, und wählen Sie den Befehl *Diesen Abschnitt durch ein Kennwort schützen*. Dadurch öffnet sich der Kennwortschutz-Bereich am rechten Rand des OneNote-Fensters.
3. Klicken Sie hier auf die Schaltfläche *Kennwort entfernen*, um den Schutz des Abschnitts permanent aufzuheben. Sie werden zuvor noch einmal um die Eingabe des aktuellen Kennworts gebeten und bestätigen dann mit *OK*.
4. Um das bestehende Kennwort dagegen zu ändern, klicken Sie auf *Kennwort ändern*. Ein Dialogfeld verlangt danach die Eingabe des alten und zweimal des neuen Kennworts. Bestätigen Sie mit *OK*.

Je nach Umfang des geschützten Abschnitts kann es nach der Änderung des Kennworts ein paar Sekunden dauern, bis die Seite neu verschlüsselt ist. Das wird Ihnen durch einen Fortschrittsbalken angezeigt.

Wenn Sie ein Backup eines kennwortgeschützten Abschnitts zurückspielen (siehe Abschnitt 7.2.3), gilt in der Sicherungskopie das Passwort, das in diesem Abschnitt zum Zeitpunkt der Sicherung gültig war. Mit anderen Worten: Eine Passwortänderung wirkt sich nur auf den aktuellen Abschnitt, nicht aber auf bereits bestehende Sicherungskopien aus!

STOP

7.1.4 Optionen für die automatische Sperrung

Nachdem Sie einen Abschnitt ordnungsgemäß durch Eingabe des Kennworts entsperrt oder eben erst verschlüsselt haben, bleibt sein Inhalt standardmäßig für zehn Minuten sichtbar. Diese Zeitspanne gilt ab der letzten Änderung, verlängert sich also immer wieder, wenn Sie eine Seite des betreffenden Abschnitts bearbeiten.

Das ist im Prinzip eine sinnvolle Einstellung, weil sie verhindert, dass Sie bei kurzen Arbeitspausen dauernd von einer Kennwortabfrage belästigt werden.

Arbeiten Sie allerdings gemeinsam mit anderen an einem geteilten Notizbuch (siehe Kapitel 8, »Teilen und Teamwork«) oder haben andere Personen Zugriff auf Ihren Rechner, möchten Sie vielleicht diese Zeitspanne verkürzen.

Oder das Gegenteil ist der Fall: Sie wollen vielleicht eine Verlängerung der Frist oder gar keine automatische Sperrung, bis Sie einen anderen Abschnitt öffnen. Dies lässt sich folgendermaßen einstellen:

1. Öffnen Sie die Backstage-Ansicht von OneNote durch einen Klick auf die Registerkarte *Datei* im Menüband.

2. Wählen Sie *Optionen,* und klicken Sie auf die Kategorie *Erweitert*.

Im unteren Drittel der zahlreichen Einstellungsmöglichkeiten gibt es einen Abschnitt, der mit *Kennwörter* überschrieben ist. Ganz rechts wählen Sie die Zeitspanne, bis eine automatische Sperrung aktiv wird.

Die Auswahl reicht von einer Minute bis zu einem Tag. Zum vollständigen Deaktivieren dieser Funktion entfernen Sie das Häkchen vor dem zugehörigen Eintrag.

Alternativ oder zusätzlich können Sie dafür sorgen, dass ein verschlüsselter Abschnitt sofort gesperrt wird, sobald Sie zu einem anderen navigieren. Aktivieren Sie dazu das Kontrollkästchen *Kennwortgeschützte Abschnitte sperren, sobald ich sie verlassen habe*.

Bestätigen Sie die Einstellung mit *OK*; sie greift sofort.

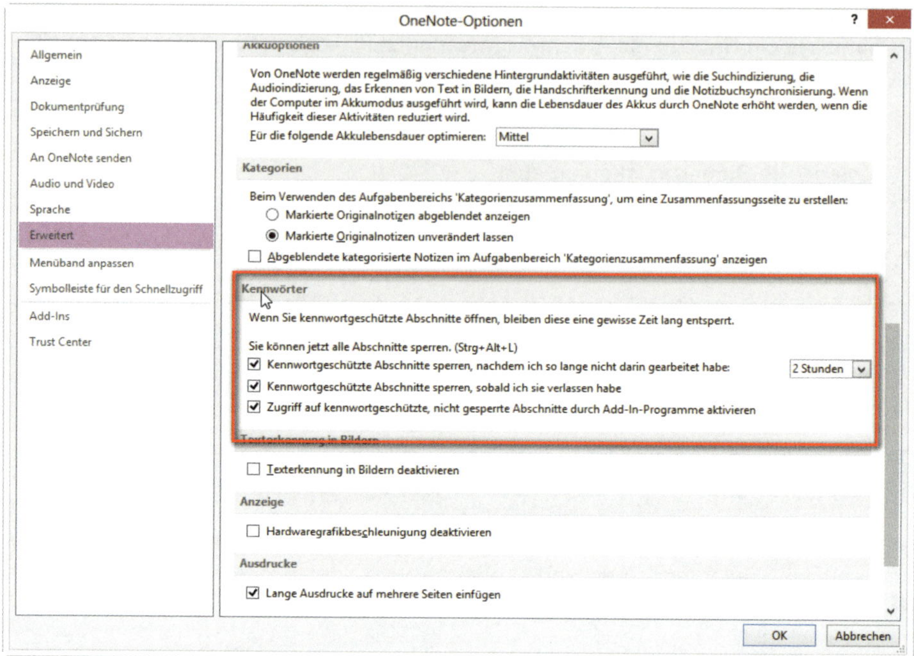

Die Zeit bis zur automatischen Sperrung nach der letzten Bearbeitung lässt sich in den OneNote-Optionen einstellen.

7.2 Backup und Wiederherstellung

OneNote speichert nicht nur alle neu eingegebenen oder geänderten Inhalte von Notizbüchern automatisch, sondern legt zusätzlich auch in regelmäßigen Abständen Sicherheitskopien an. Das ist auch gut so.

Es muss nicht gleich der Super-GAU eines Totalausfalls der Festplatte oder SSD sein (obwohl das durchaus vorkommt). Schon ein versehentliches Löschen oder eine durch Viren oder Systemfehler bedingte Beschädigung der Datenstruktur kann mühevoll gesammelte und nicht ohne Weiteres rekonstruierbare Informationssammlungen ganz unvermittelt ins Nirwana befördern.

Auch die vermeintliche Sicherheit der Speicherung auf OneDrive ist nicht grenzenlos. Verlorene Zugangsdaten, irrtümlich gesperrte Microsoft-Accounts (soll es auch schon gegeben haben) oder längere Probleme mit dem Internetzugang verwehren im schlimmsten Fall den Zugriff auf wichtige Notizen.

Ein halbwegs aktuelles Backup (und das schließt auf OneDrive gespeicherte OneNote-Daten mit ein) macht den Unterschied zwischen Ärgernis und Katastrophe aus.

> **STOP**
>
> Ganz wichtig: Zwar kann auch die kostenlose Version von OneNote 2016 automatische Backups aller Notizbücher anlegen. Es spielt keine Rolle, dass die Notizen in diesem Fall nur auf OneDrive gespeichert sind. Allerdings kann man im Ernstfall diese Backups ausschließlich mit einer Office-Version von OneNote 2010, 2013 oder 2016 auch wieder zurückspielen. Denn streng genommen handelt es sich bei den Backups um lokal gespeicherte OneNote-Dateien. Und genau die kann das Gratis-OneNote eben nicht öffnen. Richten Sie trotzdem die Backup-Funktion wie im Folgenden beschrieben auch im kostenlosen OneNote ein. Das Auftreiben eines Rechners mit installiertem MS-Office ist im Ernstfall das kleinere Übel gegenüber einem kompletten Datenverlust.

> **STOP**
>
> Das Kopieren der (vermeintlichen) Notizbuchdateien in der Weboberfläche von OneDrive oder aus den lokalen OneDrive-Ordnern reicht nicht aus! Tatsächlich bekommen Sie nämlich nur Verlinkungen zu den auf OneDrive quasi versteckten »echten« OneNote-Dateien zu sehen. Entsprechend würden Sie auch nur diese Links sichern, nicht aber Ihre Notizen.

7.2.1 Backup-Optionen einstellen

Standardmäßig sichert OneNote die Notizbuchinhalte automatisch einmal pro Woche in einem voreingestellten Ordner unterhalb des eigenen Benutzerverzeichnisses auf der Systemfestplatte.

Letzteres ist vor allem dann ziemlich unsinnig, wenn Sie auch den lokalen Standardspeicherort für die Notizbuchdaten nicht geändert haben. Denn so würde bei einem Ausfall der Festplatte gleich alles verloren gehen – die aktuellen Notizbuchinhalte **und** deren Sicherungskopie.

Es ist also ratsam, zumindest den Backup-Speicherort zu ändern. Als Ziel empfiehlt sich etwa eine andere Festplatte, ein ständig angeschlossenes USB-Laufwerk oder ein jederzeit zugänglicher Netzwerkordner, auf dem Sie Schreibrechte haben.

> **TIPP**
>
> Wenn in Ihrem Rechner laut Explorer eine oder mehrere Festplatte(n) mit einem anderen Laufwerkbuchstaben als *C:* existieren, Sie sich aber nicht sicher sind, ob es sich dabei um physische Platten oder nur um zusätzliche Partitionen des Systemlaufwerks handelt, können Sie das mit Windows-Bordmitteln folgendermaßen herausfinden: Drücken Sie ⊞+↵, tippen Sie in das Eingabefeld *diskmgmt.msc*, und klicken Sie dann auf *OK*.
>
> Dadurch öffnet sich die Windows-Datenträgerverwaltung. Im unteren Bereich des Fensters sind alle physischen Laufwerke und die darauf enthaltenen Partitionen nebst Laufwerkbuchstaben aufgelistet.

In der Grundeinstellung ist zudem festgelegt, dass OneNote zwei Sicherungskopien anlegt, also bei jeder Sicherung die vorletzte Version überschreibt, die letzte Sicherung aber noch behält. Dieses »Großvater-Vater-Sohn-Prinzip« bietet in der Regel genug Sicherheit. Falls Ihnen das aber dennoch zu wenig ist oder Sie die Backup-Häufigkeit erhöhen möchten, finden Sie auch dafür Einstellungsmöglichkeiten. Um die Backup-Optionen anzupassen, öffnen Sie zunächst die Backstage-Ansicht durch einen Klick auf *Datei*, wählen den Menüpunkt *Optionen* und öffnen dann die Kategorie *Speichern und Sichern*. Daraufhin erscheint im rechten Bereich eine Reihe von Optionen, unterteilt in vier Abschnitte. Interessant sind hier die beiden oberen: *Speichern* und *Sicherung*.

- Um künftig ein anderes Sicherungsziel als das standardmäßig eingestellte zu verwenden, markieren Sie im oberen Abschnitt *Speichern* den zweiten Eintrag namens *Sicherungsordner* und klicken dann auf *Ändern*. Es öffnet sich das Standarddialogfeld zur Dateiauswahl von Windows. Navigieren Sie hier zum neuen Ziellaufwerk und -ordner für Ihre OneNote-Backups, und bestätigen Sie mit *Auswählen*.
- Im zweiten Abschnitt namens *Sicherung* wählen Sie die gewünschte Backup-Häufigkeit. Sie finden die zugehörige Einstellung neben *Mein Notizbuch automatisch sichern alle:*, ändern Sie die Grundeinstellung nach Belieben. Die angebotenen Werte reichen von einer Minute bis zu sechs Wochen. Falls Sie das Häkchen vor diesem Eintrag entfernen, deaktivieren Sie die Backup-Funktion komplett, was nur in Ausnahmefällen sinnvoll ist (Schutz vor Fremdzugriff auf Backup-Dateien).

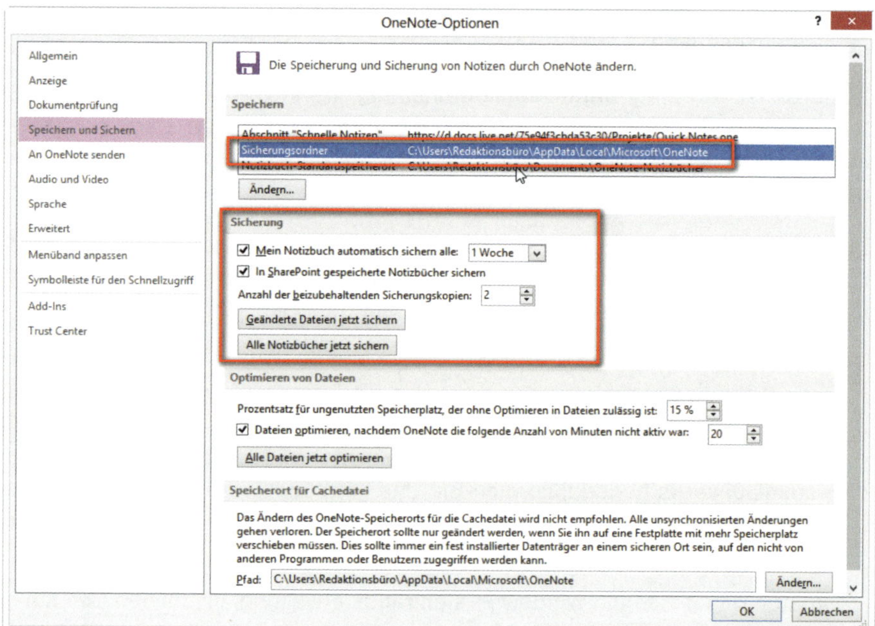

Im Bereich »Sicherung« der OneNote-Optionen legen Sie das Speicherziel und weitere Backup-Einstellungen fest. Auch ein sofortiges Backup außerhalb des Zeitplans lässt sich hier starten.

- Zwei Zeilen tiefer lässt sich die Zahl der Backup-Versionen ändern, die OneNote vorhält, bis die jeweils ältere überschrieben wird. Die Standardeinstellung *2* können Sie auf jeden beliebigen Wert bis 99.999 ändern. Der Speicherplatzbedarf auf dem Sicherungslaufwerk wächst natürlich entsprechend an.

Nachdem Sie alle Änderungen mit *OK* bestätigt haben, sind die neuen Einstellungen gültig. Sie treten beim nächsten regulären Backup in Kraft.

7.2.2 Ein sofortiges Backup veranlassen

Manchmal ist es sinnvoll, nicht bis zum nächsten regulären Backup-Zyklus zu warten, um eine Sicherung zu starten: etwa dann, wenn Sie viele Daten eingegeben oder bearbeitet haben, oder nach einer Änderung des Backup-Ziels. Sie können OneNote zu jeder Zeit zu einer außerplanmäßigen Sicherung veranlassen. Die zuständigen Funktionen finden Sie ebenfalls in der Backstage-Ansicht (Klick auf *Datei* und Auswahl von *Optionen*) unter *Speichern und Sichern* im Abschnitt *Sicherung*:

- Um eine sofortige Sicherung aller seit dem letzten Backup geänderten Notizbücher, Abschnitte und Seiten zu veranlassen, klicken Sie auf *Geänderte Dateien jetzt sichern*.
- Das Komplett-Backup aller (geöffneten) Notizbücher startet ein Klick auf *Alle Notizbücher jetzt sichern*. Das ist insbesondere dann interessant, wenn Sie das Ziellaufwerk und/oder den Zielordner für Backups geändert haben (siehe Abschnitt 7.2.1).

> TIPP
>
> Möchten Sie – zum Beispiel, um ganz sicherzugehen – ein zusätzliches Backup aller offenen Notizbücher (etwa auf einem USB-Stick) anlegen, machen Sie das so: Ändern Sie in den Backup-Optionen den Speicherort für Sicherungen auf das neue Zielmedium, zum Beispiel den USB-Stick (siehe Abschnitt 7.2.1). Starten Sie dann ein Komplett-Backup, und ändern Sie anschließend das Backup-Ziel wieder zurück auf die ursprüngliche Einstellung.

7.2.3 Daten aus einem Backup wiederherstellen

Jetzt ist es also passiert: Wichtige Daten sind weg, und Sie müssen auf eine Sicherungskopie zurückgreifen. Zunächst einmal sollten Sie aber prüfen, was genau verschwunden ist und ob es nicht einen anderen Weg gibt, an eine möglicherweise noch aktuellere Version der Inhalte zu kommen. Wenn Sie nämlich zum Beispiel nur einzelne Elemente einer Seite (Textabschnitte, Bilder) oder vielleicht auch ganze Seiten unabsichtlich gelöscht haben, probieren Sie erst einmal die Rückgängig-Funktion (der gebogene Linkspfeil in der Symbolleiste für den Schnellzugriff oder die Tastenkombination Strg+Z) aus.

Wenn das nicht hilft, sehen Sie sich einmal den Papierkorb an oder prüfen Sie, ob OneNote vielleicht noch die letzten Versionen der betreffenden Seite gespeichert hat (siehe Abschnitt 7.3).

Wenn der Schaden allerdings größer ist, vielleicht durch eine Windows-Neuinstallation nebst Formatierung, müssen Sie wohl auf eine der automatisch angelegten Sicherheitskopien zurückgreifen. Die liegt, wenn Sie sich an die Empfehlung aus Abschnitt 7.2.1 gehalten haben, unversehrt auf einem anderen Laufwerk, Netzwerkordner oder externen Datenträger.

STOP

An dieser Stelle noch einmal der Hinweis: Für das im Folgenden beschriebene Zurückspielen von Sicherungskopien benötigen Sie zwingend eine »Vollversion« von OneNote, also eine, die mit MS-Office installiert wurde. Die kostenlose Ausgabe von OneNote 2016 kann Backup-Dateien zwar schreiben, aber nicht lesen. Beim Versuch erhalten Sie nur eine Fehlermeldung, die besagt, dass diese OneNote-Version keine lokal gespeicherten Notizbücher öffnen kann.

Das Restaurieren aus Sicherungskopien erfolgt abschnittsweise und erfordert ein wenig Handarbeit:

1. Wechseln Sie durch einen Klick auf *Datei* in die Backstage-Ansicht.
2. Rechts oben im Fenster klicken Sie auf die Schaltfläche *Sicherungen öffnen*.
3. Das folgende Dateiauswahlfenster zeigt den Inhalt des aktuell eingestellten Sicherungsordners und alle gespeicherten Notizbücher als Ordner. Sollte die gesuchte Sicherung an einem anderen Ort liegen, navigieren Sie zunächst dorthin.
4. Öffnen Sie den Ordner des Notizbuchs, aus dem Sie Abschnitte wiederherstellen wollen, durch einen Doppelklick.
5. Wählen Sie nun den zu restaurierenden Abschnitt aus. Mit gedrückter Strg-Taste ist auch eine Mehrfachauswahl möglich. Bestätigen Sie die Auswahl mit einem Klick auf *Öffnen*.
6. Zurück in OneNote sehen Sie nun ganz unten in der Notizbuch-Navigation (entweder ist diese dauerhaft angepinnt oder Sie öffnen Sie durch einen Klick auf den aktuellen Notizbuchnamen) oberhalb der *Schnellen Notizen* einen neuen Bereich namens *Geöffnete Abschnitte*. Klicken Sie ihn an. Dieser spezielle Bereich verhält sich im Wesentlichen wie ein normales Notizbuch, allerdings mit einer wichtigen Einschränkung: Alle Inhalte sind schreibgeschützt, da sie ja die Backup-Version zeigen, die nicht verändert werden sollte.
7. Sie können nun die einzelnen Abschnitte per Rechtsklick auf den jeweiligen Karteireiter, durch die Auswahl von *Verschieben oder kopieren* und durch die folgende Angabe des Zielnotizbuchs an den gewünschten Ort kopieren. Soll ein komplettes gelöschtes Notizbuch wiederhergestellt werden (das heißt, es gibt im Moment noch gar kein Ziel für die Kopie), legen Sie zuvor ein neues leeres Notizbuch an.

8. Nach der Zielauswahl klicken Sie auf *Kopieren*. Sie werden bemerken, dass die Schaltfläche *Verschieben* nicht anwählbar ist, was am Schreibschutz der Backup-Version liegt. Die Kopie wird sich wieder ganz normal bearbeiten lassen.

Wiederholen Sie die letzten beiden Schritte für alle Abschnitte, die Sie wiederherstellen möchten.

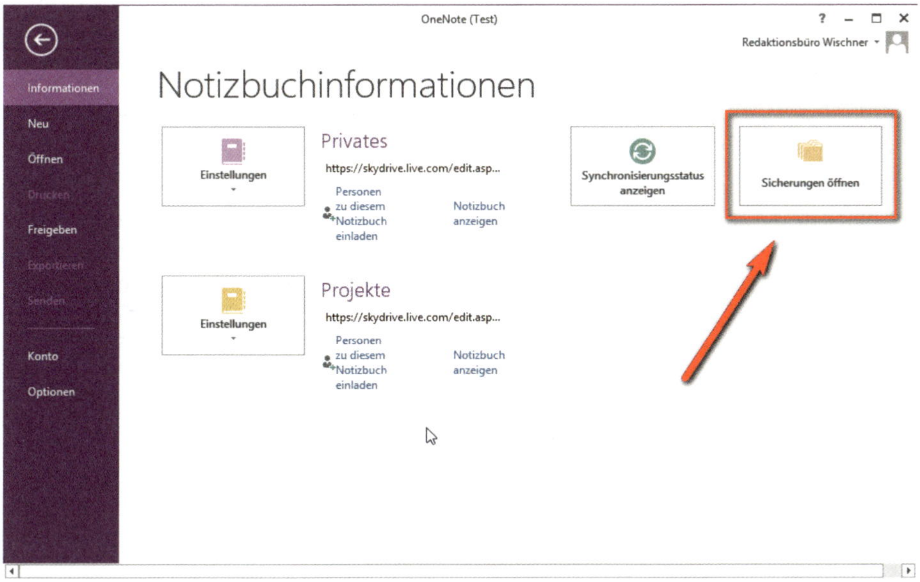

In der Backstage-Ansicht finden Sie die Schaltfläche zur Wiederherstellung gesicherter Abschnitte.

Abschließend können Sie die einzelnen Abschnitte noch umbenennen, da sie außer ihrer ursprünglichen Bezeichnung auch noch das Sicherungsdatum und eine eventuelle Versionsnummer im Namen tragen.

Es ist leider nicht vorgesehen, ein komplettes Notizbuch auf einmal aus einer Sicherungskopie wiederherzustellen. Wenn Ihnen der zuvor beschriebene (und in jedem Fall empfehlenswerte) Weg zu umständlich erscheint, können Sie Folgendes versuchen:

1. Öffnen Sie den Sicherungsordner im Explorer, und kopieren Sie das komplette Verzeichnis mit dem Namen des wiederherzustellenden Notizbuchs in den Ordner, in dem sich das Original vorher befand oder in dem Sie es künftig speichern möchten.

2. In OneNote wechseln Sie in die Backstage-Ansicht (Registerkarte *Datei*) und wählen aus dem linken Menü den Befehl *Öffnen*.

3. Im Bereich *Von anderen Orten aus öffnen* klicken Sie doppelt auf *Computer* und navigieren zu dem Speicherort, an den Sie zuvor den Sicherungsordner kopiert haben.

4. Klicken Sie den Ordnernamen an, und bestätigen Sie zweimal (!) mit *Öffnen*.

5. Sie erhalten die Meldung, dass am angegebenen Ort kein Notizbuch gefunden wurde. Gemeint ist damit nur, dass die separate Datei mit dem Inhaltsverzeichnis fehlt, denn diese gehört nicht zu Sicherungskopien. Das Angebot, die Datei dennoch als Notizbuch zu öffnen, nehmen Sie mit einem Klick auf *Ja* an. OneNote legt dann ein neues Inhaltsverzeichnis anhand der enthaltenen Abschnitte an.

Jetzt sollte das komplette Notizbuch wiederhergestellt sein. Allerdings birgt diese Methode einige Nachteile:

- Da OneNote ein neues Inhaltsverzeichnis des Notizbuchs anlegen musste, stehen die Abschnitte möglicherweise nicht mehr in der ursprünglichen Reihenfolge, und Sie müssen sie wieder von Hand sortieren.
- Existieren aufgrund der Backup-Einstellungen mehrere Sicherungskopien der einzelnen Abschnitte, haben Sie nun alle Fassungen im Notizbuch. Das können Sie nur verhindern, indem Sie zuvor entweder nur ausgewählte Abschnittsdateien, die zu einem Sicherungssatz gehören, aus dem Backup-Ordner kopieren oder alle Versionen bis auf eine zuvor löschen. Der Aufwand dürfte der zuvor beschriebenen regulären Wiederherstellungsmethode praktisch gleichkommen.
- Die Bezeichnungen der Abschnitte enthalten das jeweilige Sicherungsdatum und gegebenenfalls eine Versionsnummer. Wenn Sie das stört, müssen Sie alle Abschnitte einzeln umbenennen.

Unterm Strich ist die von OneNote vorgesehene Methode zur Wiederherstellung sauberer und nur unwesentlich aufwendiger.

7.2.4 Backup per Paketdatei

OneNote bietet die Möglichkeit, Notizbuchinhalte in eine einzelne Datei zusammenzufassen und zu exportieren. Eine solche Datei wird OneNote-Paket oder ONEPKG genannt. Diese Funktion ist eigentlich dazu gedacht, ein komplettes OneNote-Notizbuch mit allen enthaltenen Abschnitten und Seiten kompakt in einer Datei zu verpacken, um diese weiterzugeben oder auf einen anderen Rechner zu kopieren, auf dem auch OneNote installiert ist. Aber sie lässt sich durchaus auch als Backup zweckentfremden, wenn Sie die Paketdatei an einem sicheren Ort speichern, zum Beispiel auf einer externen Festplatte, einem USB-Stick, in einem Cloud-Speicher wie OneDrive oder Dropbox oder auf eine CD oder DVD brennen. So geht's:

1. Öffnen Sie das zu exportierende Notizbuch, und wechseln Sie dann in die Backstage-Ansicht (auf *Datei* klicken).
2. Wählen Sie aus dem linken Menü *Exportieren*.
3. Wählen Sie jetzt im linken Abschnitt mit der Überschrift *Aktuelles Element exportieren* die Option *Notizbuch* aus. Nur so steht das Paketformat für den Export zur Verfügung
4. Im rechten Bereich unter *Format auswählen* klicken Sie auf *OneNote-Paket (ONEPKG-Datei)*.

5. Klicken Sie dann auf die Schaltfläche *Exportieren,* und wählen Sie im folgenden Dialogfeld zur Dateiauswahl das Speicherziel und einen Namen aus.

6. Schließen Sie mit einem Klick auf *Speichern* ab.

Das Öffnen einer Paketdatei auf demselben oder einem anderen Computer funktioniert genauso wie bei einem herkömmlichen Notizbuch, also entweder über *Datei/Öffnen/Computer* und Auswahl der Paketdatei oder per Doppelklick auf die Datei im Explorer.

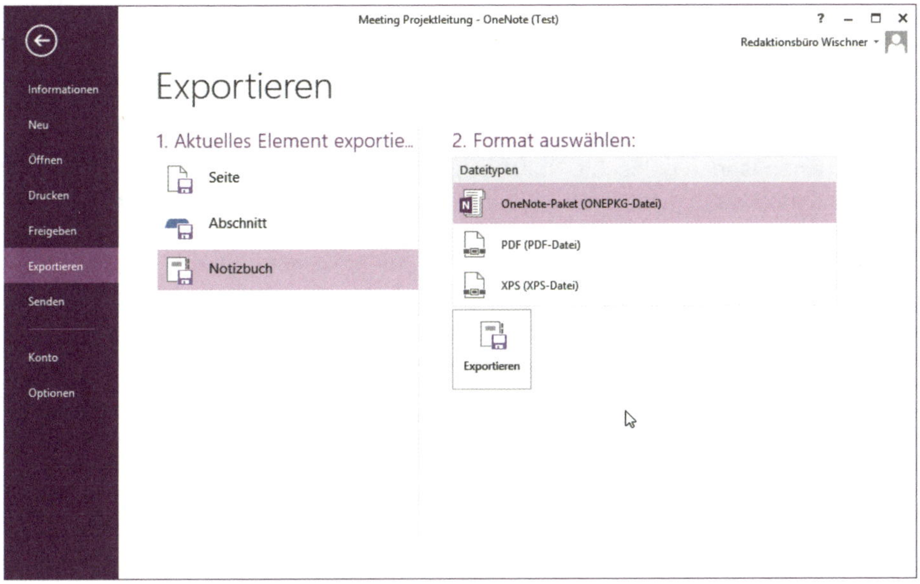

Ein als OneNote-Paket exportiertes Notizbuch komprimiert dessen Inhalte in eine einzelne Datei.

Der Vorteil dieser Methode der Sicherung ist die unkomplizierte Handhabung. Außerdem bietet sie eine gute Möglichkeit zur Archivierung aktuell nicht mehr benötigter Notizbücher. Nachteilig ist außer der Tatsache, dass Sie eine asynchrone, eventuell nicht mehr aktuelle Kopie haben, vor allem das Fehlen jeder Automatik. Sie müssen selbst an ein Backup per Paketdatei denken und dieses manuell durchführen.

> TIPP
>
> ONEPKG ist gar kein spezielles exotisches Dateiformat. Tatsächlich handelt es sich bei diesen Paketdateien um ganz gewöhnliche ZIP-Files, die die üblichen OneNote-Dateien (Abschnitte im ONE-Format plus eine Inhaltsdatei mit den Metadaten) enthalten und nur eine andere Dateiendung tragen. Sie könnten also ohne Weiteres mit einem ZIP-Programm in eine ONEPKG hineingucken, um zu sehen, welche Abschnitte enthalten sind, oder sie auch auspacken und direkt mit OneNote (nur mit einer »Vollversion« von OneNote 2010–2016) öffnen.

7.3 Papierkörbe und Versionsverwaltung

Dass Sie sich bei OneNote nicht um das Speichern hinzugefügter, geänderter oder gelöschter Inhalte zu kümmern brauchen, ist eine sehr komfortable Sache. Sie hat aber einen kleinen Haken: Auch ungewollte Änderungen oder Entwürfe werden automatisch gespeichert und überschreiben frühere Versionen.

Manche Irrtümer beim Bearbeiten lassen sich zwar mit der Rückgängig-Funktion (zum Beispiel per Strg+Z) leicht korrigieren. Aber spätestens dann, wenn Sie OneNote beendet haben, geht die Liste der umkehrbaren Schritte verloren – nach dem nächsten Laden funktioniert die Rückgängig-Methode nicht mehr.

Die Programmierer haben daher in OneNote zwei weitere Sicherheitsnetze gegen unbeabsichtigte Änderungen eingebaut:

- Zum einen landen gelöschte Notizbuchseiten oder -abschnitte zunächst in einem normalerweise unsichtbaren Bereich – den Papierkörben (jedes Notizbuch hat einen eigenen). Dort bleiben sie 60 Tage lang erhalten, außer Sie entsorgen den Inhalt explizit und endgültig. Sie können eine Löschung bis dahin problemlos rückgängig machen, indem Sie die weggeworfenen Seiten oder Abschnitte einfach wieder aus dem Papierkorb herausnehmen.
- Zusätzlich verfügt OneNote über eine Versionsverwaltung für Notizseiten. Diese ist in erster Linie dazu gedacht, Änderungen anderer Bearbeiter (siehe die Teamwork-Funktionen in Kapitel 8) nachvollziehbar und gegebenenfalls revidierbar zu machen. Sie können die Versionsverwaltung aber auch für sich selbst nutzen, um eine Dokumentation vorgenommener Änderungen anzulegen und vielleicht zu einer früheren Fassung zurückzukehren.

7.3.1 Gelöschte Inhalte aus dem Papierkorb holen

Sobald Sie einen Abschnitt oder einzelne Seiten löschen (siehe Abschnitt 6.3.4), verschiebt OneNote den Inhalt in den unsichtbaren Papierkorb des jeweiligen Notizbuchs, wo er 60 Tage lagert, bevor die Daten endgültig entsorgt werden. Sie können das Leeren eines Notizbuch-Papierkorbs jedoch auch manuell früher veranlassen, zum Beispiel aus Datenschutzgründen.

So öffnen Sie den zum Notizbuch gehörenden Papierkorb: Klicken Sie links oben den Namen des aktuellen Notizbuchs oder in der Notizbuch-Navigation ein beliebiges Buch mit der rechten Maustaste an, und wählen Sie aus dem Kontextmenü den Befehl *Notizbuch-Papierkorb*. Alternativ finden Sie den Befehl auch als Schaltfläche in der Symbolleiste *Verlauf*.

Der Bildschirminhalt ändert sich und zeigt nunmehr den Inhalt des Papierkorbs so, als wäre er ein eigenes Notizbuch. An der gewohnten Stelle unterhalb der Menüs und Symbolleisten stehen die Karteireiter aller komplett gelöschten Abschnitte. Klicken Sie einen davon an, zeigt die rechte Navigationsleiste erwartungsgemäß alle ehemals in diesem Abschnitt enthaltenen Seiten. Dazu gibt es einen weiteren

Karteireiter namens *Gelöschte Seiten*. Er enthält alle Einzelseiten, die Sie aus ansonsten noch vorhandenen Abschnitten gelöscht hatten.

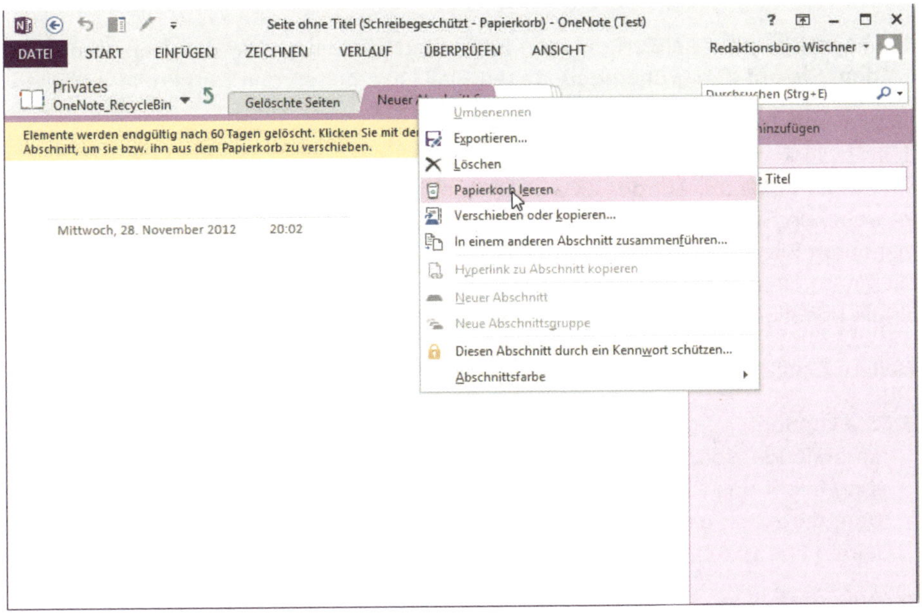

Der Papierkorb eines Notizbuchs hält alle gelöschten Seiten und Abschnitte 60 Tage lang vor. Bis dahin können Sie alle Inhalte zurückholen oder vorzeitig komplett vernichten.

Sie können innerhalb des Papierkorb-Notizbuchs genauso navigieren, wie Sie es gewohnt sind, also zum Beispiel beliebig durch Abschnitte oder Seiten blättern. Am oberen Rand jeder Seite ist ein Hinweis eingeblendet, der Sie daran erinnern soll, dass Sie im Moment nicht mit aktuellen Notizen, sondern mit als gelöscht markierten Seiten aus dem Papierkorb arbeiten. Außerdem erinnert Sie die Zusatzbezeichnung *OneNote_RecycleBin* unterhalb des Notizbuchnamens daran, dass momentan der Papierkorbinhalt angezeigt wird. Sie ist allerdings nur bei ausgeblendeter Notizbuch-Navigation zu sehen.

So holen Sie gelöschte Seiten oder Abschnitte wieder zurück:

1. Klicken Sie mit der rechten Maustaste auf den Karteireiter eines Abschnitts (aber nicht auf den des Pseudo-Abschnitts *Gelöschte Seiten*), oder klicken Sie auf eine einzelne Seite. (Sie können auch mehrere Seiten zuvor mit gedrückter Strg-Taste markieren.) Wählen Sie dann im Kontextmenü den Befehl *Verschieben oder kopieren* aus.

2. Im folgenden Zielauswahlfenster geben Sie das Ziel für die wiederherzustellenden Inhalte an. Im Fall von Seiten wählen Sie einen vorhandenen Abschnitt; für das Zurückholen von Abschnitten wählen Sie ein Notizbuch oder einen vorhandenen Abschnitt, hinter dem der gerettete eingefügt werden soll.

3. Klicken Sie auf *Verschieben*. Das *Kopieren* ginge natürlich auch, würde die entsprechenden Inhalte aber zusätzlich im Papierkorb behalten. Das dürfte im Normalfall keinen Sinn ergeben.

4. Wenn Sie mit dem Zurückholen fertig sind, verlassen Sie den Papierkorb, indem Sie auf den grünen gebogenen Pfeil links neben den Karteireitern klicken.

Möglicherweise möchten Sie gar keine kompletten Seiten oder gar Abschnitte aus dem Papierkorb fischen, sondern nur Teilinhalte einer Seite. Sie haben zum Beispiel eine Seite gelöscht, auf der eine noch benötigte Grafik stand – den Rest der Seite brauchen Sie aber nicht. Öffnen Sie hierfür die betreffende Seite im Papierkorb, markieren Sie das jeweilige Element (zum Beispiel die Grafik), und kopieren Sie sie mit Strg+C in die Zwischenablage. Wechseln Sie dann zur Zielseite, auf der Sie die Grafik benötigen, und fügen Sie sie hier mit Strg+V wieder ein.

Weitere Einstellungen zu den Papierkörben:

- Sie können den gesamten Inhalt endgültig entsorgen. Dazu öffnen Sie das entsprechende Notizbuch und klicken in der Symbolleiste *Verlauf* auf die Beschriftung (nicht das Papierkorb-Symbol) der Schaltfläche *Notizbuch-Papierkorb*. Aus dem daraufhin geöffneten Drop-down-Menü wählen Sie den Befehl *Papierkorb leeren* aus und bestätigen die folgende Sicherheitsabfrage mit *Ja*.
- Außerdem lässt sich für jedes Notizbuch separat die Papierkorb-Funktion abschalten. Dies bedeutet: Wenn Sie künftig Abschnitte oder Seiten aus diesem Notizbuch löschen, werden diese ohne Zwischenspeicherung im Papierkorb sofort vernichtet. Den zugehörigen Befehl *Verlauf für dieses Notizbuch deaktivieren* erreichen Sie wieder über das Drop-down-Menü der Schaltfläche *Notizbuch-Papierkorb* in der Symbolleiste *Verlauf*. Anschließend erscheint eine Bestätigung zusammen mit dem Angebot, den Inhalt des Papierkorbs zu löschen.

STOP

Wenn Sie dieses Angebot durch einen Klick auf *Ja* annehmen, wird auch die Versionsverwaltung deaktiviert und alle vorhandenen Seitenversionen (siehe Abschnitt 7.3.2) werden sofort vernichtet!

7.3.2 Auf frühere Seitenversionen zugreifen

Das Retten von Seiten oder Abschnitten aus dem Papierkorb hilft natürlich nur bei Inhalten, die zuvor gelöscht wurden. Was aber, wenn Sie eine Seite stark verändert haben und beispielsweise Elemente eingefügt, verschoben, entfernt, Texte bearbeitet, Handschriftnotizen oder Zeichnungen eingefügt oder geändert haben?

Auch kein Problem, denn zusätzlich zu Backup und Papierkörben bietet OneNote eine weitere Funktion, die Ihnen den Schritt in die Vergangenheit erlaubt: die Versionsverwaltung.

In erster Linie ist diese Funktion dazu gedacht, bei der gemeinsamen Bearbeitung von Notizen mit mehreren Personen (siehe Kapitel 8, »Teilen und Teamwork«) alle Änderungen und deren Verfasser zu dokumentieren. Sie können sie aber auch dann sinnvoll nutzen, wenn Sie der einzige Bearbeiter sind.

> Es scheint, dass OneNote Änderungen auf ein und demselben Rechner (bzw. vom selben Bearbeiter) nur einmal pro Kalendertag in einer eigenen Version sichert. Dagegen sorgen Änderungen von jemand anderem in einem gemeinsam genutzten Notizbuch (siehe Kapitel 8) sofort für das Speichern der alten Fassung. Das ist kein Gesetz oder eine feststehende Regel, sondern nur das Ergebnis von Beobachtungen. Sicher ist nur, dass sich diesbezüglich in OneNote nirgends etwas einstellen oder konfigurieren lässt.
>
> STOP

Die Versionsverwaltung lässt Sie auf eine ältere Fassung einer Notizbuchseite zurückgreifen. Dabei können Sie wahlweise die aktuelle Version der Seite komplett durch eine frühere ersetzen, neue und alte Versionen nebeneinander behalten oder auch nur einzelne Elemente vorheriger Ausgaben in die aktuelle Seite einbringen. So geht's:

Klicken Sie in der rechten Seitennavigation die Seite, auf deren Vorversion Sie zugreifen möchten, mit der rechten Maustaste an, und wählen Sie im Kontextmenü den untersten Eintrag namens *Seitenversionen anzeigen*. Ist dieser Befehl nicht anwählbar (grau dargestellt), gibt es von dieser Seite nur die eine Fassung – nach dem Erstellen der Seite wurden also noch keine Änderungen vorgenommen.

Ansonsten erscheinen nun in der Seitennavigation hellgrau hinterlegt alle vorhandenen Versionen mit Änderungsdatum und dem Namen des Verfassers. Wenn Sie nicht mit geteilten Notizbüchern arbeiten, ist das natürlich immer Ihr eigener Name.

Klicken Sie auf eine ältere Seitenversion, wird deren Inhalt im Hauptfenster angezeigt. Sie können dann zum Beispiel einzelne Elemente markieren und in die Zwischenablage kopieren, um sie danach auf die aktuelle Ausgabe der Seite zu übertragen.

Am oberen Rand jeder Seitenfassung außer der aktuellsten steht ein grau hinterlegter Hinweistext, der daran erinnert, dass es sich um eine alte Fassung handelt, die früher oder später vom System gelöscht wird. Klicken Sie mit der linken Maustaste in diesen Text, öffnet sich ein Menü mit einigen Optionen zur Versionsverwaltung. Dasselbe Menü erreichen Sie auch mit einem Rechtsklick auf den Seitentitel einer älteren Fassung in der Seitennavigation.

Die Bedeutung der Menüpunkte im Einzelnen:

- *Version wiederherstellen* tauscht den Inhalt der aktuellen Seite komplett gegen den der gewählten älteren Version aus. Die vormals aktuelle Fassung geht aber nicht komplett verloren, sondern wird ihrerseits wieder zu einer alten Fassung und erscheint in der Versionsliste.

- *Version löschen* verschiebt diese Fassung in den Papierkorb, von wo sie sich gegebenenfalls wieder zurückholen ließe (siehe Abschnitt 7.3.1).
- *Seite kopieren nach* erlaubt es Ihnen, sowohl die aktuelle als auch die gewählte ältere Fassung zu behalten. Nach Auswahl dieses Befehls geben Sie einen Zielabschnitt an.
- *Alle Versionen im Abschnitt löschen* entfernt alle Versionen außer der aktuellen aus dem aktuellen Abschnitt. Darunter stehen Varianten dieses Befehl mit einer erweiterten Gültigkeit für die aktuelle Abschnittsgruppe (falls vorhanden) oder das gesamte Notizbuch.
- *Verlauf für dieses Notizbuch deaktivieren* entspricht dem Befehl, den Sie bei der Verwaltung der Papierkörbe im Abschnitt 7.3.1 bereits kennengelernt haben. Es gilt hier dieselbe Warnung: Nehmen Sie das anschließende Angebot an, den gesamten Notizbuchverlauf und Papierkorbinhalt zu löschen, verlieren Sie sämtliche Versionen und als gelöscht markierten Seiten!
- *Seitenversionen ausblenden* schließlich entfernt die Anzeige der älteren Fassungen aus der Seitennavigation.

KURZ NOTIERT

- OneNote legt regelmäßig Backups von allen Notizbüchern an.
- Häufigkeit, Speicherort und Anzahl der Versionen sind einstellbar.
- Der Papierkorb hebt gelöschte Seiten und Abschnitte 60 Tage lang auf.
- Bei gemeinsam genutzten Notizbüchern werden Änderungen sofort in der Versionsverwaltung gespeichert.

8 Teilen und Teamwork

Oft sind Notizen eine ganz persönliche Sache und gehen niemand anderen etwas an. Andererseits kann es sehr wohl gewünscht sein, Dritte an den Inhalten teilhaben zu lassen. Zum Beispiel möchten Sie die Aufzeichnungen, die Sie während einer Vorlesung oder Präsentation gemacht haben, an Kommilitonen oder Kollegen weitergeben, die nicht anwesend waren.

Oder Sie planen zusammen mit anderen eine Reise, eine Feier oder ein komplexes Projekt und möchten gemeinsam, vielleicht sogar gleichzeitig, eine Notizseite, einen Abschnitt oder ein ganzes Notizbuch mit Inhalt füllen.

OneNote erlaubt ganz unterschiedliche Formen der Zusammenarbeit. Wer etwa auch bei der Nutzung gemeinsamer Informationen lieber von allem seine eigene Kopie für sein eigenes Ordnungssystem hat, den unterstützt OneNote genauso wie den, der am liebsten mit anderen zusammen auf ein und derselben Seite arbeitet – sogar gleichzeitig.

TIPP

Sie können jederzeit auf Ihre persönlichen Notizbücher von mehreren Rechnern aus zugreifen. Das kann Ihr Bürocomputer, ein Zweit-PC oder Notebook zu Hause, ein Tablet-PC oder ein Smartphone sein (mehr zu den Mobilausgaben von OneNote lesen Sie in Kapitel 10.3, »OneNote auf Mobilsystemen und Mac«). Dank der Webversion von OneNote (siehe Kapitel 10.2) erreichen Sie Ihre Notizen sogar mit einem Rechner ohne Microsoft Office oder aus einem Internetcafé.

Dabei machen Sie streng genommen nichts anderes, als die in diesem Kapitel beschriebenen Teamfunktionen zu nutzen – nur dass das Team lediglich aus Ihnen selbst an verschiedenen Rechnern besteht und keine Dritten mit einschließt. Sie können sogar verschiedene Identitäten verwenden, etwa einen beruflich genutzten und einen privaten OneDrive-Account. Von daher dürfte das Thema Teamarbeit auch dann für Sie interessant sein, wenn Sie nicht planen, Ihre Notizen anderen Personen zur Einsicht oder Mitarbeit freizugeben.

Im ersten Teil dieses Kapitels erfahren Sie, wie Sie einzelne Notizseiten, Abschnitte oder sogar ganze Notizbücher in den verschiedensten Formaten vom Papier bis zur E-Mail mit Dateianhängen weitergeben können. Im zweiten Teil lernen Sie dann, wie Sie Notizen für andere zur direkten Mitarbeit, gleichzeitig oder abwechselnd, mit oder ohne installiertes OneNote freigeben.

8.1 OneNote-Seiten drucken

Es mag ja fast zu banal klingen, um es überhaupt zu erwähnen: Notizbuchseiten lassen sich natürlich auf einem Drucker ausgeben. Entgegen aller Rufe nach dem papierlosen Büro ist das gedruckte Blatt lange noch nicht tot. Ob Sie sich einen Merkzettel an die Pinnwand heften, die vorbereitete Meeting-Agenda vor der Sitzung an die Kollegen verteilen oder einfach nur einen in OneNote geschriebenen Einkaufszettel in die Tasche packen wollen – das Drucken ist in OneNote nicht komplizierter als in anderen Windows-Programmen.

Eine Besonderheit gibt es allerdings doch: Die meisten Office-Programme orientieren sich von vornherein an Seitenformaten. Eine Textverarbeitung zum Beispiel bietet als Arbeitsfläche die voreingestellte Papiergröße, DTP-Software sowieso. Viele Grafikprogramme fragen vor dem Erstellen einer Zeichnung oder Illustration nach einer Größe.

Eine Notizbuchseite in OneNote ist zunächst einmal überhaupt nicht begrenzt. Sie können sie durch Einfügen von Inhalten oder durch Betätigen der horizontalen und vertikalen Bildlaufleisten nach Belieben erweitern. Eine Ausnahme bildet nur die Verwendung von größenbegrenzten OneNote-Seitenvorlagen (siehe Abschnitt 6.4).

Da Sie sich in der Regel beim Anlegen und Füllen umfangreicher Notizbuchseiten keine Gedanken darüber machen, ob das alles auf ein DIN-A4-Blatt passt, kommt einer Funktion in OneNote eine besonders wichtige Bedeutung zu: der Druckvorschau und ihren Möglichkeiten, Inhalt und Layout der Druckseiten zu bestimmen. Bevor Sie also eine Notizbuchseite, einen Abschnitt oder eine ganze Abschnittsgruppe an den Drucker schicken, statten Sie erst der Druckvorschau einen Besuch ab:

1. Öffnen Sie in OneNote die Abschnittsgruppe, den Abschnitt oder die Seite, die für den Ausdruck vorgesehen ist.

2. Wechseln Sie in die Backstage-Ansicht, indem Sie auf *Datei* klicken. Wählen Sie dann aus dem linken Menü den Befehl *Drucken*.

3. Im Hauptfenster erscheinen die beiden Schaltflächen *Drucken* und *Seitenansicht*. Klicken Sie auf *Seitenansicht*.

4. Es öffnet sich ein Fenster mit einer Druckvorschau der ersten Seite und einigen Einstellungsmöglichkeiten. Unterhalb der Vorschau sehen Sie die Zahl der Druckseiten, wenn die aktuellen Einstellungen beibehalten werden. Ganz unten links befinden sich Schaltflächen zum Vor- und Zurückblättern. Überprüfen Sie damit das Layout aller Seiten.

5. Im rechten Bereich legen Sie den Druckbereich (Abschnittsgruppe, Abschnitt oder die aktuelle Notizseite), das Papierformat (zum Beispiel A4), Hoch- oder Querformat, die Form der Fußzeile für jedes Blatt und die Seitennummerierung fest. Es empfiehlt sich, die Option *Inhalt an Papierbreite anpassen* zu aktivieren, wenn Sie kein mehrseitiges Klebepuzzle ausdrucken wollen.

6. Klicken Sie auf *Schließen*, wenn Sie noch etwas am Seiteninhalt ändern möchten, oder auf *Drucken*, um den Ausdruck zu starten.

7. Als Nächstes öffnet sich das *Drucken*-Dialogfeld, das auch der Druckbefehl anderer Windows-Anwendungen auf den Schirm holt. Hier wählen Sie den zu verwendenden Drucker aus und können je nach Modell und Treiber noch weitere Einstellungen vornehmen, bevor Sie die Ausgabe mit einem Klick auf *Drucken* starten.

TIPP

Der Begriff »Seite« meint in der Druckvorschau (zum Beispiel bei der Auswahl des Druckbereichs) die OneNote-Notizseite. Bei den Blätterfunktionen oder später im eigentlichen *Drucken*-Dialogfeld (auch hier gibt es eine Auswahl des Seitenbereichs) dagegen bezieht sie sich auf die Blätter beim Ausdruck. Eine (OneNote-)Seite wird also durchaus auf mehrere (Druck-)Seiten verteilt.

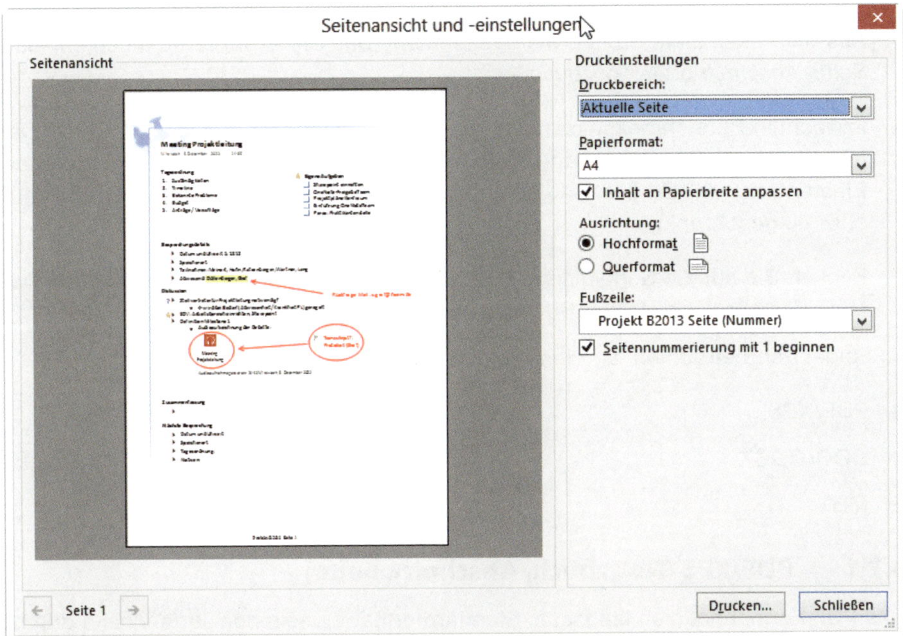

Die Druckvorschau hilft, OneNote-Seiten vor dem Ausdruck an das Papierformat anzupassen.

Natürlich können Sie auf die Druckvorschau verzichten. Wenn Sie wissen, dass die Ausrichtung, Skalierung und Aufteilung passen, klicken Sie in Schritt 2 der vorstehenden Schrittanleitung auf *Drucken* anstatt auf *Seitenansicht*. Sie landen dann direkt im *Drucken*-Dialogfeld.

8.2 Export im PDF-, XPS-, Word- oder Webformat

Der Ausdruck von Notizen mag in bestimmten Fällen eine sinnvolle Methode sein, um OneNote-Inhalte an andere Personen zur Ansicht weiterzugeben. Meist ist eine elektronische Verteilung jedoch angebrachter. OneNote erlaubt die Umwandlung von Seiten, von Abschnitten und (mit Einschränkungen) auch von ganzen Notizbüchern in einige gängige Formate. Die dabei erzeugten Dateien lassen sich zum Beispiel per E-Mail versenden, auf einer Webseite oder einem FTP-Server zum Download bereitstellen oder auf andere Rechner, Tablet-PCs oder sogar E-Book-Reader übertragen.

1. Öffnen Sie in OneNote das Notizbuch, den Abschnitt oder die zu exportierende Notizseite.
2. Wechseln Sie mit einem Klick auf *Datei* zur Backstage-Ansicht.
3. Klicken Sie auf *Exportieren*.
4. Aus der linken Liste wählen Sie das Element, das Sie exportieren möchten, also *Seite*, *Abschnitt* oder *Notizbuch*.
5. Im rechten Bereich bestimmen Sie das Exportformat, zum Beispiel *PDF (PDF-Datei)*. Welche Formate dort angeboten werden, hängt von der zuvor getroffenen Elementauswahl ab. Die möglichen Formate sind beim Export ganzer Notizbücher eingeschränkt.
6. Klicken Sie auf die Schaltfläche *Exportieren*, wählen Sie den Zielordner und Dateinamen aus, und starten Sie die Ausgabe mit einem Klick auf *Speichern*.

Im Folgenden betrachten wir diese Export-Formate:

- PDF/XPS
- DOC/DOCX
- MHT

8.2.1 PDF/XPS (Notizbuch, Abschnitt, Seite)

Das PDF-Format hat sich längst als Standardformat für seitenbasierte Inhalte durchgesetzt. Es zeichnet sich vor allen dadurch aus, dass es das Originallayout des jeweiligen Dokuments vollständig abbildet. Die Notizseite in der PDF-Datei sieht also exakt so aus wie in OneNote – auch dann, wenn die Grenzen einer üblichen Druckseite, etwa im A4-Format, weit überschritten sind. PDF-Dateien lassen sich mit einer Reihe von kostenlosen Programmen (Adobe Reader, Foxit PDF u. a.) anzeigen. Die Windows-Versionen 8 und 10 enthalten inzwischen auch einen eigenen PDF-Reader.

Das XPS-Format entspricht vom Zweck her dem PDF-Format, ist aber eine Eigenentwicklung von Microsoft. Es ist zwar bei Weitem nicht so verbreitet wie PDF, dafür enthält jedes Windows seit Vista standardmäßig ein XPS-Anzeigeprogramm.

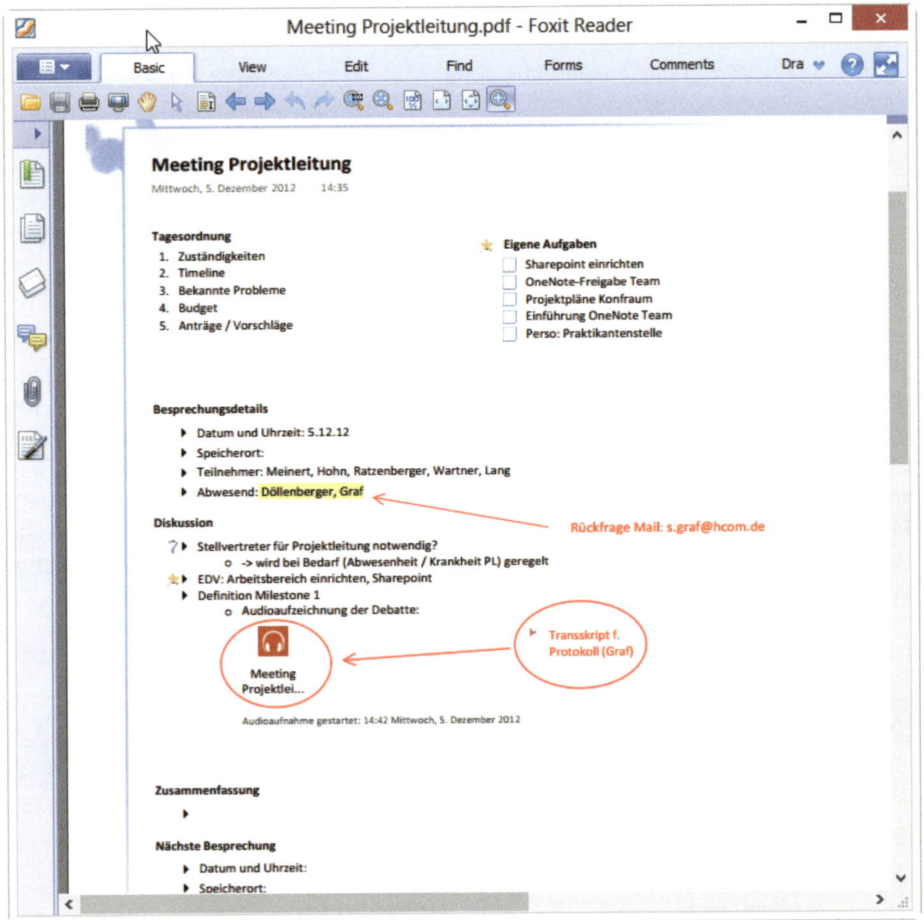

Im PDF-Format exportierte Notizen lassen sich mit jedem PDF-Reader im Originaldesign ansehen.

8.2.2 DOC/DOCX (Abschnitt, Seite)

Nicht nur zur Weitergabe an andere, sondern auch zur eigenen Weiterverarbeitung von Notizen per Textverarbeitung dient der direkte Export in das Dateiformat von Microsoft Word. Dabei haben Sie die Wahl zwischen einer Kompatibilität für Word-Versionen ab 2007 (DOCX) oder der Unterstützung älterer Office-Ausgaben von 97 bis 2003 (DOC). Wenn Sie eine Notizseite oder einen Abschnitt als Word-Datei weitergeben möchten und sich nicht sicher sind, welche Word-Version der Empfänger einsetzt, wählen Sie das ältere DOC-Format. In beiden Fällen wird die Word-Version zwar weitgehend wie die originale OneNote-Notiz aussehen. Es gibt aber auch deutliche Layout-Abweichungen und Fehler. Das betrifft vor allem Elemente, die in Word plötzlich unter- anstatt nebeneinander stehen, und Grafikelemente, die falsch positioniert werden. Nutzen Sie dieses Format also vor allem für textlastige OneNote-Seiten.

> TIPP
>
> Der Export ins DOC-Format steht ausschließlich im mit MS-Office installierten OneNote zur Verfügung. Das ist ausnahmsweise keine gewollte Einschränkung der kostenlosen Ausgabe von OneNote 2016. Es liegt vielmehr daran, dass für diese Funktion einige Elemente von MS-Word notwendig sind. Wer das kostenlose OneNote nutzt, hat aber in aller Regel kein MS-Office und somit auch kein MS-Word installiert.

8.2.3 MHT-Format (Abschnitt, Seite)

OneNote erlaubt auch die Ausgabe von Seiten oder Abschnitten im HTML-Format zur Anzeige in einem Webbrowser – allerdings mit einer Einschränkung: Normalerweise werden in HTML-Seiten verwendete Objekte, wie zum Beispiel Grafiken, von externen Quellen geladen und sind nicht im HTML-Code der Seite eingebettet. Es wäre sehr aufwendig, eine OneNote-Notizseite entsprechend zu zerlegen und aufzubereiten. Daher verwendet Microsoft ein eigenes spezielles Format namens MHT, das das Verpacken kompletter Webseiten in eine einzige Datei erlaubt. Nicht alle Webbrowser können mit diesem Format etwas anfangen. In der Regel gibt es aber entsprechende Add-ons zum Lesen von MHT-Dateien.

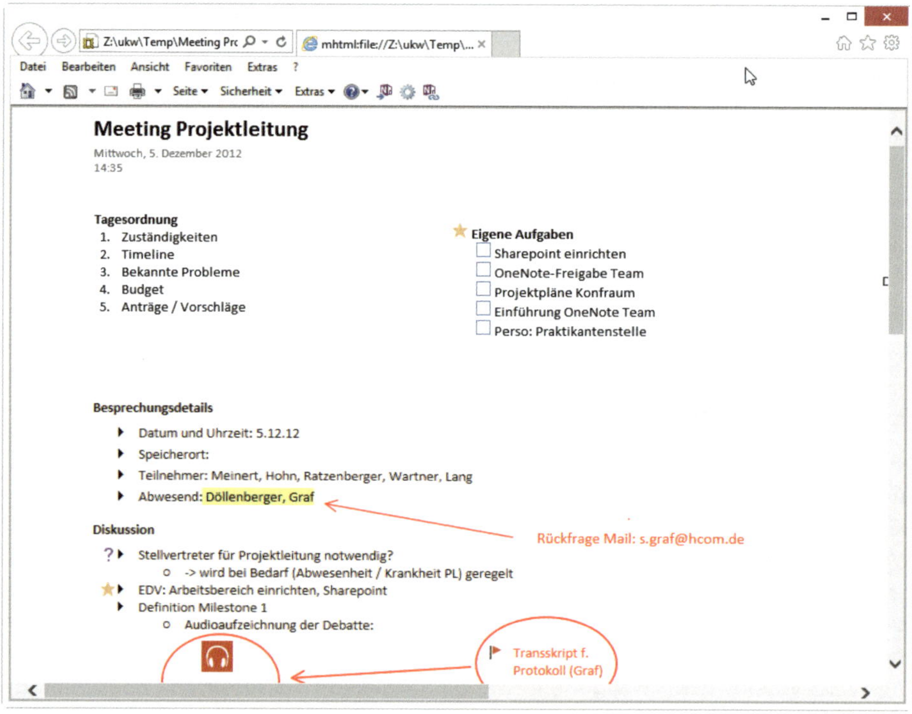

Der Export für die Anzeige von Notizen im Webbrowser erfolgt im MHT-Format, das nur der Internet Explorer von Haus aus anzeigen kann.

8.3 OneNote-Notizen per E-Mail versenden

Die in den meisten Fällen nützlichste Methode, anderen Personen Aufzeichnungen aus einem OneNote-Notizbuch zukommen zu lassen, ist der Versand per E-Mail. So verteilen Sie zum Beispiel das während eines Meetings aufgezeichnete Protokoll noch im Konferenzraum an die Kollegen.

Oder die Verwandten finden die anschaulich bebilderte Geburtstags- oder Hochzeitsgeschenk-Wunschliste nebst Links zu den passenden Internetangeboten in ihrem Postfach.

Im Prinzip ist so sogar eine Art Teamarbeit möglich: Der Empfänger der Notiz kann darin eigene Anmerkungen einfügen und sie wieder zurückschicken. Das klappt zumindest dann, wenn die Inhalte der Notiz direkter Bestandteil des Nachrichtentextes und nicht etwa als Datei angehängt sind.

Hier ist dann auch der kleine Haken: Die E-Mail-Funktionen in OneNote setzen Microsoft Outlook als E-Mail-Client voraus. Zwar können auch Nutzer eines anderen Mailprogramms (wie zum Beispiel Mozilla Thunderbird) Notizen versenden – allerdings mit Einschränkungen. Im Folgenden werden beide Varianten beschrieben.

8.3.1 Notizen mit Outlook versenden

Die enge Verknüpfung zwischen Outlook und OneNote macht das Verschicken einzelner Notizseiten per Mail sehr einfach:

1. Öffnen Sie in OneNote die Seite mit den Inhalten, die Sie per Mail versenden möchten.

2. In der Symbolleiste *Start* klicken Sie auf *Seite per E-Mail senden*. Schneller geht's mit der Tastenkombination Strg+⇧.

Outlook wird automatisch gestartet oder in den Vordergrund gebracht, und es wird eine neue Nachricht angelegt. Das Adressfeld ist noch leer, die Betreffzeile enthält den Seitentitel der OneNote-Notiz. Ist in Outlook das Senden im HTML-Format aktiviert, enthält der Nachrichtentext eine ziemlich originalgetreue Kopie der OneNote-Seite. Ansonsten weicht das Layout stark ab und es werden nur Textelemente dargestellt.

Eingebettete Excel-Tabellen, Visio-Diagramme oder in der ursprünglichen Notiz enthaltene Dateien (auch Audio- oder Videoaufzeichnungen) landen als Anhänge in der E-Mail. Diese Automatik lässt sich allerdings abschalten (dazu gleich mehr).

Geben Sie noch die Empfängeradresse ein, bearbeiten Sie die Betreffzeile, oder ergänzen Sie den Nachrichtentext nach Belieben, und verschicken Siedie E-Mail.

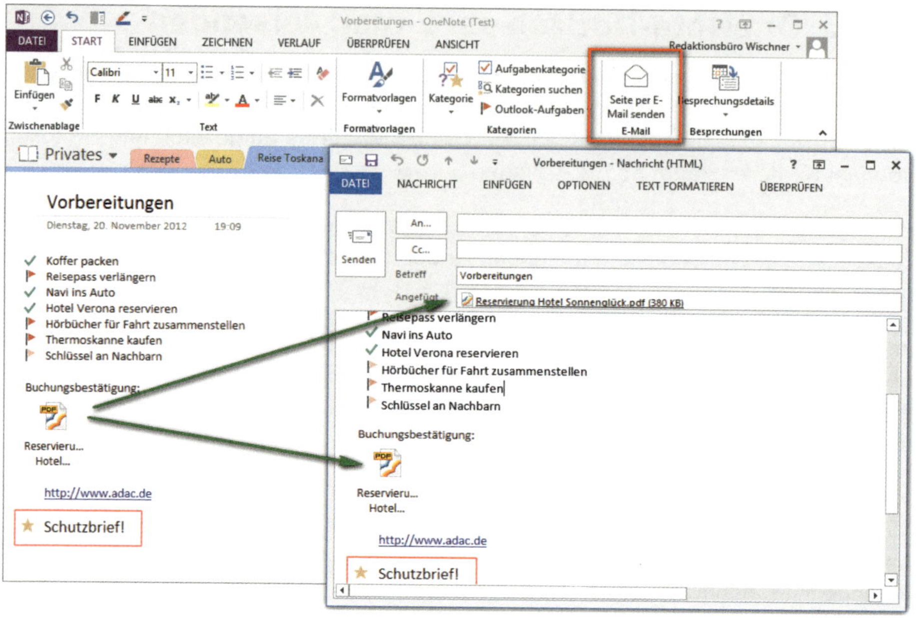

Mit Outlook als E-Mail-Programm lassen sich Notizseiten im Original-Layout inklusive Dateianhängen versenden.

Wenn Sie möchten, können Sie auch dafür sorgen, dass zusätzlich eine Kopie der Seite im OneNote-eigenen Format (Dateiendung *.one*) an die Mail angehängt wird. Nutzt der Empfänger ebenfalls OneNote, kann er den Inhalt damit direkt ansehen oder bearbeiten. Das geht so:

1. Öffnen Sie die Backstage-Ansicht mit einem Klick auf *Datei,* und wählen Sie den Befehl *Optionen*.

2. Wechseln Sie in die Kategorie *Erweitert,* und lokalisieren Sie im rechten Bereich den Abschnitt *Aus OneNote gesendete E-Mail-Nachrichten*.

3. Um grundsätzlich jeder per Outlook gesendeten Notizseite auch eine Fassung im OneNote-Format als Datei anzuhängen, aktivieren Sie das Kontrollkästchen *Kopie der Notizen als OneNote-Datei anfügen*.

4. Ob innerhalb der Notizseite eingebettete Dateien ebenfalls als E-Mail-Anhang verschickt werden sollen, steuern Sie mit dem zweiten Kontrollkästchen. Standardmäßig ist diese Funktion eingeschaltet.

5. Die letzte Einstellung bestimmt, ob der Nachricht ein zusätzlicher Text (Signatur) hinzugefügt werden soll, und wenn ja, welcher. Voreingestellt ist *Erstellt mit Microsoft OneNote 2016*. Passen Sie den Text nach Wunsch an, oder schalten Sie diese Funktion ganz ab.

TIPP

Textelemente bleiben normalerweise auch in der E-Mail-Nachricht in der ursprünglichen Form und lassen sich bearbeiten. Befinden sich in OneNote allerdings Grafikelemente innerhalb oder in der Nähe des jeweiligen Notizencontainers, werden sie zusammen mit dem Text zu einem Grafikelement zusammengefasst. Es lässt sich in der E-Mail nur noch in Größe und Position ändern. Enthaltener Text kann aber nicht mehr bearbeitet werden. Sie vermeiden das, indem Sie die Notiz in OneNote vor dem Senden umstrukturieren, also etwa Grafik und Text räumlich voneinander entfernen.

Nun könnte es sein, dass der Empfänger weder HTML-Mails lesen kann (zum Beispiel, weil sein Mailprogramm entsprechend eingestellt ist) noch OneNote auf seinem Rechner installiert hat. Dann würde mit den vorstehenden Methoden nicht viel Verwertbares in seinem Postfach landen. Wenn Sie sich nicht sicher sind, können Sie OneNote veranlassen, eine Nachricht zu schicken, in der die Originalnotiz zwar nicht im Textbereich steht, aber als ONE-Datei (also im OneNote-Format) und gleichzeitig als MHT-Datei zur Anzeige im Internet Explorer (siehe Abschnitt 8.2) angehängt wird. In der Originalnotiz eingebettete Dateien, Audio- oder Videonotizen landen ebenfalls als Anhang in der Mail. Das geht so:

1. Öffnen Sie in OneNote die zu sendende Notizseite.
2. Wechseln Sie mit einem Klick auf *Datei* zur Backstage-Ansicht.
3. Klicken Sie auf den Befehl *Senden*.
4. Im rechten Bereich klicken Sie nun auf *Als Anlage senden*. Outlook öffnet sich mit einer neuen Nachricht, die bereits alle Dateianhänge enthält. Ergänzen Sie die Adresse sowie den E-Mail-Text, und schicken Sie sie ab.

8.3.2 Notizen mit einem anderen Mailprogramm senden

Die vorstehenden komfortablen Methoden zum Versand einer OneNote-Notizseite setzen allesamt voraus, dass Sie Microsoft Outlook als E-Mail-Programm verwenden. Nutzen Sie dagegen einen anderen Client, wie zum Beispiel Mozilla Thunderbird oder einen Webmailer, können Sie dennoch OneNote-Seiten verschicken – nur ein bisschen umständlicher. Exportieren Sie zunächst die OneNote-Notizseite, einen Abschnitt oder ein ganzes Notizbuch in eine Datei (OneNote-Format, PDF, Word etc.) so, wie es im Abschnitt 8.2 beschrieben wurde. Diese Datei speichern Sie an einem beliebigen Ort und fügen sie dann Ihrer E-Mail als Anhang bei.

STOP

Das Anhängen von Notizen im OneNote-Format (ONE- oder ONEPKG-Datei) an eine E-Mail setzt voraus, dass der Empfänger OneNote (und zwar in einer Office-Vollversion!) installiert hat. Nur dann kann er diese Dateien öffnen. Sind Sie sich nicht sicher, ob das der Fall ist, verwenden Sie ein anderes Format (zum Beispiel PDF oder MHT, siehe Abschnitt 8.2), oder – falls das betreffende Notizbuch auf OneDrive gespeichert ist – senden Sie ihm einen Link dorthin, damit er den Inhalt per Web-App öffnen kann (siehe Abschnitt 8.4).

8.4 Gemeinsam an Notizen arbeiten

Mit Sicherheit eine der mächtigsten Fähigkeiten von OneNote ist die Möglichkeit, mit mehreren Personen gemeinsam an Notizen zu arbeiten – und das sogar fast in Echtzeit: Änderungen, die ein anderer an einer Notizseite vornimmt, sind für alle Beteiligten nach kurzer Zeit zu sehen. Dabei ist jederzeit nachvollziehbar, wer etwas hinzugefügt oder verändert hat, denn OneNote kennzeichnet die entsprechenden Elemente mit den Initialen des jeweiligen Bearbeiters. Natürlich muss es nicht gleichzeitig sein. In der Praxis wird es häufiger vorkommen, dass Notizen, Ergänzungen, Anmerkungen oder Änderungen zeitversetzt und wechselseitig erfolgen. Das geht ganz genauso.

Dabei benötigt OneNote keine komplizierte Benutzerverwaltung und Rechtevergabe. Sie können – je nachdem, wo das Notizbuch gespeichert ist – auch mal schnell eben einen Kollegen einladen, Notizen zu sichten und zu kommentieren, oder mit einem Freund ein kleines Brainstorming für die Organisation der nächsten Gartenparty starten. Das geht ganz ohne vorhergehende Einrichtung eines Benutzer-Accounts und sogar dann, wenn die Beteiligten gar kein OneNote installiert haben.

8.4.1 Ein geteiltes Notizbuch anlegen

Diese Überschrift ist genau genommen Unsinn. Denn OneNote macht per se gar keinen Unterschied zwischen einem geteilten oder teilbaren Notizbuch und einem solchen, das Sie nur für sich selbst nutzen wollen. Spätestens dann, wenn Sie mit einem anderen Rechner (oder Tablet, Smartphone usw.) auf Ihre Aufzeichnungen zugreifen möchten, kommt ja auch schon eine Form des Teilens und der Freigabe zum Einsatz. Sie können auch – wie Sie im nächsten Abschnitt sehen werden – jederzeit ein für den Privatgebrauch vorgesehenes Notizbuch nachträglich anderen zur Einsicht oder zur Mitarbeit bereitstellen.

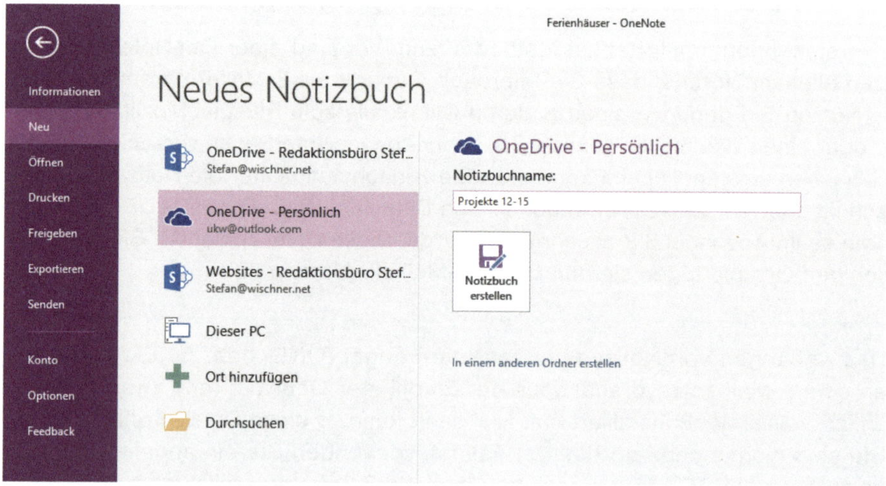

Beim Anlegen eines neuen Notizbuchs bestimmen Sie durch die Wahl des Speicherorts, ob und wie Sie es künftig anderen freigeben können.

Dennoch machen Sie sich es ein wenig leichter, wenn Sie schon beim Anlegen eines neuen Notizbuchs einschätzen, ob Sie auch künftig ausschließlich selbst und vielleicht auch nur vom gerade genutzten PC aus Zugriff brauchen. Davon abhängig ist nämlich der sinnvollste Speicherort für das neue Notizbuch. Wenn Sie in der Backstage-Ansicht mit dem Befehl *Neu* ein neues Notizbuch anlegen, stellt OneNote Sie vor die Wahl: Je nachdem, ob Sie sich schon mit einem Microsoft-Konto (zum Beispiel bei Windows selbst) angemeldet haben oder einen Office-365-Account mit oder ohne OneDrive for Business/SharePoint Online nutzen, gibt es hier mehrere Auswahlmöglichkeiten. Fehlt eine davon (zum Beispiel Ihr OneDrive-for-Business-Speicher), können Sie sie über *Ort hinzufügen* selbst ergänzen. Gegebenenfalls ist vorher die Eingabe Ihrer Zugangsdaten erforderlich.

- **OneDrive** bietet die größte Flexibilität für den Zugriff auf das Notizbuch. Sie können es allein verwenden oder mit anderen teilen. Letztere müssen weder am selben Netzwerk (nur dem Internet) angeschlossen sein wie Sie noch selbst unbedingt OneNote installiert haben. Zudem ist eine Speicherung auf OneDrive derzeit die einzige Möglichkeit, auf das Notizbuch auch mit dem kostenlosen OneNote 2016, der OneNote-Universal-App für Windows 10 oder einer der Mobilversionen für Android oder iOS (siehe Kapitel 10) zuzugreifen. Die Nachteile dieses Verfahrens sind ein vielleicht nicht so gutes Gefühl, möglicherweise sicherheitsempfindliche Daten in die Hände eines Consumer-Cloud-Anbieters (in diesem Fall Microsoft) zu geben und eine im Vergleich zum lokalen Netz meist spürbar langsamere Synchronisation beim gleichzeitigen Zugriff. Außerdem ist – vor allem bei Nutzung eines kostenlosen OneDrive-Zugangs – der durch die Notizbücher verbrauchte Speicherplatz unter Umständen ein einschränkender Faktor.
- **SharePoint:** OneNote-Notizbücher lassen sich auch in einer SharePoint-Bibliothek ablegen und dort synchronisieren – natürlich nur, wenn das Unternehmen einen entsprechenden Server betreibt. Das ist ein wenig wie eine Mischung aus Netzlaufwerk und OneDrive-Freigabe. Einerseits gibt es eine ausgefeilte Benutzer- und Rechteverwaltung. Andererseits eignet sich eine SharePoint-Seite auch für den Zugriff via Internet, ohne physisch mit dem LAN verbunden zu sein. Ein Sonderfall ist SharePoint Online, dessen »virtuelle Festplatte« Microsoft unter dem Namen *OneDrive for Business* betreibt. SharePoint Online ist Bestandteil einiger Office-365-Abo-Modelle und kann ebenfalls OneNote-Notizbücher beherbergen. Der Zugriff darauf steht allerdings nicht allen OneNote-Versionen offen. So benötigen Mac- oder iPad-/iPhone-Nutzer derzeit z. B. ein Office-365-Abonnement, das auch Lizenzen von Office 2016 enthält (es gibt auch Abos ohne diese Lizenzen). Allerdings ändert Microsoft in letzter Zeit öfter die Spielregeln, sodass eine klare Aussage an dieser Stelle nicht möglich ist. SharePoint Online manifestiert sich in dieser Auswahl entweder ebenfalls mit *OneDrive* oder *Websites*, jeweils gefolgt von Ihrem vollen Account- bzw. Organisationsnamen.
- **Lokales Laufwerk:** Das Speichern auf der lokalen Platte hat durchaus seine Vorteile. So haben Sie die beste Kontrolle über Ihre Daten und vielleicht dank flotter Platte oder gar SSD den schnellsten Zugriff. Das Freigeben für andere

oder Ihr Zweitgerät (mit denselben Einschränkungen wie bei der Speicherung in einem Netzwerklaufwerk, siehe unten) ist zur Not auch möglich. Letzteres funktioniert aber nur, wenn Ihr Rechner auch läuft, was schon der erste Nachteil ist. Außerdem sind Sie für die Datensicherheit (Stichwort: Plattenausfall, Backup) in der Regel selbst verantwortlich. Ein Notizbuch auf der lokalen Platte legen Sie an, indem Sie nach der Wahl von *Neu* in der Backstage-Ansicht die Schaltfläche *Dieser PC* wählen, dann einen Notizbuchnamen eingeben und auf *Notizbuch erstellen* klicken. Es wird dann am Standardspeicherort angelegt. Das ist ein Unterordner Ihres persönlichen Dokumente-Ordners, bei Windows 7, 8 und 10 also meist *C:|Users|<Benutzername>|Documents|OneNote-Notizbücher*.

- **Netzwerklaufwerk:** Die Nutzung eines Netzwerklaufwerks ist die bequemste Art, die Notizen bei Bedarf mit anderen zu bearbeiten oder ihnen zur Einsicht zu geben, zumal sie potenziell sehr sicher ist. Letzteres hängt von der Konfiguration des Netzwerks ab und liegt in Unternehmen meist in der Verantwortung der Administratoren. Die Nachteile: Alle Teilnehmer, auch Ihr eventuell genutztes Zweitgerät, müssen mit dem Netzwerk verbunden sein (per LAN, WLAN oder auch per VPN). Zudem bleibt der Zugriff auf das Office-OneNote beschränkt. Alle anderen Versionen und Apps bleiben außen vor! Um das Notizbuch in einem Netzwerklaufwerk zu erstellen, wählen Sie beim Anlegen ebenfalls *Dieser PC* und klicken auf den Link *In einem andern Ordner erstellen*. Navigieren Sie dann zu einem Netzwerkordner, der Ihnen (und/oder anderen) die nötigen Zugriffsrechte gewährt. Noch ein Hinweis hierzu: Aus rein firmenpolitischen Gründen verschweigt Microsoft inzwischen die Option, OneNote-Notizbücher auch ohne Cloud im lokalen Netz gemeinsam nutzen zu können – bis hin zur vollständigen Leugnung. Tatsächlich aber sind Speicherformat und Synchronisationsmechanismus dafür seit OneNote 2007 explizit ausgelegt und haben sich zumindest bis jetzt nicht geändert.

Sie können den Standardspeicherort, den OneNote beim Anlegen und der Wahl von *Computer* verwendet, auch ändern – auf Wunsch auch zu einem Netzwerkordner. Damit sparen Sie sich künftig beim Erzeugen weiterer Notizbücher den Weg über *In einem anderen Ordner erstellen*.

1. Klicken Sie in der Backstage-Ansicht auf *Optionen*, dann auf *Speichern und Sichern*.
2. Markieren Sie im oberen Bereich (der mit *Speichern* überschrieben ist) den dritten Eintrag (*Notizbuch-Standardspeicherort*).
3. Klicken Sie auf die Schaltfläche *Ändern*.
4. Navigieren Sie im folgenden Dialogfeld zur Dateiauswahl zum neuen Standardspeicherordner, und bestätigen Sie mit *Auswählen*.

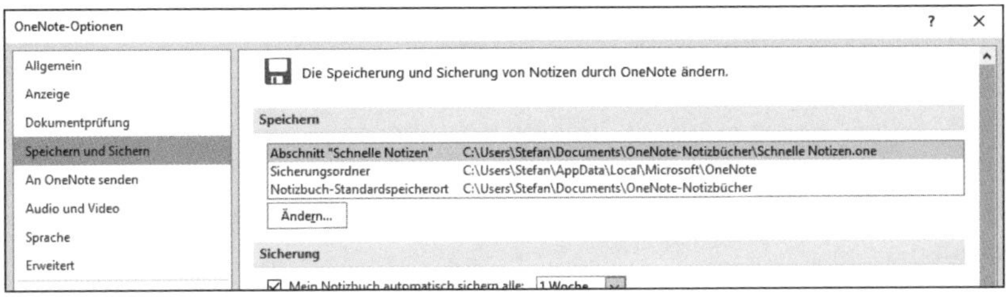

In den OneNote-Optionen können Sie einen anderen (lokalen oder LAN-)Speicherort für Notizbücher einstellen.

Ab sofort reicht es, beim Anlegen eines neuen Notizbuchs als Speicherort *Computer* zu wählen, einen Notizbuchnamen einzutragen und dann gleich auf *Notizbuch erstellen* zu klicken. Das neue Notizbuch wird in einem eigenen Unterordner innerhalb des zuvor festgelegten Standardordners eingerichtet.

8.4.2 Ein vorhandenes Notizbuch freigeben

Es ist nicht zwingend notwendig, dass Sie schon beim Anlegen eines Notizbuchs planen, es später auch anderen Personen zur Einsicht oder Mitarbeit freizugeben. Dies ist auch nachträglich jederzeit möglich. Dabei spielt es zunächst auch keine Rolle, wo Sie die Notizbuchdateien gespeichert haben – auf der lokalen Festplatte, einem LAN-Verzeichnis oder auf OneDrive. Nur die Vorgehensweise zur Freigabe hängt vom momentanen und – falls erforderlich – einem eventuell neuen Speicherort ab.

Ein lokales Notizbuch per LAN freigeben

Wenn Sie das Notizbuch auf einer lokalen Festplatte gespeichert haben, zum Beispiel am von OneNote vorgeschlagenen Standardspeicherort, gibt es zwei Möglichkeiten, es anderen Nutzern im lokalen Netzwerk zur Verfügung zu stellen. Voraussetzung ist natürlich immer, dass Ihr Rechner auch mit dem LAN verbunden ist.

Diese Methode kommt auch dann infrage, wenn Sie zwar nicht Dritten den Zugang zu Ihren Notizen gewähren möchten, aber mit mehreren Rechnern innerhalb des LANs selbst darauf zugreifen wollen – vielleicht mit einem zusätzlichen Notebook oder Windows-Tablet-PC per WLAN.

Die erste Möglichkeit ist das Freigeben Ihres lokalen Verzeichnisses mit Windows-Bordmitteln. Das genaue Vorgehen entnehmen Sie der Windows-Dokumentation. Diese Variante hat vor allem den Nachteil, dass Ihr PC eingeschaltet sein muss, solange andere am gemeinsamen Notizbuch arbeiten.

Die zweite Variante ist die sinnvollere, wenn Ihr Netzwerk über einen oder mehrere Server (oder NAS-Laufwerke) verfügt. Dort ist ein Bereich (Laufwerk, Ordner) erforderlich, in dem alle beteiligten Personen Zugriffsrechte besitzen. Gegebenenfalls müsste ein Administrator das vorbereiten. Verschieben Sie Ihr Notizbuch an diesen Speicherort. Das geht ganz einfach mit OneNote-Bordmitteln:

1. Öffnen Sie das betreffende Notizbuch in OneNote.

2. Klicken Sie den Notizbuchnamen links oben oder in der Notizbuch-Navigation (falls geöffnet) mit der rechten Maustaste an. Alternativ funktioniert auch ein Linksklick auf das farbige Notizbuchsymbol mit der Beschriftung *Einstellungen* in der Backstage-Ansicht. Wählen Sie im Drop-down-Menü den Eintrag *Eigenschaften* aus.

3. Im folgenden Dialogfeld mit den Details zum gewählten Notizbuch klicken Sie rechts auf die Schaltfläche *Speicherort ändern*.

4. Es öffnet sich das Dialogfeld zur Dateiauswahl. Navigieren Sie zum gewünschten Speicherort im Netzwerk, und schließen Sie den Vorgang mit einem Klick auf *Auswählen* ab.

Jetzt wird das gesamte Notizbuch zum neuen Speicherort im Netzwerk übertragen. Ein Fortschrittsbalken zeigt den Verlauf an.

Abschließend müssen Sie nur noch den Mitbenutzern mitteilen, wo sie das freigegebene Notizbuch finden – also den Speicherort auf dem Server oder den Freigabenamen auf Ihrer lokalen Platte. Jeder, der den Ort kennt und über die entsprechenden Zugriffsrechte im Netzwerk (und natürlich eine Office-Vollversion von OneNote 2010, 2013 oder 2016) verfügt, kann von dort aus das Notizbuch in OneNote öffnen. Alternativ lässt sich das Notizbuch auch per Windows-Explorer durch einen Doppelklick auf die spezielle Datei mit der Bezeichnung *Notizbuch öffnen* im jeweiligen Ordner laden.

Ein bereits im LAN gespeichertes Notizbuch freigeben

Das ist der einfachste aller Fälle. In der Regel ist nämlich keine besondere Maßnahme vonnöten, wenn das Notizbuch bereits in einem lokalen Netzwerk an einem Ort (freigegebenes Laufwerk, Ordner) liegt, auf den die vorgesehenen Mitbenutzer zugreifen könnten. Gegebenenfalls müssen Sie nur dafür sorgen, dass die anderen Personen diesen Zugriff erhalten – zum Beispiel durch Rücksprache mit dem verantwortlichen Systemadministrator. Die Art der jeweiligen Zugriffsberechtigung bestimmt auch gleich die Rechte im Notizbuch: Wer nur Leserechte auf den Speicherort hat, der kann auch im Notizbuch keine Änderungen vornehmen. Dafür braucht man Schreibrechte.

Ein möglicher Sonderfall: Das Notizbuch liegt zwar auf einem LAN-Server (oder einer Windows-Freigabe), aber in einem Bereich, auf den Dritte eben keinen Zugriff bekommen sollen, zum Beispiel in Ihrem abgetrennten persönlichen Benutzerverzeichnis. In dem Fall ist es am besten, das Notizbuch an einen anderen neutralen Ort zu verschieben, der für den Zugriff aller Beteiligten eingerichtet ist. Die Vorgehensweise ist dabei exakt die gleiche wie im ersten Fall (ein lokales Notizbuch per LAN freigeben).

> Um ein Notizbuch in einem (freigegebenen) lokalen Verzeichnis oder einem Netzwerk gemeinsam zu nutzen, ist die Office-Version von OneNote (ab Version 2010) bei allen Beteiligten unbedingt erforderlich. Die Windows-Universal-App (siehe Kapitel 10) oder das kostenlose OneNote 2016 reichen nicht.
>
> STOP

Ein lokales oder LAN-Notizbuch per OneDrive oder SharePoint freigeben

Sollen andere Personen oder Sie selbst per Zweitrechner (Notebook, Tablet, Smartphone usw.) auch dann Zugriff auf ein Notizbuch haben, wenn Sie nicht im selben Netzwerk oder vielleicht gar nicht per LAN verbunden sind, ist Microsofts Cloud-Speicher OneDrive der Ort der Wahl (und gemäß der aktuellen Microsoft-Politik auch der einzige). Sowohl lokal als auch an einem Speicherort im lokalen Netzwerk abgelegte Notizbücher müssen hierfür zuerst auf OneDrive oder in ein geeignetes SharePoint-Web verschoben werden.

An dieser Stelle sei angenommen, dass Sie bereits über einen Microsoft-Account und damit über ein OneDrive-Verzeichnis verfügen. Für lokal gespeicherte Notizbücher nimmt OneNote an, dass sie nicht freigegeben sind (obwohl das technisch möglich wäre), und bietet eine bequeme Methode an, sie zu einem Ordner auf OneDrive oder in SharePoint zu verschieben:

1. Öffnen Sie das betreffende Notizbuch in OneNote.
2. Klicken Sie dessen Namen links oben oder in der Notizbuch-Navigation mit der rechten Maustaste an, und wählen Sie im Kontextmenü den Befehl *Dieses Notizbuch freigeben* aus. Alternativ wechseln Sie in die Backstage-Ansicht und klicken dort auf den Menüpunkt *Freigeben*.
3. Im rechten Bereich, der mit *Notizbuch freigeben* überschrieben ist, steht darunter der Notizbuchname und ein gelb hinterlegter Hinweis, dass eine Speicherung auf OneDrive oder SharePoint notwendig ist. Der Rest des Fensters ist vertikal zweigeteilt. Links wählen Sie einen Speicherort aus. Sind Sie schon in OneDrive oder einem SharePoint-Web angemeldet, klicken Sie auf den entsprechenden Eintrag. Andernfalls wählen Sie *Ort hinzufügen* und dann *Office 365 SharePoint* oder *OneDrive* und melden sich an.
4. Haben Sie einen Speicherort ausgewählt, finden Sie rechts ein Feld mit dem aktuellen Notizbuchnamen, den Sie an dieser Stelle ändern können, wenn Sie möchten.
5. Klicken Sie dann auf *Notizbuch verschieben*.

Das komplette Notizbuch wird nun an den gewählten Ort verschoben und anschließend neu synchronisiert, was ein Fortschrittsbalken anzeigt. Abschließend erscheint automatisch ein Fenster mit der Möglichkeit, andere Personen zu diesem Notizbuch einzuladen (siehe Abschnitt 8.4.3).

Verschieben Sie ein lokal gespeichertes Notizbuch bei Bedarf ganz einfach in Ihren OneDrive-Onlinespeicher.

Wollen Sie dagegen ein Notizbuch von einem Speicherort in einem lokalen Netzwerk zu OneDrive umziehen lassen, ist etwas Handarbeit vonnöten. Wenn Sie hier auf den Kontextmenübefehl *Freigeben oder verschieben* klicken, erhalten Sie im folgenden Fenster zwar einen Link mit der Bezeichnung *Dieses Notizbuch nach OneDrive oder SharePoint kopieren*. Der führt aber nur zu einer Webseite von Microsoft mit einer Anleitung zum manuellen Verschieben. Das geht so:

Teilen Sie allen eventuellen Mitbenutzern den anstehenden Umzug mit. Idealerweise stellen diese alle Änderungen am vorhandenen Notizbuch bis zum Abschluss des Vorgangs ein.

1. Legen Sie am neuen Speicherort ein neues leeres Notizbuch an.
2. Öffnen Sie sowohl das alte als auch das neue noch leere Notizbuch in OneNote.
3. Blenden Sie der Übersichtlichkeit halber die Notizbuch-Navigation ein (falls sie nicht ohnehin schon offen ist). Klicken Sie dazu auf den Notizbuchnamen links oben und dann auf das Pinnnadel-Symbol in der rechten oberen Ecke der Notizbuchliste.
4. Ziehen Sie nun mit der Maus Abschnitt für Abschnitt vom alten in das neue Notizbuch.
5. Leiten Sie eine manuelle Synchronisation mit Strg+9 ein.

Überprüfen Sie, ob alles im neuen Notizbuch vorhanden ist. Für die alte, nunmehr leere Ausgabe haben Sie mehrere Möglichkeiten:

- Benennen Sie das alte Notizbuch derart um, dass der Name schon darauf hinweist, dass es sich um eine veraltete Version handelt.

- Löschen Sie das alte Notizbuch, indem Sie zum Beispiel per Explorer den entsprechenden Ordner vom Netzlaufwerk entfernen.
- Die beste Variante: Legen Sie im alten Notizbuch einen Abschnitt und eine einzelne Seite an. Auf der erklären Sie den Umzug und bringen vielleicht sogar einen Link zum neuen Notizbuch unter. Das ist vor allem für Kollegen oder andere Mitarbeiter hilfreich, die zum Beispiel im Urlaub waren und die Benachrichtigung über den Umzug nicht mitbekommen haben.

8.4.3 Andere Personen einladen

Damit andere Personen auf ein Notizbuch zugreifen können, das per LAN oder im lokalen Verzeichnis freigegeben ist, müssen sie nur den genauen Speicherort kennen. Von dort können sie es einfach öffnen. Bei einem auf OneDrive liegenden Notizbuch dagegen braucht man einen speziellen Link. OneNote hilft dabei, andere Personen zur Mitarbeit einzuladen, indem es die benötigten Informationen per E-Mail verschickt:

1. Öffnen Sie dazu die Backstage-Ansicht mit einem Klick auf *Datei*.
2. Unter den jeweiligen Namen der Notizbuchinformationen stehen der Speicherort und darunter zwei Links. Der linke davon lautet *Personen zu diesem Notizbuch einladen*, wenn es sich um ein teilbares (also an einem entsprechenden Ort gespeichertes) Notizbuch handelt. Klicken Sie ihn an.

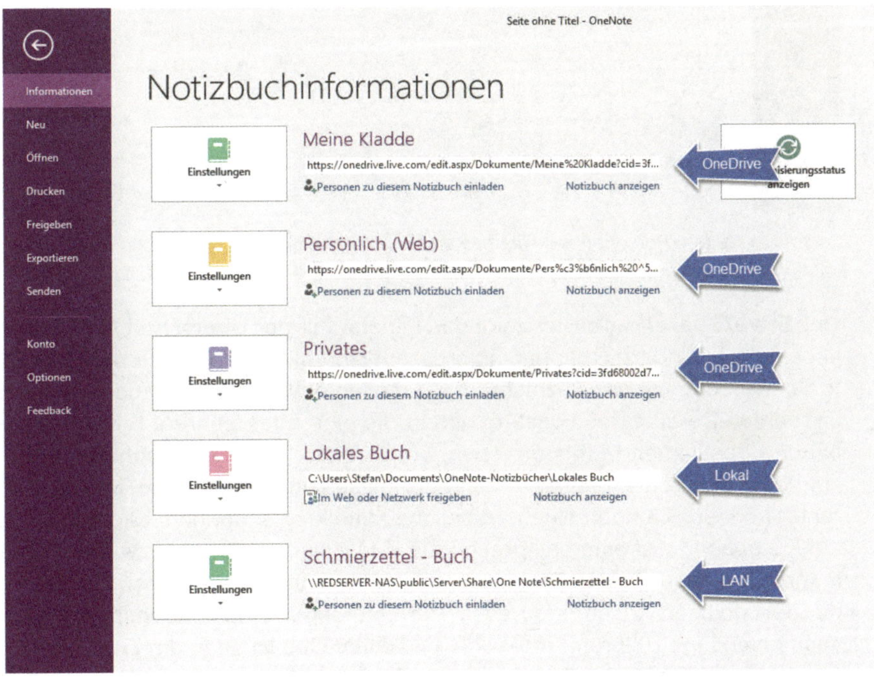

Den Link »Personen zu diesem Notizbuch einladen« gibt es nur, wenn das Notizbuch in der Cloud (OneDrive), auf SharePoint oder im LAN gespeichert ist.

Der Inhalt des nun erscheinenden Fensters und die weiteren Möglichkeiten hängen davon ab, ob es sich um ein Notizbuch in einem lokalen oder LAN-Verzeichnis oder um ein auf OneDrive bzw. in SharePoint gespeichertes Notizbuch handelt:

- **Lokal/LAN:** Es erscheint eine Bestätigung mit einer Wiederholung des Speicherorts und dem Hinweis, dass es reicht, wenn Mitbearbeiter des Notizbuchs diesen kennen und entsprechende Zugriffsrechte (netzwerkseitig) besitzen. Wenn Sie darunter auf den Link *Andere Personen per E-Mail über das Notizbuch informieren* klicken, öffnet sich das Standard-E-Mail-Programm, zum Beispiel Outlook, mit einem vorbereiteten Text, der auch den Link zur jeweiligen Netzwerkressource enthält. Im Normalfall reicht es dem Empfänger, diesen anzuklicken, um das Notizbuch in seinem OneNote zu öffnen.

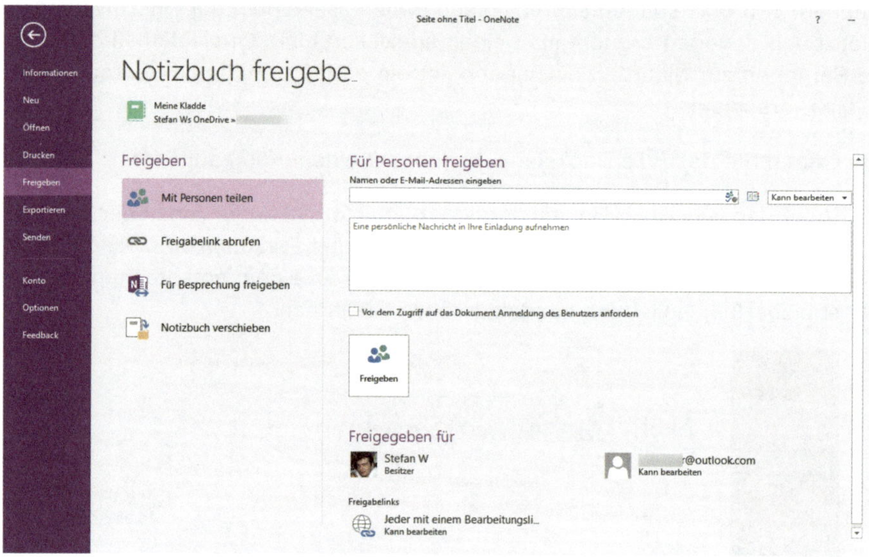

Laden Sie weitere Personen zur Mitarbeit an einem Notizbuch ein, bekommen diese eine Mail mit einem automatisch generierten Link, der zunächst zur Webversion von OneNote führt.

- **OneDrive/SharePoint:** Hier zeigt das Fenster mit der Überschrift *Notizbuch freigeben* einige andere Optionen. Interessant sind hier die beiden oberen: Die erste Schaltfläche mit der Bezeichnung *Personen einladen* ist automatisch gewählt. Im rechten Bereich des Fensters geben Sie eine oder mehrere E-Mail-Adressen ein und bestimmen rechts daneben, ob die eingeladenen Personen nur lesend auf das Notizbuch zugreifen dürfen oder dieses auch bearbeiten. Im Textfeld darunter können Sie noch eine persönliche Mitteilung schreiben. Klicken Sie dann auf *Freigeben*, wird eine entsprechende E-Mail verschickt, und zwar nicht mithilfe Ihres Standard-E-Mail-Programms, sondern von Ihrem Microsoft-Account mit der dort gültigen Absenderadresse. Der Empfänger erhält neben Ihrer Mitteilung auch einen Link zu Ihrem Notizbuch. In diesem Link ist auch die Zugriffsberechtigung (lesend oder schreibend) enthalten – es gibt also zwei verschiedene Links. Ein Klick darauf öffnet das Notizbuch zunächst in der Webausgabe von OneNote (siehe Kapitel 10.2, »OneNote Online – die Webversion«). Besitzt der Empfänger

Microsoft Office, kann er das Notizbuch dann vom Browser aus auch in seinem Windows-OneNote öffnen.

> **STOP**
> Für den Lesezugriff auf das Notizbuch benötigt der Besitzer des Links keinen Microsoft-Account (außer Sie haben vor dem Freigeben die Option *Vor dem Zugriff auf das Dokument Anmeldung des Benutzers anfordern* aktiviert).

Die zweite Option in diesem Fenster, *Freigabelink abrufen,* führt zu einer alternativen Möglichkeit, anderen Personen den Zugang zum Notizbuch zu ermöglichen. Sie erzeugt den ansonsten in der Einladungsmail enthaltenen Link (der auch die Zugriffsrechte bestimmt) zur freien Verwendung bzw. Verteilung.

> **TIPP**
> Ein Freigabelink zum Lesen oder Bearbeiten eignet sich auch sehr gut, um ihn entweder auf einer eigenen Webseite oder einer Seite im Intranet zu veröffentlichen, per Twitter, Facebook oder einem anderen sozialen Netzwerk einem bestimmten Personenkreis zukommen zu lassen oder mit Ihrem eigenen Mailprogramm zu verschicken.

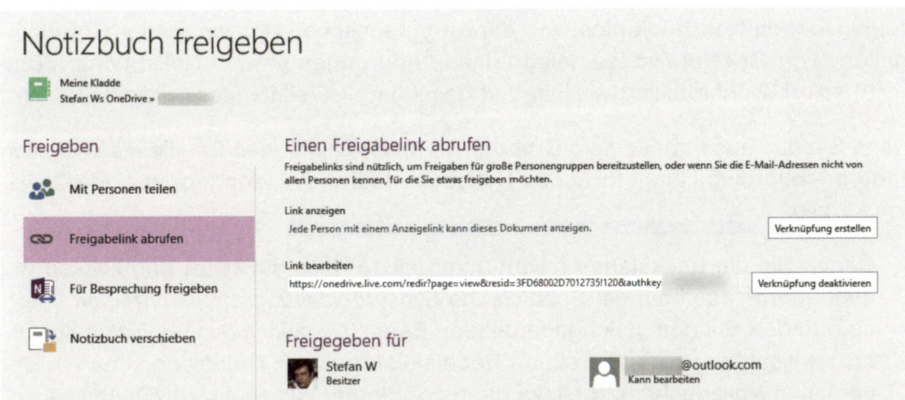

Alternativ können Sie OneNote auch Hyperlinks zum Betrachten oder Bearbeiten generieren lassen, um sie in einer E-Mail zu verschicken oder anderweitig zu veröffentlichen.

Klicken Sie im rechten Bereich des Fensters auf die Schaltfläche *Link erstellen* (in OneNote 2016: *Verknüpfung erstellen*) neben *Link anzeigen* (nur Lesezugriff) oder *Link bearbeiten* (Lese- und Schreibzugriff). Im jeweiligen Feld erscheint nun der entsprechende Link, den Sie mit Strg+C zur weiteren Verarbeitung oder Verbreitung in die Zwischenablage kopieren.

Die Schaltfläche *Link erstellen* (in OneNote 2016: *Verknüpfung erstellen*) ändert sich daraufhin in *Link deaktivieren* bzw. *Verknüpfung deaktivieren.* Ein Klick darauf macht den jeweiligen Link ungültig. Dadurch können Sie allen Besitzern dieses Links auf einen Schlag das Zugriffsrecht wieder entziehen.

8.4.4 Freigaben wieder entziehen

Egal, ob Sie ein Notizbuch direkt an einen anderen Nutzer freigegeben oder einen entsprechenden Link erzeugt, verteilt oder veröffentlicht haben – diese Freigabe lässt sich jederzeit wieder zurücknehmen:

1. Öffnen Sie dazu die Backstage-Ansicht mit einem Klick auf *Datei*.
2. Klicken Sie in der Übersicht (links ist *Informationen* gewählt) auf die Schaltfläche *Einstellungen* und wählen Sie aus dem Menü dann *Freigeben oder verschieben.* Alternativ funktioniert auch ein Klick auf *Freigeben* in der linken Navigationsleiste.
3. Im unteren Drittel des rechten Informationsbereichs sehen Sie nun eine Auflistung aller erfolgten Freigaben – sowohl direkt eingeladene Personen als auch die Erzeugung eines Links (unter *Freigegebene Links*). Klicken Sie mit der rechten Maustaste auf einen solchen Eintrag und wählen Sie aus dem Menü *Benutzer entfernen* (wenn eine Person gewählt ist) bzw. *Link deaktivieren* (für zuvor erzeugte Freigabelinks). In OneNote 2016 ist die Schaltfläche mit *Verknüpfung deaktivieren* beschriftet.

8.4.5 Gemeinsam an Notizen arbeiten

Die nötigen Schreibrechte vorausgesetzt, unterscheidet sich die Arbeit an einem freigegebenen Notizbuch nicht von der an persönlichen Notizen. In der Grundeinstellung von OneNote ist festgelegt, dass Änderungen an den Notizbüchern (nahezu) sofort synchronisiert werden und damit für alle Teilnehmer sichtbar werden.

Wenn Sie das aus irgendeinem Grund nicht möchten, können Sie dieses Verhalten ändern – allerdings nicht für jedes Notizbuch individuell, sondern nur grundsätzlich für alle:

1. Öffnen Sie die Backstage-Ansicht durch einen Klick auf *Datei,* und klicken Sie dann rechts oben auf die Schaltfläche *Synchronisierungsstatus anzeigen*. Alternativ finden Sie den gleichbedeutenden Befehl *Notizbuch-Synchronisierungsstatus* im Kontextmenü nach einem Rechtsklick auf den Notizbuchnamen in der normalen Notizbuchansicht links oben oder in der Notizbuch-Navigationsleiste.
2. Das folgende Fenster listet alle geöffneten Notizbücher auf und zeigt deren Aktualität neben dem Zeitpunkt der letzten Synchronisation. Möchten Sie die automatische Synchronisation abschalten, ändern Sie im oberen Bereich des Fensters die Einstellung *Bei Änderung automatisch synchronisieren* in *Manuell synchronisieren*.
3. Die neben jedem Notizbuch stehende Schaltfläche *Jetzt synchronisieren* gleicht dann per Klick die Notizbücher einzeln ab. Alle gemeinsam bringen Sie mit der Schaltfläche *Alle synchronisieren* auf den gleichen Stand.

> TIPP
>
> Sollte während der Arbeit an einem freigegebenen Notizbuch die Internet- oder Netzwerkverbindung verloren gehen (weil Sie den WLAN-Bereich verlassen, im Flugzeug sitzen usw.), ist das kein Beinbruch. OneNote hält das Notizbuch in einem lokalen Pufferspeicher, und Sie können daran normal weiterarbeiten. Sie sehen nur die Änderungen anderer während dieser Zeit nicht. Sobald wieder eine Netzverbindung besteht, wird Ihr Notizbuch wieder synchronisiert. Je nach zuvor beschriebener Einstellung geschieht das vollautomatisch oder manuell.

> TIPP
>
> Sie können ohne Umweg über das Fenster mit dem Notizbuch-Synchronisierungsstatus jederzeit einen Abgleich des gerade bearbeiteten Notizbuchs per Hand einleiten. Am schnellsten geht das mit der Tastenkombination ⇧+F9. Während die Synchronisation läuft, wird dies mit einem kleinen weißen Doppelpfeil in einem grünen Kreis auf dem Notizbuchsymbol links oben oder in der Notizbuch-Navigation angezeigt.

Wie lange eine Synchronisation im Einzelnen dauert, hängt von drei Faktoren ab:

- **Art und Umfang des Inhalts:** Wenn ein Bearbeiter große Grafiken oder gar Dateien in eine Notizseite einbringt, dauert es natürlich länger, diese an alle Teilnehmer zu übertragen, als wenn nur ein paar Zeilen Text hinzukommen.
- **Lokal gepufferte Inhalte:** Öffnet ein neuer Mitbearbeiter ein umfangreiches freigegebenes Notizbuch zum ersten Mal, müssen zunächst sämtliche Inhalte auf seinen lokalen Rechner übertragen werden und landen dort in einer lokalen Kopie (Cache). Das kann natürlich – je nach Umfang und Netzanbindung – eine Weile dauern. Künftig werden aber normalerweise nur noch die Änderungen abgeglichen, was wesentlich flotter geht.
- **Netzanbindung:** Natürlich spielen auch Art und Tempo der Verbindung zum Notizbuch eine Rolle. In einem schnellen lokalen Netzwerk werden Sie den Synchronisierungsvorgang meistens überhaupt nicht bemerken. Eine schlechte WLAN- oder langsame Internetverbindung kann den Abgleich dagegen merklich bremsen.

In Ausnahmefällen kann es zu Synchronisationskonflikten kommen – etwa wenn zwei Nutzer offline Änderungen an derselben Stelle auf einer Notizseite vornehmen.

In diesen besonderen Fällen legt OneNote zusätzliche Abschnitte an, deren Bezeichnung auf einen Synchronisationskonflikt hindeutet. So lassen sich die korrekten Änderungen zumindest manuell nachträglich vornehmen.

8.4.6 Änderungen nachverfolgen

Sobald mehrere Personen in einem Notizbuch munter Inhalte hinzufügen, ändern, löschen und verschieben, geht schnell der Überblick verloren. OneNote bietet daher einige clevere Mechanismen, um Änderungen den jeweiligen Urhebern zuzuordnen, auf neue Inhalte besonders hinzuweisen und gegebenenfalls unerwünschte Bearbeitungsschritte zurückzunehmen. Alle finden Sie in der Symbolleiste *Verlauf*. Sie haben folgende Bedeutung und Funktion:

- *Seitenversionen*: Jedes Mal, wenn jemand in einem gemeinsam bearbeiteten Notizbuch eine Änderung vornimmt, wird die vorherige Fassung der Seite gespeichert. Mehr zum Umgang mit unterschiedlichen Seitenversionen finden Sie im Abschnitt 7.3.2.
- *Autoren ausblenden:* Standardmäßig werden die Initialen des Urhebers eines Elements oder von dessen letzter Änderung rechts neben dem jeweiligen Notizencontainer angezeigt. Mit dieser Schaltfläche schalten Sie die Anzeige aller Verfasser ein oder aus.
- *Nach Autor suchen*: Ein Klick auf diese Schaltfläche blendet rechts ein Fenster mit Suchergebnissen ein. Darin sind alle bisherigen Bearbeiter aufgeführt. Ein Klick auf das V-förmige Symbol rechts neben einem Namen öffnet eine Liste mit allen Seiten, auf denen der jeweilige Autor etwas verfasst oder geändert hat. Diese wiederum lassen sich durch Anklicken direkt öffnen. In den beiden darüber stehenden Feldern können Sie die Sortierung wählen (nach Änderungsdatum oder nach Autoren) und den Suchbereich festlegen (*dieses Notizbuch, dieser Abschnitt, diese Abschnittsgruppe* oder *alle Notizbücher*).
- *Letzte Änderungen*: Funktioniert genauso wie die Autorensuche, verwendet als Kriterium aber das Datum der letzten Änderung. Sie können aus dem Ausklappmenü, das nach dem Klick auf diese Schaltfläche erscheint, den Zeitrahmen wählen – etwa *Heute*, *Letzte 14 Tage* oder *Letzte 3 Monate*. Auch hierbei öffnet sich rechts ein Suchergebnisbereich mit Optionen zur Sortierung der Anzeige und zum Einschränken. Lassen Sie sich nicht davon irritieren, dass viele Textelemente gelb hinterlegt werden. Dies liegt daran, dass OneNote so grundsätzlich Fundstellen nach einer Suche markiert – und auch die Anzeige geänderter Seiten ist das Ergebnis eines Suchlaufs.
- *Nächstes ungelesenes Element*: Wenn jemand anderes seit dem letzten Mal, als Sie ein freigegebenes Notizbuch geöffnet hatten, etwas hinzugefügt hat, markiert OneNote die entsprechenden Seiten als ungelesen. Die Titelbezeichnungen in der Seitennavigation und Abschnittsnamen in den Karteireitern werden fett dargestellt, ähnlich wie in E-Mail-Programmen oder diversen Internetforen. Mit dieser Schaltfläche wechseln Sie durch alle Seiten mit solchen Markierungen.

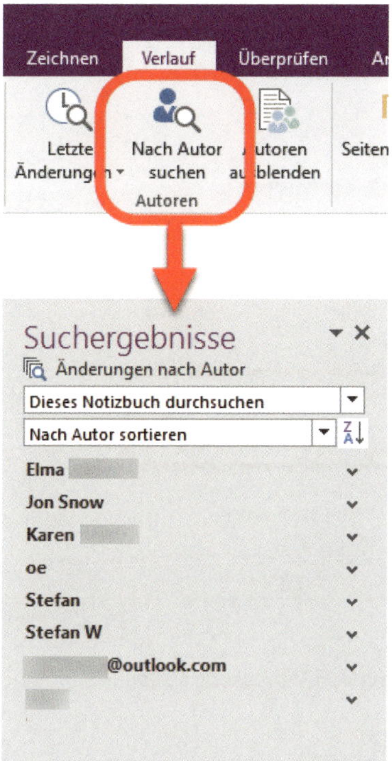

Gemeinsam bearbeitete Notizbücher lassen sich nach diversen Kriterien durchsuchen und filtern, zum Beispiel nach einem Zeitrahmen der letzten Änderung oder wie im Bild nach den jeweiligen Autoren.

- *Als gelesen markieren*: OneNote merkt sich nicht selbstständig, ob Sie eine als ungelesen markierte Seite geöffnet haben. Die Seite behält diesen Status, bis Sie auf die Schaltfläche *Als gelesen markieren* klicken und im Drop-down-Menü noch einmal denselben Befehl wählen. Schneller geht es mit der Tastenkombination Strg+Q. Mit demselben Tastenkürzel oder einem weiteren Klick auf die Schaltfläche und Auswahl von *Als ungelesen markieren* können Sie eine Seite auch wieder als ungelesen kennzeichnen – etwa, weil Sie sich für später explizit nochmals auf den Inhalt hinweisen wollen. Im selben Drop-down-Menü finden Sie auch den Befehl *Notizbuch als gelesen markieren*, der die Ungelesen-Kennzeichnung von allen Seiten auf einmal entfernt. Der letzte Eintrag in diesem Menü (*Ungelesene Änderungen in diesem Notizbuch anzeigen*) schaltet den Markierungsmechanismus für das aktuelle Notizbuch komplett ab.

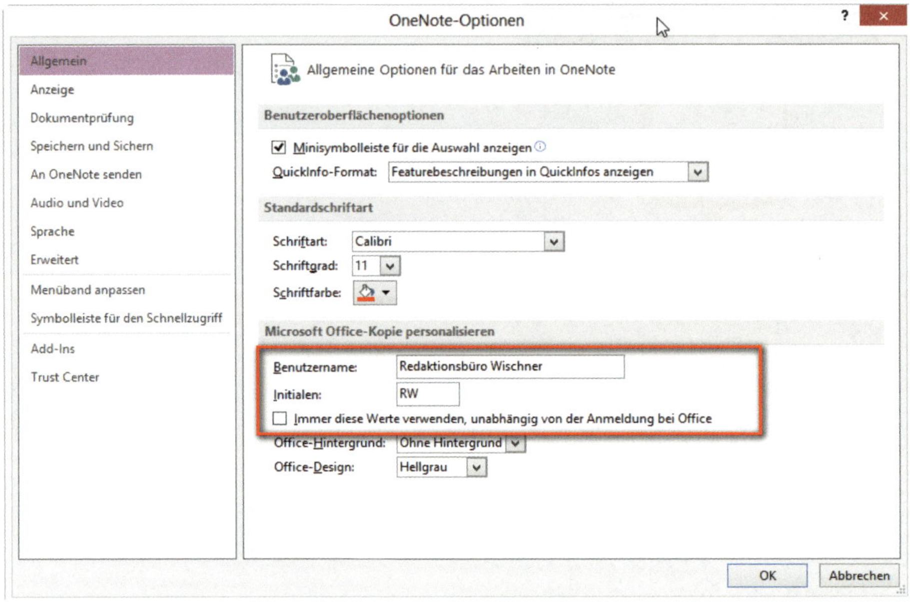

Ihren Anzeigenamen und die Initialen für die Markierung von Verfassern stellen Sie in den OneNote-Optionen ein.

TIPP

Der Verfasser eines Elements wird in OneNote mit seinem Microsoft-Account-Namen angegeben, wenn er die Webversion von OneNote oder die Windows-10-App verwendet hat. Wurden die Notizen dagegen mit dem Desktop-OneNote von Microsoft Office vorgenommen, identifiziert er sich über den dort hinterlegten Namen bzw. seine Initialen. Diese Angaben lassen sich in der Backstage-Ansicht unter *Optionen/Allgemein* im Abschnitt *Microsoft-Office-Kopie personalisieren* ändern.

KURZ NOTIERT

- Sie können OneNote-Inhalte auf Papier, per E-Mail oder als Datei weitergeben.
- Notizbücher im lokalen Netzwerk, auf SharePoint oder OneDrive lassen sich zur gemeinsamen Bearbeitung freigeben.
- Auch Teammitglieder ohne eigenes OneNote können mitmachen.
- Änderungen aller Mitbearbeiter lassen sich jederzeit nachverfolgen.

9 Anpassen und individualisieren

Wie Sie Ihren Notizen eine persönliche Note verleihen, etwa durch das Einbinden von Hintergrundgrafiken oder die Verwendung von Seitenformatvorlagen, haben Sie in Kapitel 6, »Strukturieren und aufräumen«, erfahren. Jetzt geht es darum, wie Sie das Programm selbst an Ihre persönlichen Vorlieben und Ihre bevorzugte Arbeitsweise anpassen. Sie können zum Beispiel die Symbolleisten in den Menübändern (Ribbons) ändern, eigene Menüs hinzufügen oder häufig verwendete Befehle in einer individuell zusammengestellten Symbolleiste für den Schnellzugriff bereithalten.

Zudem verstecken sich in den verschiedenen Einstellungsbereichen, die Sie über die Backstage-Ansicht aufrufen können, eine Menge Stellschrauben und Schalter, deren Bedeutung und Anwendung Sie in diesem Kapitel kennenlernen.

9.1 Symbolleisten und Menüs anpassen

Das mit Office 2007 eingeführte neue Bedienkonzept mit in unterschiedlichen Menübändern thematisch zusammengefassten Befehlen und Funktionen ist auch in Office 2016 und damit im aktuellen OneNote natürlich noch vorhanden. Nach wie vor findet diese radikale Abkehr von den klassischen Windows-Menüs und Dialogfeldern nicht nur Freunde. Das liegt vor allem daran, dass kein Menüband alle persönlich häufig genutzten Befehle vereint und man sich manchmal durch mehrere Symbolleisten auf der Suche nach der gewünschten Funktion klicken muss. Dabei gibt es zwei Möglichkeiten, die Bedienung an die eigenen Vorlieben recht einfach anzupassen:

- Zusätzlich zu den Menübändern hat Microsoft mit Office 2007 die *Symbolleiste für den Schnellzugriff* eingeführt. Sie ist praktisch immer sichtbar, egal welches Menüband gerade offen ist, und hält häufig gebrauchte Funktionen bereit. Diese Leiste lässt sich sehr einfach mit genau den Befehlen bestücken, die Sie oft nutzen.
- Die gesamte Struktur aus Menüs, Menübändern, darin enthaltenen Befehlsgruppen und Befehlen lässt sich ebenfalls individualisieren. Nichts steht dem Rauswerfen ungenutzter Befehle, dem Umgruppieren, dem Umbenennen oder gar dem Zusammenstellen ganz individueller Menübänder entgegen.

Im Folgenden lernen Sie, wie Sie mit wenigen Mausklicks die OneNote-Oberfläche von unnötigem Ballast befreien und an Ihre ganz persönliche Arbeitsweise anpassen.

9.1.1 Die Symbolleiste für den Schnellzugriff bestücken

Am oberen Rand der Benutzeroberfläche, gleich rechts neben dem violetten OneNote-Logo, sehen Sie die Symbolleiste für den Schnellzugriff. Diese enthält Befehle, die Sie häufig benötigen, und zeigt ihren Inhalt völlig unabhängig davon, welche (Menüband-)Symbolleiste gerade aktiv ist oder ob das Menüband eingeklappt ist.

> TIPP
> Es gibt eine Ausnahme: In der Vollbildanzeige, also bei eingeschalteter Option *Menüband automatisch ausblenden* (siehe Kapitel 2, »Benutzeroberfläche und erste Schritte«), verschwindet auch die Symbolleiste für den Schnellzugriff.

Standardmäßig enthält die Symbolleiste nur vier Schaltflächen:

- *Zurück*: Rückkehr zur zuvor angezeigten Notizbuchseite.
- *Rückgängig*: Zurücknehmen des letzten Bearbeitungsschritts, wie Strg+Z.
- *An Desktop andocken*: OneNote in den Dock-Modus versetzen, um zum Beispiel verknüpfte Notizen zu erzeugen (siehe Abschnitt 4.7).
- *Symbolleiste für den Schnellzugriff anpassen*: Hinzufügen oder Entfernen von Befehlen zu/aus dieser Symbolleiste.

Zunächst einmal können Sie die Symbolleiste zwischen der Befehlsleiste (*Datei*, *Start*, *Einfügen* usw.) und den Abschnittskarteireitern platzieren, anstatt sie am oberen Rand anzuzeigen. Dies hat Vorteile, aber auch einen Nachteil:

- Sie gewinnen so etwas Platz in der Breite, können also mehr Symbole hinzufügen (wie das geht, dazu folgt gleich mehr).
- Die Mauswege von der Notizseite zu den Schnellzugriffssymbolen werden etwas kürzer.
- Auf einem Tablet-PC tun Sie sich vielleicht etwas leichter, die Symbole mit dem Finger zu treffen, wenn sie nicht ganz am Bildschirmrand und damit am Gehäuserahmen kleben.
- Ein kleiner Nachteil ist allerdings, dass die unterhalb des Menübands platzierten Symbole von einer bei Bedarf aufgeklappten (Menüband-)Symbolleiste kurzzeitig verdeckt werden. Haben Sie dagegen das Menüband ständig eingeblendet, ist das nicht der Fall. Die Symbolleiste befindet sich dann unterhalb.

So verschieben Sie die Symbolleiste für den Schnellzugriff:

1. Klicken Sie auf das letzte darin enthaltene Symbol (ein Dreieck mit der Spitze nach unten und ein darüber liegender Querbalken).
2. Wählen Sie im Drop-down-Menü den Befehl *Unter dem Menüband anzeigen* aus. Die Symbolleiste wird daraufhin sofort neu positioniert.
3. Um die Symbolleiste für den Schnellzugriff wieder an den oberen Fensterrand zu bringen, gehen Sie genauso vor. Die Bezeichnung des Befehls im Kontextmenü lautet jetzt *Über dem Menüband anzeigen*.

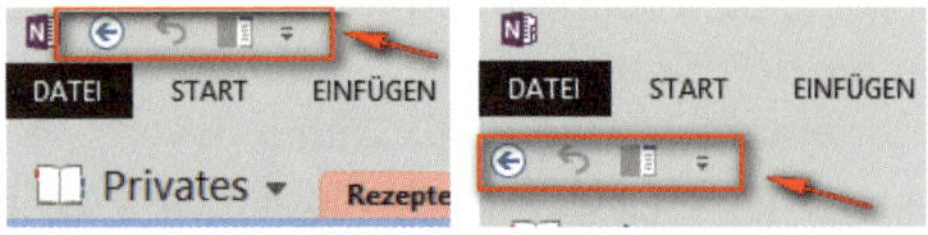

Die Symbolleiste für den Schnellzugriff lässt sich statt am oberen Rand (Abb. links) auch unter dem Menüband (Abb. rechts) platzieren.

Befehle hinzufügen und entfernen

Mit den drei standardmäßig in der Symbolleiste für den Schnellzugriff enthaltenen Befehlen dürften Sie vermutlich nicht auskommen. Das müssen Sie auch nicht, denn Sie können hier quasi jeden in OneNote vorhandenen Befehl einbauen. Nicht benötigte Befehle lassen sich zudem problemlos entfernen:

1. Klicken Sie auf das ganz rechte Symbol. Es zeigt ein Dreieck mit der Spitze nach unten und einen darüber liegenden Querbalken.

2. Nun klappt eine Liste mit einer Auswahl gängiger Befehle aus. Zudem sind hier auch die Befehle aufgelistet, zu denen bereits Symbole in der Leiste vorhanden sind. Sie sind mit einem vorangestellten Häkchen markiert.

3. Um einen Befehl aus der Liste (zum Beispiel *Drucken* oder *Seitenansicht*) als Symbol hinzuzufügen, klicken Sie ihn an, woraufhin er ebenfalls mit einem Häkchen gekennzeichnet wird.

4. Genauso entfernen Sie einen nicht mehr benötigten Befehl. Nach einem Mausklick verschwindet das Häkchen vor dem Eintrag, und das Symbol wird aus der Leiste entfernt.

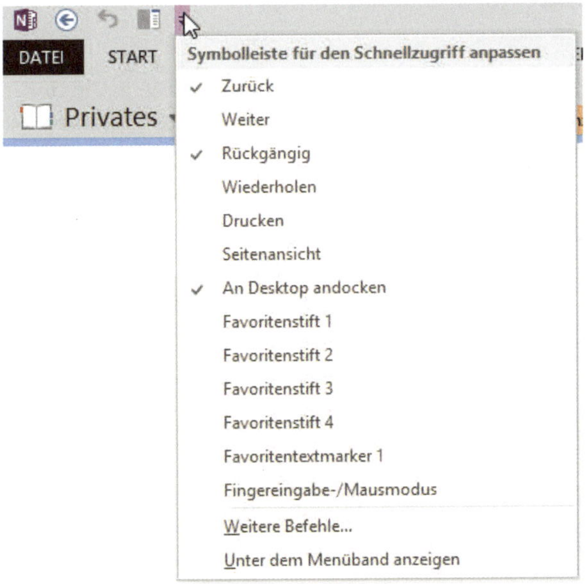

Die Auswahlliste zur Bestückung der Symbolleiste für den Schnellzugriff ist praktisch, bietet aber nur wenige Befehle.

Diese Schnellauswahl ist zwar praktisch, aber doch sehr mager bestückt. Wie versprochen, können Sie aber die Symbolleiste quasi um beliebige Befehle erweitern:

1. Klicken Sie dazu in der Auswahlliste der Schnellstartbefehle auf den Eintrag *Weitere Befehle*. Alternativ können Sie auch mit der rechten Maustaste auf einen in

der Symbolleiste vorhandenen Befehl klicken und im zugehörigen Kontextmenü den Eintrag *Passen Sie die Symbolleiste für den Schnellzugriff an* wählen. Der dritte Weg führt über die Backstage-Ansicht (Menü *Datei*), die Auswahl von *Optionen* und einen Klick auf *Symbolleiste für den Schnellzugriff*.

2. Daraufhin öffnet sich ein Fenster, das im Wesentlichen aus zwei Listen besteht. In der rechten Liste finden Sie alle Befehle, die derzeit in der Symbolleiste für den Schnellzugriff angezeigt werden – anfangs also drei. Links sind alle OneNote-Befehle alphabetisch aufgelistet, die sich einer Schnellzugriff-Schaltfläche zuweisen lassen.

3. Erweitern Sie bei Bedarf zunächst die linke Liste, die anfangs eine (recht große) Auswahl gängiger Befehle enthält. Klicken Sie dazu oben auf das Listenfeld unter *Befehle auswählen*. Es bietet eine Reihe von Anzeigefiltern, wie zum Beispiel *Nicht im Menüband enthaltene Befehle*, Befehle aus bestimmten Menübändern (wie *Start* oder *Ansicht*) und auch den Eintrag *Alle Befehle*. Wählen Sie den gewünschten Filter aus.

4. Um der Symbolleiste für den Schnellzugriff einen Befehl hinzuzufügen, markieren Sie ihn in der linken Liste und klicken dann auf die Schaltfläche *Hinzufügen>>* zwischen den beiden Listen. Noch schneller geht es mit einem Doppelklick auf einen Eintrag in der linken Liste.

5. Genauso entfernen Sie einen Befehl auch wieder: Markieren Sie ihn in der rechten Liste, und klicken Sie dann auf die Schaltfläche *<<Entfernen*. Auch hier funktioniert ein Doppelklick auf einen Eintrag rechts.

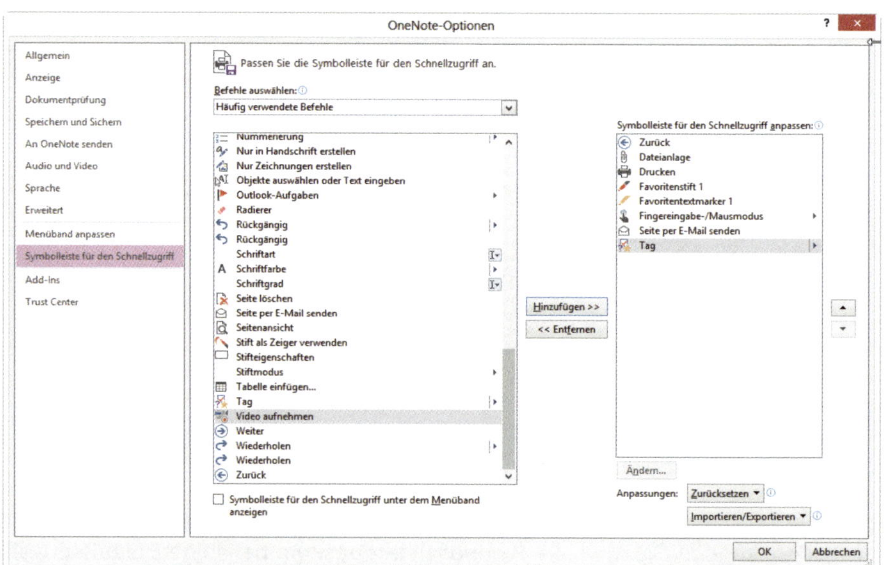

In den OneNote-Optionen haben Sie dagegen Zugriff auf praktisch alle Funktionen.

6. Die beiden Schaltflächen mit den beiden Dreiecken ganz rechts dienen dazu, die Symbole in der Symbolleiste für den Schnellzugriff zu sortieren. Markieren Sie einen Befehl, und klicken Sie dann auf das Dreieck mit der Spitze nach unten, um ihn eine Stufe nach unten zu bewegen, oder auf das andere Dreieck, um ihn nach oben zu schieben.

7. Mit einem Klick auf *OK* übernehmen Sie die Änderungen.

So lässt sich die Symbolleiste für den Schnellzugriff aus Ihren am häufigsten genutzten Befehlen und Funktionen zusammenstellen.

9.1.2 Das Menüband anpassen

Etwas einschneidender ist die Umgestaltung der einzelnen Menübänder. Sie bietet aber auch die effektivste Anpassung der OneNote-Oberfläche an Ihre Arbeitsweise. Dabei bestimmen Sie das Ausmaß des Umbaus selbst. Sie haben folgende Möglichkeiten:

- Umsortieren der Reihenfolge von Befehlen, Befehlsgruppen oder Menüs.
- Entfernen einzelner Befehle und Symbole, ganzer Befehlsgruppen in einem Menüband oder kompletter Menüs.
- Umbenennen vorhandener Menüs oder Befehlsgruppen.
- Verschieben von Befehlen in eine andere Befehlsgruppe oder in ein anderes Menüband.
- Hinzufügen von nicht aufgeführten Befehlen und Zuordnen zu einem Menüband und einer Befehlsgruppe.
- Erstellen komplett neuer Menübänder mit individuell zusammengestellten Funktionen.

Um sich mit den Anpassungsmöglichkeiten vertraut zu machen, sollten Sie damit beginnen, nur einzelne Befehle hinzuzufügen, zu entfernen oder umzusortieren. So laufen Sie nicht so sehr Gefahr, sich die ganze Oberfläche versehentlich zu zerstören. Sie haben zwar jederzeit die Möglichkeit, alle Änderungen auf einmal rückgängig zu machen (siehe Abschnitt 9.1.4), nicht aber einzelne Schritte zurückzunehmen.

Das Konfigurationsfenster, in dem Sie die Menübänder von OneNote anpassen, entspricht weitgehend dem zur Bearbeitung der Symbolleiste für den Schnellzugriff (siehe Abschnitt 9.1.1). Sie erreichen es auf zwei unterschiedlichen Wegen:

- Öffnen Sie die Backstage-Ansicht mit einem Klick auf *Datei*, wählen Sie dann *Optionen* und den Menüeintrag *Menüband anpassen*.

- Klicken Sie mit der rechten Maustaste auf einen Menüeintrag, ein beliebiges Symbol in irgendeiner Symbolleiste oder einen freien Bereich einer Symbolleiste, und wählen Sie im Kontextmenü den Befehl *Menüband anpassen* aus.

Es öffnet sich ein Fenster, das im Wesentlichen aus zwei Listen besteht. Die linke Liste enthält alle in OneNote für Menübänder zulässigen Funktionen. Diese sind alphabetisch sortiert; ihr Umfang wird durch einen Anzeigefilter begrenzt. Diesen stellen Sie über das Listenfeld unter *Befehle auswählen* ein. Verfügbare Filteroptionen sind zum Beispiel *Häufig verwendete Befehle*, *Nicht im Menüband enthaltene Befehle* oder *Alle Befehle*.

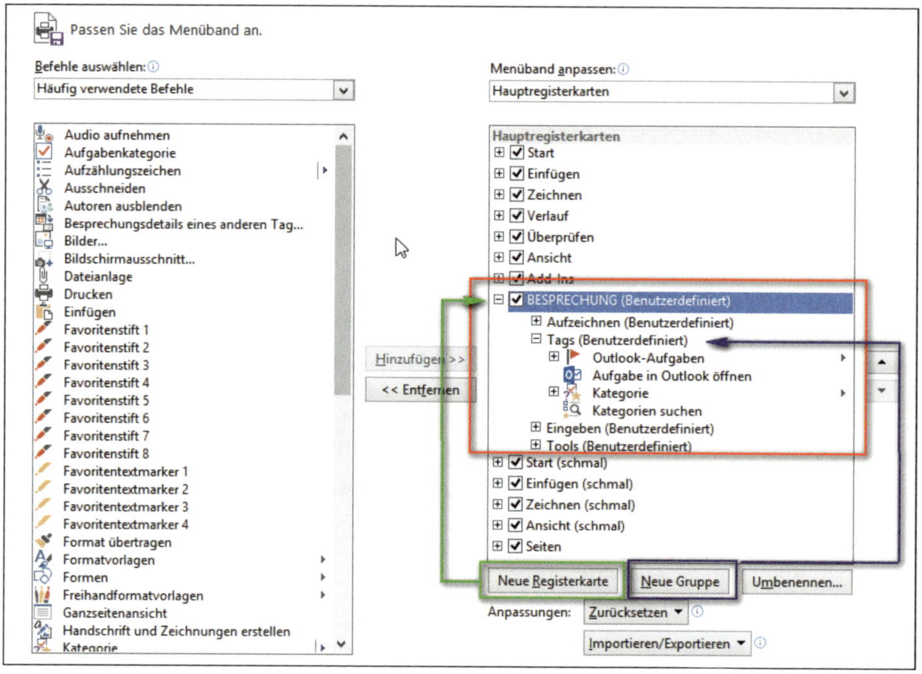

Passen Sie die Menübänder und Befehlsgruppen an Ihre Vorstellungen an, oder erzeugen Sie sogar komplett neue Menüs.

Die rechte Liste zeigt den Inhalt und die Struktur aller Menüs und Symbolleisten, wie sie im Moment sind. Auch diese Auflistung lässt sich durch einen Filter eingrenzen. Zur Auswahl stehen hier *Hauptregisterkarten*, *Registerkarten für Tools* (zum Beispiel das Tabellen- oder Audio-Unterregister) und *Alle Registerkarten*.

Alle Menüs, Befehlsgruppen und Befehle sind in einer Baumstruktur angeordnet. Sie klappen die jeweils tiefere Ebene durch einen Klick auf das vorangestellte Pluszeichen aus oder mit dem Minuszeichen wieder ein.

So passen Sie die Menüs in der rechten Liste an Ihre Vorstellungen an:

Menüs ausblenden

Wenn Sie einen (Haupt-)Menüpunkt von der Oberfläche verschwinden lassen wollen, entfernen Sie einfach das Häkchen vor dem entsprechenden Eintrag. Bei Bedarf können Sie das Menü durch erneutes Setzen des Häkchens problemlos wieder einblenden.

Umbenennen von Menüs oder Befehlsgruppen

Vielleicht können Sie mit der Bezeichnung *Verlauf* für die Symbolleiste mit Funktionen zur Darstellung von Autoren, ungelesenen Änderungen und Seitenversionen nicht viel anfangen und würden das Menü lieber *Historie* nennen. Kein Problem: Markieren Sie den entsprechenden Menü- oder Befehlsgruppeneintrag, klicken Sie dann auf die Schaltfläche *Umbenennen,* und tragen Sie im folgenden Dialogfeld die gewünschte neue Bezeichnung (zum Beispiel *Historie*) ein.

Löschen von Befehlsgruppen

Angenommen, Sie sind sich sicher, niemals Audio- oder Videoaufzeichnungen mit OneNote machen zu wollen, und die zugehörigen Schaltflächen in der Symbolleiste des *Einfügen*-Menüs stören Sie. Dann können Sie diese ganz einfach entfernen: Markieren Sie die entsprechende Befehlsgruppe (*Aufnahme*), und klicken Sie dann auf die Schaltfläche *>>Entfernen*. Das klappt nicht mit einzelnen Befehlen (sie sind entsprechend grau dargestellt) und auch nicht mit den Standardmenüs (wohl aber mit benutzerdefinierten, siehe unten). Wollen Sie ein Standardmenü, wie zum Beispiel *Überprüfen* oder *Ansicht*, von der Benutzeroberfläche verbannen, blenden Sie es durch Entfernen des Häkchens aus.

Umsortieren von Einträgen

Sie können auch die Reihenfolge ändern, in der Menübezeichnungen und Befehlsgruppen innerhalb von Symbolleisten erscheinen. So lassen sich zum Beispiel häufiger genutzte Befehle räumlich zusammenbringen. Markieren Sie die entsprechenden Elemente (mit einzelnen Befehlen innerhalb von Befehlsgruppen geht das nicht), und klicken Sie rechts neben der Befehlsliste auf die beiden schwarzen Dreiecke, um den entsprechenden Eintrag nach oben (in der Oberfläche rutscht er nach links) oder nach unten (in der Oberfläche dann rechts) zu verschieben.

Hinzufügen von Menüs, Gruppen oder Befehlen

Unter Einhaltung bestimmter Regeln lassen sich Standardmenüs wie *Start* oder *Einfügen* um zusätzliche Befehle erweitern. Die wichtigste Regel: Sie können keine vorhandenen Befehlsgruppen als Container verwenden. Stattdessen müssen Sie eine neue benutzerdefinierte Gruppe anlegen. Dazu markieren Sie in der rechten Liste das jeweilige Menü, das die neue Gruppe enthalten soll, und klicken unten auf die Schaltfläche *Neue Gruppe*. Es entsteht sofort ein neuer Eintrag mit der Bezeichnung

Neue Gruppe (Benutzerdefiniert), der schon markiert ist. Klicken Sie nun auf *Umbenennen*, um aus dem folgenden Dialogfeld ein passendes Symbol auszuwählen und der Gruppe eine passende Bezeichnung zu geben. Jetzt können Sie die neu angelegte Gruppe mit Befehlen aus der linken Liste bestücken. Markieren Sie den jeweiligen Befehl, und klicken Sie dann auf *Hinzufügen>>*.

Auf dieselbe Art bauen Sie auch komplett neue Menüleisten. Anstatt *Neue Gruppe* verwenden Sie dazu die Schaltfläche *Neue Registerkarte*. Das neu erzeugte Menü bestücken Sie wiederum wie beschrieben mit benutzerdefinierten Befehlsgruppen.

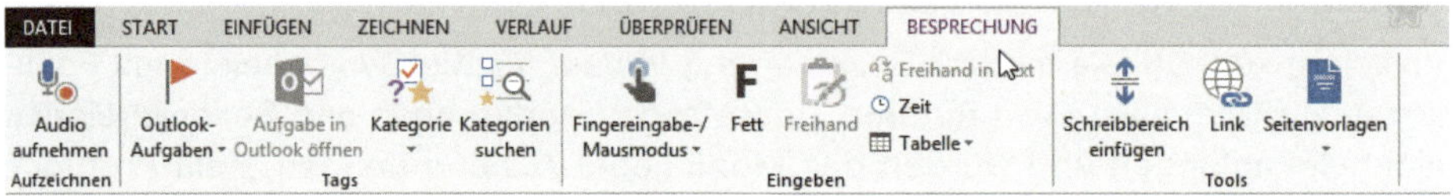

Fassen Sie zum Beispiel alle Funktionen in einem Menüband zusammen, die Sie beim Mitprotokollieren von Besprechungen benötigen.

9.1.3 Anpassungen auf einen anderen Rechner übertragen

Wenn Sie OneNote auf verschiedenen Rechnern nutzen, etwa einem Desktop-PC und einem Notebook oder Ihrem Büro-PC und Ihrem Privatrechner, möchten Sie wahrscheinlich auf allen dieselben Anpassungen der Benutzeroberfläche nutzen. Eine mühsam zusammengestellte Schnellzugriff-Symbolleiste oder ein individuelles Menüband Schritt für Schritt auf jedem PC nachzubauen, ist aber recht mühsam.

Das geht deutlich einfacher: Sie können nämlich alle derartigen Änderungen in eine Datei exportieren und auf einem anderen Rechner wieder einlesen. Alle Anpassungen der Benutzeroberfläche werden dann dort auf einen Schlag übernommen. Diese Funktion lässt sich auch als Backup nutzen – für den Fall, dass Sie Windows und/oder Office komplett neu installieren müssen.

1. Öffnen Sie das Fenster zur Anpassung der Menüs, zum Beispiel über die Backstage-Ansicht, *Optionen* und *Menüband anpassen*.
2. Ganz rechts unten klicken Sie auf die Schaltfläche *Importieren/Exportieren* und wählen im Drop-down-Menü den Eintrag *Alle Anpassungen exportieren*.
3. Im daraufhin geöffneten Dateidialogfeld navigieren Sie zu einem passenden Speicherort (zum Beispiel einem USB-Stick). Den vorgegebenen Dateinamen *OneNote-Anpassungen* ändern Sie auf Wunsch und schließen mit einem Klick auf *Speichern* ab.
4. Auf dem Zielrechner, der die OneNote-Anpassungen übernehmen soll, öffnen Sie ebenfalls das Fenster zum Anpassen des Menübands über die Backstage-Ansicht und die Auswahl von *Optionen*.

5. Klicken Sie auf *Importieren/Exportieren*, und wählen Sie im Drop-down-Menü den Eintrag *Anpassungsdatei importieren.* Im folgenden Dialogfeld zur Dateiauswahl wählen Sie die zuvor exportierte Datei aus.

6. Nach einem Klick auf *Öffnen* bestätigen Sie den Import in der folgenden Abfrage mit *Ja*.

Alle Änderungen an Symbolleisten und Menüs sind nun auch auf dem Zielrechner aktiv.

TIPP

Die von OneNote 2016 erzeugte Anpassungsdatei ist kompatibel zu OneNote 2010/2013 und umgekehrt. Lediglich einige neue Befehle/Symbole (wie zum Beispiel die Umschaltung zwischen Maus- und Touchdarstellung der Oberfläche) werden in der alten Version nach dem Import ignoriert – das entsprechende Symbol fehlt einfach.

Wenn Sie ohnehin OneDrive verwenden, um dort Notizbücher zu speichern und zu synchronisieren, können Sie den Onlinespeicher auch nutzen, um Ihre OneNote-Konfigurationsdatei dort zu lagern. Navigieren Sie beim Im- oder Export einfach zu Ihrem lokalen OneDrive-Ordner, der ja regelmäßig mit dem Webspeicher synchronisiert wird.

9.1.4 Symbolleisten-Änderungen zurücksetzen

Wenn Sie das Gefühl haben, dass Ihr OneNote durch die vorgenommenen Änderungen komplett verkonfiguriert ist, lassen sich die ursprünglichen Einstellungen wiederherstellen:

1. Öffnen Sie das Fenster zur Anpassung der Menüs, zum Beispiel über die Backstage-Ansicht, *Optionen* und *Menüband anpassen*.

2. Um sämtliche Einstellungen wieder in den originalen Zustand wie nach der OneNote-Installation zu bringen, klicken Sie rechts unten auf die Schaltfläche *Zurücksetzen* und wählen im Drop-down-Menü den Eintrag *Alle Anpassungen zurücksetzen* aus.

3. Möchten Sie dagegen nur die Änderungen eines einzelnen Menübands zurücknehmen, markieren Sie dessen Bezeichnung zuerst in der rechten Liste, klicken dann auf *Zurücksetzen* und wählen im Drop-down-Menü den Eintrag *Nur ausgewählte Registerkarte des Menübands zurücksetzen*. Ist der Befehl nicht wählbar (hellgrau dargestellt), befindet sich das markierte Menü bereits im ursprünglichen Zustand.

4. Bestätigen Sie die folgende Sicherheitsabfrage mit *Ja*.

9.2 Einstellungen in den OneNote-Optionen

Außer den Befehlen und Symbolen der Benutzeroberfläche bietet OneNote noch eine ganze Reihe weiterer Einstellungsmöglichkeiten. Einige wurden schon in den zugehörigen Kapiteln beschrieben. An dieser Stelle finden Sie eine Übersicht der wichtigsten Einstellschrauben. Alle stecken in den OneNote-Optionen. Diese erreichen Sie folgendermaßen:

1. Klicken Sie auf den Menüeintrag *Datei*, wodurch sich die Backstage-Ansicht öffnet.

2. Wählen Sie aus dem Menü links den Befehl *Optionen* aus.

Es erscheint das Fenster der OneNote-Optionen, das vertikal geteilt ist. Im linken Bereich finden Sie zwölf Untermenüs mit Bezeichnungen wie *Allgemein*, *Anzeige*, *Dokumentenprüfung* usw. Den großen Bereich rechts nehmen – abhängig von der Kategorie, die Sie im Fenster der OneNote-Optionen gewählt haben – die verschiedenen Einstellungen ein. Sie sind in einzelne Abschnitte unterteilt und durch eine Überschrift in dunkelgrauer Schrift auf einem hellgrauen Balken gekennzeichnet.

Die nachfolgenden Erklärungen und Anleitungen gehen übrigens immer davon aus, dass Sie die OneNote-Optionen bereits geöffnet haben, anstatt den eben beschriebenen Weg dorthin jedes Mal zu wiederholen.

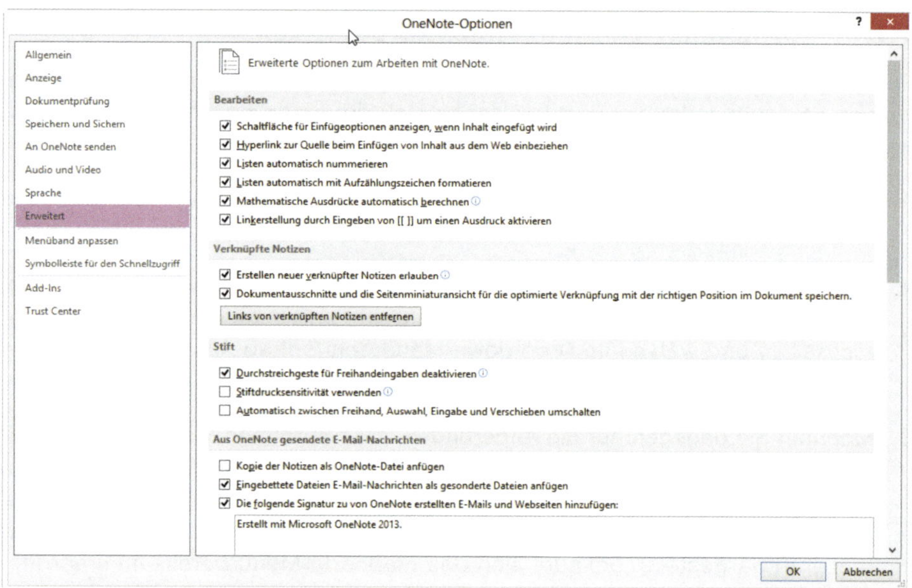

Die Schaltzentrale für viele OneNote-Einstellungen erreichen Sie über die Backstage-Ansicht.

9.2.1 Standardschriftart und Standardfarbe festlegen

Immer, wenn Sie in einen Notizencontainer Text eingeben und weder die Formatvorlage noch die Schriftart und -größe explizit gewählt haben (siehe Abschnitt 3.3.1 bis 3.3.4), benutzt OneNote eine Standardschrift, nämlich die Schriftart Calibri in einer Größe von 11 Punkt. Möchten Sie grundsätzlich eine andere Schriftart verwenden, stellen Sie das folgendermaßen ein:

1. Öffnen Sie in den OneNote-Optionen die Kategorie *Allgemein*.
2. Im Abschnitt *Standardschriftart* wählen Sie die *Schriftart* (das Listenfeld zeigt alle installierten Windows-Schriften), den *Schriftgrad* (Punktgröße) und, wenn Sie möchten, auch eine Standard-*Schriftfarbe*.

Die hier eingestellte Schrift ersetzt auch die einzige in OneNote anpassbare Formatvorlage namens *Standard*.

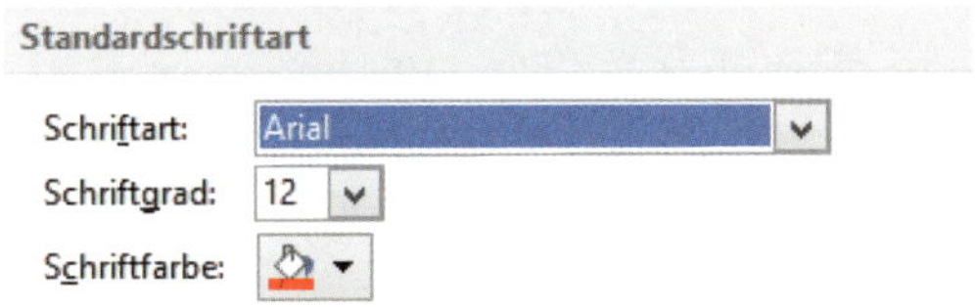

In den OneNote-Optionen legen Sie beispielsweise die Standardschrift für Notizen fest.

9.2.2 Minisymbolleiste und Quickinfos

Wie es auch in anderen Office-Programmen üblich ist, erscheint beim Markieren von Text oder anderen Elementen in der Nähe des Mauszeigers eine schwebende Minisymbolleiste. Sie enthält etliche Schaltflächen, zum Beispiel zur Textformatierung. Wenn Sie das stört, können Sie sie einfach abschalten.

Das Gleiche gilt für die QuickInfos (Tooltips). Das sind die kleinen Fenster mit einem erklärenden Hilfstext, die nach etwa einer Sekunde erscheinen, wenn Sie den Mauszeiger über eine Schaltfläche oder ein Menü bewegen.

1. Öffnen Sie in den One-Note-Optionen die Kategorie *Allgemein*.
2. Im Abschnitt *Benutzeroberflächenoptionen* deaktivieren Sie das Kontrollkästchen *Minisymbolleiste für die Auswahl anzeigen*, um die schwebende Symbolleiste abzuschalten. Setzen Sie das Häkchen, um sie wieder zu aktivieren.
3. Im Listenfeld *QuickInfo-Format* stehen drei Möglichkeiten zur Wahl: *Featurebeschreibungen in QuickInfos anzeigen* ist die Grundeinstellung. *Featurebeschreibungen in QuickInfos nicht anzeigen* beschränkt den Inhalt der Hinweisfenster auf das Wesentliche. *QuickInfos nicht anzeigen* schaltet sie komplett ab.

9.2.3 Etwas Oberflächenkosmetik

Microsoft Office 2013 und 2016 präsentieren sich in einem deutlich schlichteren Gewand als der Vorgänger. Passend zu Windows ab Version 8/8.1 ist das Aero-Design mit Transparenz- und Räumlichkeitseffekten einer nüchternen flachen Optik gewichen. Diese hängt zudem nicht mehr mit der Darstellung der Windows-Oberfläche selbst zusammen, sondern wird in Microsoft Office separat eingestellt. Der neue Look gilt auch dann, wenn Sie Office 2016 unter Windows 7 installieren.

Viel Auswahl für die persönliche Gestaltung gibt es allerdings derzeit nicht. In Office 2013 boten sich die Grundtöne Weiß, Hell- oder Dunkelgrau an; in Office 2016 wurde das »Dunkelgrau« noch dunkler und Hellgrau durch »Bunt« ersetzt. Letzteres stellt Fenstertitel und aktive Menüs in der Farbe des jeweiligen Office-Programms dar, also etwa Word in Blau und OneNote in Violett. Dazu lassen sich die Fensterränder noch mit ein paar grafischen Ornamenten verzieren.

TIPP

Die hier getroffenen Designeinstellungen gelten für alle Office-Programme gleichzeitig; eine separate Gestaltung nur von OneNote ist nicht vorgesehen – von der jeweils eigenen Farbe der Titelleiste bei der Auswahl von »Bunt« abgesehen.

1. Öffnen Sie in den OneNote-Optionen die Kategorie *Allgemein*.
2. Im Abschnitt *Microsoft-Office-Kopie personalisieren* finden Sie die Grundfarbenwahl im Drop-down-Menü *Office-Design*. Zusätzliche grafische Verzierungen bietet das Menü neben *Office-Hintergrund*.

Eine Vorschaufunktion fehlt leider. Sie müssen ein Design, das Ihnen gefällt, durch Ausprobieren herausfinden.

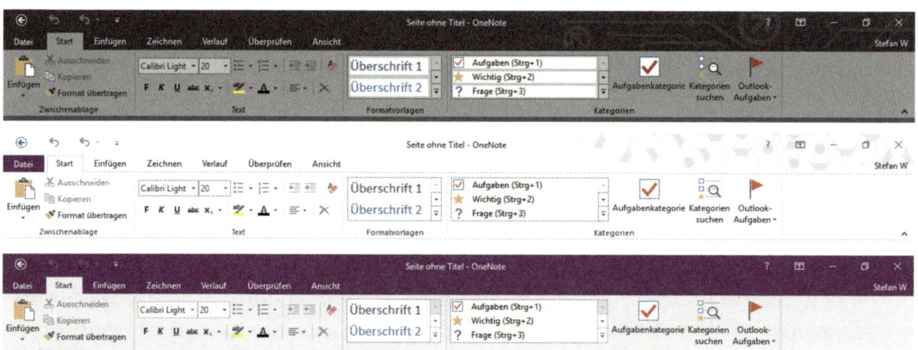

Die Design-Auswahl von Office (im Bild: OneNote 2016) erlaubt wenigstens ein bisschen Oberflächenkosmetik.

9.2.4 Position von Seiten- und Notizbuch-Navigation

In der Grundeinstellung steht die Notizbuch-Navigationsleiste (wenn Sie sie permanent einblenden) am linken Rand des OneNote-Fensters und die Seitennavigation innerhalb eines Abschnitts rechts. Sie können beide auch vertauschen oder gemeinsam links oder rechts anbringen:

1. Öffnen Sie in den OneNote-Optionen die Kategorie *Anzeige.*
2. Um die Notizbuch-Navigation grundsätzlich an der rechten Seite des OneNote-Fensters anzudocken, entfernen Sie das standardmäßig gesetzte Häkchen bei *Navigationsleiste links*.
3. Die Seitennavigation bringen Sie auf die linke Seite, indem Sie die Option *Seitenregister links* mit einem Häkchen versehen. Entfernen Sie dieses, um die Seitenliste wieder an die rechte Seite zu verschieben.

Positionieren Sie beides auf einer Seite, steht die Notizbuch-Navigation immer am äußeren Rand, also entweder ganz links oder ganz rechts. Bei ausgeblendeter Navigationsleiste finden sich allerdings sowohl der Name des aktuell geöffneten Notizbuchs als auch die Schnellauswahlliste nach einem Klick darauf immer links oben. Das gilt auch dann, wenn Sie die Notizbuch-Navigation an den rechten Rand verschoben haben.

9.2.5 Neue Seiten immer unten anfügen

Im Abschnitt 6.3.2 haben Sie erfahren, wie Sie eine neue Notizbuchseite zwischen zwei vorhandenen anlegen, anstatt sie unten anzuhängen. Sie können diese Funktion abschalten – etwa, um sich oder Mitbearbeiter eines geteilten Notizbuchs zu einer festen Chronologie anzuhalten:

1. Öffnen Sie in den OneNote-Optionen die Kategorie *Anzeige.*
2. Entfernen Sie das Häkchen vor der etwas umständlichen Beschreibung *Unverankerte Schaltfläche ‚Neue Seite' nahe Seitenregistern anzeigen*.

Ab sofort fehlen die schwebende Schaltfläche (ein Pluszeichen in einem Fünfeck) und die horizontale Linie zur Markierung der Einfügeposition von Zwischenseiten, wenn Sie den Mauszeiger darüber bewegen.

9.2.6 Notizencontainer ausblenden

Alle auf einer Seite eingegebenen Notizen außer frei positionierten Grafikelementen werden in OneNote in einem Notizencontainer gehalten. Dieser lässt sich jederzeit komplett markieren, verschieben oder in der Größe verändern. Dazu wird er mit einem Rahmen und einem Kopfbalken dargestellt. Wenn Sie das nicht möchten, können Sie diese Markierungen permanent verstecken:

1. Öffnen Sie in den OneNote-Optionen die Kategorie *Anzeige.*
2. Entfernen Sie das Häkchen bei *Notizencontainer auf Seiten anzeigen*.

STOP

Obwohl Sie bei dieser Einstellung nach wie vor neue Elemente an beliebiger Position einfügen können, verlieren Sie durch das Ausblenden des Notizencontainers die Möglichkeit, diesen nachträglich zu verschieben oder in der Größe zu verändern. Das geht erst wieder, wenn Sie die hier getroffene Einstellung durch Entfernen des Häkchens zurücknehmen.

9.2.7 Rechtschreib- und AutoKorrektur

Auch OneNote nutzt die in allen Office-Programmen zur Verfügung stehenden Rechtschreib- und Grammatik-Korrekturhilfen zur Bekämpfung des Fehlerteufels. Die zugehörigen Einstellungen finden sich allesamt in den OneNote-Optionen in der Kategorie *Dokumentprüfung*. Die verfügbaren Optionen teilen sich in drei Gruppen auf:

- **AutoKorrektur-Optionen:** Wie zum Beispiel in Microsoft Word lassen sich einige Eingabefehler sofort automatisch korrigieren, wie etwa zwei Großbuchstaben am Wortanfang. Hier stellen Sie alle AutoKorrektur-Optionen ein. Dazu gehört auch der Austausch von definierbaren oder vorbelegten Zeichenfolgen gegen andere, etwa (c) gegen das Copyright-Zeichen. Standardmäßig sind alle AutoKorrektur-Optionen eingeschaltet. Hier vorgenommene Einstellungen gelten nur innerhalb von OneNote; in anderen Office-Programmen gibt es die gleichen Optionen, die wiederum nur dort gültig sind.
- **Rechtschreibkorrektur in Microsoft-Office-Programmen:** Hier finden Sie die meisten Einstellungen. So lassen sich hier zum Beispiel Wörter mit enthaltenen Zahlen oder solche, die nur aus Großbuchstaben bestehen, aus der Rechtschreibprüfung herausnehmen, Wortwiederholungen als Fehler kennzeichnen oder die Verwendung der neuen Rechtschreibregeln ein- oder ausschalten. All diese Optionen stehen nicht nur auch in den anderen Office-Modulen wie Word oder Excel zur Verfügung. Die Auswirkungen der Änderung einer Einstellung erstrecken sich auch sofort auf alle Office-Programme. Schalten Sie zum Beispiel die deutschen Rechtschreibregeln hier ab, gelten sie fortan auch nicht mehr in Word, Excel und PowerPoint.
- **Rechtschreibkorrektur in OneNote:** Im dritten Abschnitt gibt es nur drei Einstellungen. Diese gelten aber ausschließlich innerhalb von OneNote; eine Änderung hat keine Auswirkungen auf die übrigen Office-Programme. Mit *Rechtschreibung während der Eingabe überprüfen* (standardmäßig aktiv) können Sie die automatische Kontrolle komplett ab- und wieder einschalten. Setzen Sie ein Häkchen bei *Rechtschreib- und Grammatikfehler ausblenden*, unterbleiben die Markierungen (zum Beispiel die wellenförmige rote Unterstreichung) vermeintlicher Fehler. *Grammatik zusammen mit Rechtschreibung prüfen* aktiviert oder deaktiviert schließlich die Kontrolle der Grammatik.

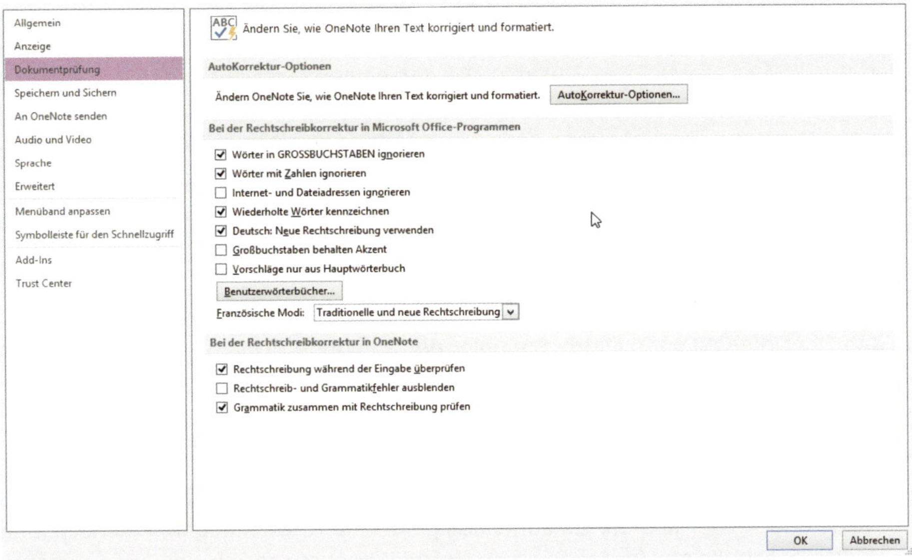

Die Einstellungsmöglichkeiten für die Rechtschreib- und Grammatikprüfung entsprechen weitgehend denen in allen Office-Modulen. Die meisten wirken sich auch global aus.

9.2.8 Audio- und Videoeinstellungen

Für in OneNote vorgenommene Audio- und Videoaufzeichnungen (siehe Abschnitt 3.12) lassen sich ein paar Voreinstellungen festlegen. Sie finden alle zugehörigen Einstellungen in den OneNote-Optionen in der Kategorie *Audio und Video*.

Rechts oben im Abschnitt *Audio und Video* finden Sie die Einstellung für die Vorlaufzeit bei der Wiedergabe von verknüpften Audio- und Videodateien. Damit ist Folgendes gemeint: Wenn Sie während des Aufzeichnens oder Abspielens einer Audio- oder Videoaufzeichnung Notizen gemacht haben, werden diese mit der entsprechenden Position in der Aufnahme verknüpft (siehe Abschnitt 3.12). Sie können die Aufzeichnung durch Anklicken der zugehörigen Notiz (genauer: durch Anklicken des davor stehenden Symbols) ab dieser Stelle abspielen. Die Wiedergabe beginnt allerdings etwas vorher, und zwar genau um die hier eingestellte Zeitspanne. Die Vorgabe von fünf Sekunden können Sie nach Belieben anpassen.

Unter *Audio-Suche* aktivieren oder deaktivieren Sie die Fähigkeit von OneNote, auch Audio- und Videoaufzeichnungen nach einem Suchwort zu durchforsten.

Die übrigen Einstellungen sind nur in Ausnahmefällen von Interesse. So können Sie unter *Gerät* bei den *Audioaufnahmeeinstellungen* ein anderes Aufnahmegerät als das standardmäßig von Windows verwendete vorgeben – etwa, weil Sie ein Bluetooth-Headset oder USB-Mikrofon für die Aufzeichnungen verwenden. *Codec* und *Format* bestimmen vornehmlich die Aufnahmequalität. Gleiches gilt auch für die Auswahl des Profils in den *Videoaufzeichnungseinstellungen*. Unter *Gerät* wählen Sie (falls mehrere vorhanden sind) die Kamera.

TIPP

Als Audio-Codec verwendet OneNote 2016 wie schon seine Vorgänger Varianten des WMA-Formats. Das Dumme: Die derzeitigen Mobilausgaben von OneNote (etwa für das iPad) zeichnen hingegen in MP4 auf und können WMA auch nicht abspielen. Es ist denkbar, dass Microsoft in OneNote 2016 das MP4-Format bald hinzufügt. Dann sollten Sie es auch hier einstellen, wenn Sie zusätzlich mit anderen OneNote-Versionen arbeiten.

9.2.9 Erweiterte Optionen

In den OneNote-Optionen finden Sie unter der Kategorie *Erweitert* eine ganze Reihe weiterer Einstellungen aus unterschiedlichen Bereichen:

Der Abschnitt »Bearbeiten«

- *Schaltfläche für Einfügeoptionen anzeigen, wenn Inhalt eingefügt wird*: Wenn Sie Texte oder Bilder aus der Zwischenablage in eine Notiz einfügen, erscheint eine kleine Symbolleiste, in der Sie zum Beispiel bestimmen, ob das Ursprungsformat erhalten bleiben soll (siehe Abschnitt 4.1.2). Hier können Sie diese Funktion abschalten.
- *Hyperlink zur Quelle beim Einfügen von Inhalt aus dem Web einbeziehen*: Übertragen Sie Inhalte einer Webseite zum Beispiel per Zwischenablage aus einem Browser auf eine Notizseite, ergänzt OneNote einen Link zur ursprünglichen Seite, wenn diese Option aktiviert ist.
- *Listen automatisch nummerieren*: Diese Option betrifft nummerierte Listen und Gliederungen (siehe Abschnitt 3.6). Ist sie aktiv, beginnt OneNote selbstständig nach der ersten Zeile, die Sie mit einer Nummer begonnen haben, jeden neuen Absatz mit der nächstfolgenden Nummer.
- *Listen automatisch mit Aufzählungszeichen formatieren*: das Gleiche wie zuvor, allerdings für Aufzählungszeichen (Bullets).
- *Mathematische Ausdrücke automatisch berechnen*: Hiermit legen Sie fest, ob eingegebene mathematische Gleichungen nach dem =-Zeichen und folgender [Leertaste] oder [↵]-Taste automatisch um das Ergebnis der Rechnung ergänzt werden sollen.
- *Linkerstellung durch Eingeben von [[ ]] um einen Ausdruck aktivieren*: erlaubt, wenn gesetzt, das direkte Eintippen von internen Wiki-Links (siehe Abschnitt 3.7.3).

Der Abschnitt »Verknüpfte Notizen«

- *Erstellen neuer verknüpfter Notizen erlauben*: Im Abschnitt 4.7 steht, wie Sie mit einem angedockten OneNote-Fenster Links zwischen Webseiten, Word-Dokumenten oder PowerPoint-Präsentationen herstellen. Entfernen Sie dieses Häkchen, wird diese Automatik deaktiviert. Bereits bestehende Verknüpfungen bleiben aber erhalten.

- *Dokumentausschnitte und die Seitenminiaturansicht für die optimierte Verknüpfung* : Mit einer Internetseite, einem Word- oder PowerPoint-Dokument verknüpfte Notizen (siehe Abschnitt 4.7) werden durch ein entsprechendes Programmsymbol gekennzeichnet. Wenn Sie den Mauszeiger darüber bewegen, erscheint in einem Infofenster eine Vorschau der entsprechenden Datei. Das lässt sich hier abschalten.
- *Links von verknüpften Notizen entfernen*: Ein Klick auf diese Schaltfläche entfernt nach einer Sicherheitsabfrage auf einen Schlag alle Links zwischen Notizen und Office-Dokumenten (siehe Abschnitt 4.7). Die Notizen selbst bleiben dabei erhalten.

Der Abschnitt »Stift«

Alle in diesem Abschnitt aufgeführten Optionen sind nur dann relevant, wenn Sie über die passende Hardware für eine Stifteingabe verfügen, also zum Beispiel über einen Tablet-PC mit separatem Eingabestift oder über ein Grafiktablett.

- *Durchstreichgeste für Freihandeingaben deaktivieren*: Entfernen Sie dieses Häkchen, würde das Durchstreichen eines Handschrifttextes diesen löschen, anstatt einen Strich zu zeichnen.
- *Stiftdrucksensitivität verwenden*: Lassen Sie diese Option ausgeschaltet, wird die Fähigkeit vieler Eingabestifte, die Aufdruckstärke zu übermitteln, ignoriert.
- *Automatisch zwischen Freihand, Auswahl, Eingabe und Verschieben umschalten*: OneNote versucht, wenn diese Option aktiv ist, zu erkennen, ob Sie gerade den Stift oder zum Beispiel die Maus benutzen. Entsprechend wechselt der Eingabemodus etwa vom Zeichnen zur Auswahl von Objekten, ohne dass ein Extraklick auf die entsprechende Schaltfläche in der Symbolleiste *Zeichnen* erforderlich ist.

Der Abschnitt »Aus OneNote gesendete E-Mail-Nachrichten«

Die Erklärung zu diesem Bereich finden Sie im Abschnitt 8.3.1.

Der Abschnitt »Kennwörter«

Die Erklärung zu diesem Bereich finden Sie im Abschnitt 7.1.4.

KURZ NOTIERT

- Bestücken Sie die Schnellzugriff-Symbolleiste mit häufig benötigten Befehlen.
- Die Symbolleisten des Menübandes lassen sich nach Bedarf anpassen und erweitern; auch komplett neue Menüs sind möglich.
- Exportieren Sie umfangreiche Anpassungen an der Oberfläche, um sie auf einen anderen Computer zu übertragen.
- Die OneNote-Optionen enthalten viele Einstellschrauben.

10 Die übrigen OneNote-Versionen

Viele Fragen zu OneNote, zum Beispiel im Microsoft-Support-Forum, sorgen erst einmal für eine Gegenfrage: »Welches OneNote?« Und die ist berechtigt. Denn neben dem in diesem Buch behandelten OneNote 2013/2016 in der Office- oder Gratisversion für Windows gibt es ganze sechs aktuelle Ableger des Notizprogramms: als Mobil-App für iPad und iPhone, Android und Windows Mobile 10, OneNote für den Mac und eine Web-App-Version, die in jedem Browser läuft. Außerdem noch eine touchoptimierte Windows-App, die mit Windows 8 eingeführt wurde und in modernisierter Form nun fester Bestandteil von Windows 10 ist. Eine Übersicht über alle OneNote-Ableger sowie ihre Stärken und Schwächen bietet dieses Kapitel.

10.1 Die OneNote-Universal-App für Windows 10

Mit Windows 8, das ja bekanntlich mit Einführung des Kachel-Designs (Modern UI) auf Windows-Tablets zielte, brachte Microsoft auch eine neue kostenlose OneNote-Version heraus.

Diese hieß einfach nur „OneNote“, ließ sich aus dem Microsoft-Store herunterladen und kam ganz im neuen App-Design von Windows – also nur in Vollbild-Darstellung und von der Bedienung her sehr auf Touch-Bildschirme ausgelegt.

Einerseits wusste die klare Oberfläche zu gefallen, andererseits enttäuschte der ziemlich magere Funktionsumfang. Über das grundsätzliche Erfassen von Text- oder Bildnotizen hinaus gab es nicht viel – dem Vergleich mit den Office-Ausgaben von OneNote 2010/2013 (und nun 2016) hielt die App nicht annähernd stand. Microsoft verfolgte mit dem »Kachel-OneNote« offenbar drei Ziele:

- **Vermarktung des Cloud-Dienstes OneDrive:** Nur dort gelagerte Notizbücher ließen sich nämlich mit der App öffnen und bearbeiten.
- **Verkauf von Windows-Tablets:** OneNote wurde wieder einmal (wie schon bei der Einführung 2003) zur Vorzeige-Anwendung für die firmeneigenen Tablets. Die OneNote-App passte besonders gut zu Windows-Tablets im Allgemeinen und den von Microsoft zeitgleich veröffentlichten Surface-Tablets im Besonderen.
- **Spielwiese für neue Bedienkonzepte.** Namentlich das speziell in dieser App eingeführte Radialmenü mit kreisförmig angeordneten Schaltflächen mitten auf der Arbeitsfläche war der Versuch einer besonders touchfreundlichen Alternative zu den klassischen Windows-Menüs am Bildschirmrand.

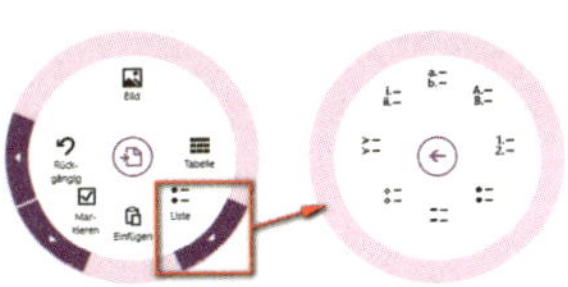

Besonders innovativ in der ersten OneNote-Kachel-App: Das fingerfreundliche Radialmenü ist leider Geschichte.

Seit der Einführung der App ist einiges passiert. Die Surface-Tablet-Reihe hat die vierte Generation erreicht, der unglückselige Ableger mit ARM-Prozessor und abgespecktem Betriebssystem (Windows RT) ist untergegangen. Microsoft ist nach viel Kritik an der reinen Kacheloberfläche in Windows 8 beim aktuellen Windows 10 auf ein Modell zurückgegangen, bei dem die vormaligen Vollbild-Apps auch im Fenster laufen und sich so besser in Windows einfügen (aber immer noch wie aus einem anderen System wirken).

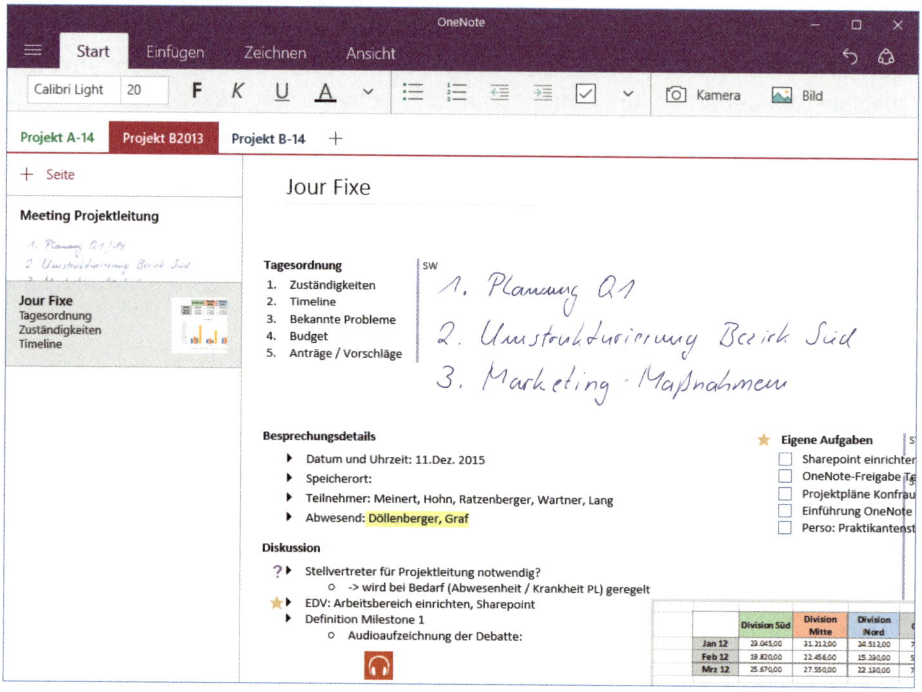

Die OneNote-Universal-App ist eine vereinfachte, touchoptimierte Version, die fest zum Installationsumfang von Windows 10 gehört. Optisch lehnt sie sich inzwischen etwas an OneNote 2016 an.

Auch in Sachen OneNote-App gab es Änderungen: Zunächst einmal heißen die touchoptimierten Microsoft-Apps nicht mehr Modern-UI- oder Store-Apps, sondern »Universal-Apps«. Das soll unterstreichen, dass Microsoft den Kern von Windows 10 auch auf seine Mobilgeräte bringen will. Dabei sollen auch die Apps auf Desktop-Rechnern, Smartphones und Tablets die gleiche Code-Basis nutzen und sich sehr ähnlich bedienen lassen – daher »Universal-Apps«.

OneNote ist nach wie vor Vorzeige-App für die Surface-Tablets, zumal Microsoft-CEO Satya Nadella in seinen Keynotes immer wieder betont, dass das Programm wichtiger Bestandteil seiner eigenen Tagesplanung ist.

Die App ist seit der ersten Ausgabe deutlich erwachsener geworden und bietet einen größeren Funktionsumfang – auch und gerade rund um Stifteingabe und Handschrift. Schließlich ist der hervorragende Surface-Pen ein Highlight der Microsoft-Tablets.

Außer den kontinuierlich wachsenden Fähigkeiten der App (das OneNote-Team steckt ganz offensichtlich einen Großteil seiner Anstrengungen in die Weiterentwicklung der Universal-App) kamen mit Windows 10 noch zwei wesentliche Änderungen hinzu:

- Die OneNote-Universal-App muss nicht mehr aus dem Store heruntergeladen werden, sondern gehört zur Basisausstattung des Betriebssystems. Sie lässt sich auch nicht ohne Weiteres entfernen.
- Das pfiffige Radialmenü ist verschwunden. Stattdessen verwendet die App ein konventionelles Menü am oberen Bildschirmrand. Der Hauptgrund ist trivial: Das Radialmenü mit seinen gerade mal acht antippbaren Kreissegmenten ist nicht skalierbar. Mit der wachsenden Zahl neuer Funktionen ging einfach der Platz aus und man hätte zu viele verschachtelte Ebenen bauen müssen.

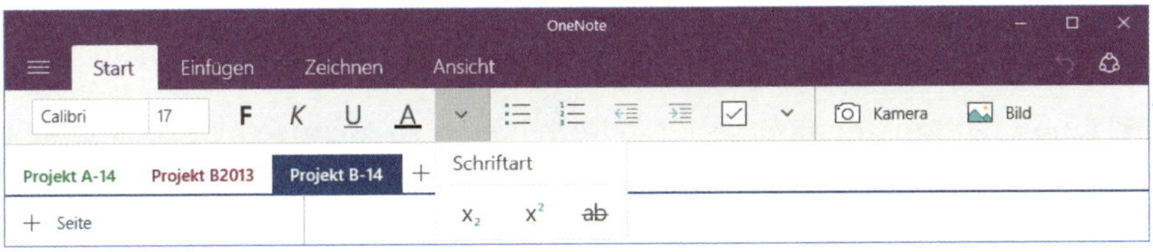

Was in die neue klassische Menüleiste nicht passt, kommt in ein Ausklappmenü, wie hier die Attribute hoch-/tiefgestellt und durchgestrichen.

Dass nun jeder Windows-Nutzer automatisch auch ein OneNote prominent in seinem Startmenü findet, stiftet auch einiges an Verwirrung. Ist nämlich MS-Office installiert, gibt es automatisch zwei OneNotes, weil das in diesem Buch behandelte OneNote 2013 oder 2016 hinzukommt.

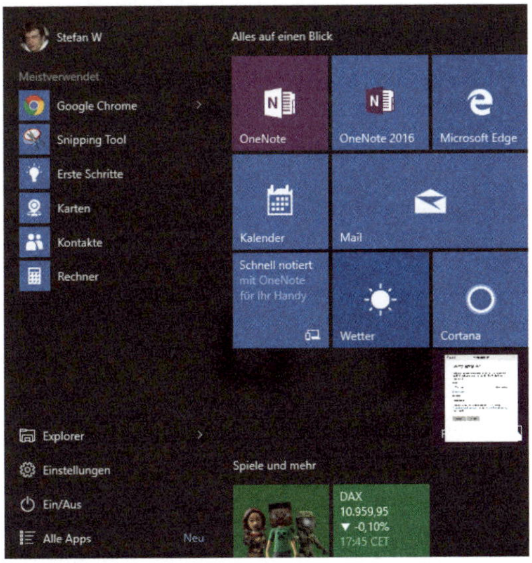

Für viele verwirrend: Nach der Installation von MS-Office stecken gleich zwei OneNotes im Windows-Startmenü. Die Universal-App heißt schlicht OneNote.

Beide dienen zwar prinzipiell demselben Zweck, unterscheiden sich in Bedienung und Funktionsumfang allerdings enorm.

Die wichtigsten Einschränkungen der Universal-App gegenüber dem »großen« OneNote (Stand: Frühjahr 2016):

- **Beschränkung auf OneDrive:** Die OneNote-Universal-App kann nach wie vor nur solche Notizbücher öffnen und bearbeiten, die auf OneDrive oder OneDrive for Business (SharePoint Online) gespeichert sind. OneNote-Dateien auf lokalen Datenträgern oder im Netzwerk bleiben außen vor. Gegebenenfalls müssten Sie solche Notizbücher erst in die Cloud verschieben (siehe Abschnitt 8.4.2).
- **Eingeschränkte Zeichenfunktionen:** Entgegen den ersten Fassungen der Windows-8-App von OneNote verfügt die aktuelle Version über Funktionen zur Handschrifteingabe und zum Zeichnen. Allerdings nicht im selben Umfang wie OneNote 2016. So fehlen derzeit (Stand: Frühjahr 2016) zum Beispiel noch grafische Objekte wie Linien, Pfeile oder Rechtecke.
- **Keine Outlook-Funktionen:** Die Verbindung zu Microsoft Outlook fehlt. Das heißt, Sie können zum Beispiel keine Mails in Notizbücher übertragen (außer Sie haben gleichzeitig OneNote 2013/2016 in der vollwertigen Office-Ausgabe installiert), Kontakte verlinken oder Outlook-Aufgaben in Notizbuchseiten verwalten.
- **Externe Inhalte/Bildschirmausschnitte:** Sie können zwar Inhalte aus anderen Anwendungen (zum Beispiel einem Webbrowser) problemlos per Zwischenablage auf eine Notizseite in der OneNote-App übertragen. Weitergehende Möglichkeiten – etwa Bildschirmausschnitte erzeugen, das direkte Senden aus anderen Programmen per OneNote-Symbol oder spezielle Druckertreiber – fehlen jedoch. Auch das Verknüpfen von Notizen mit Webseiten im Internet Explorer, Word-Dokumenten oder PowerPoint-Dokumentationen (siehe Abschnitt 4.7) ist nicht vorgesehen. Die Funktionen der neuen OneNote-API, also zum Beispiel der Webclipper, E-Mails an *me@onenote.de* oder Drittprogramme, die direkt an den Abschnitt *Schnelle Notizen* senden, laufen natürlich.
- **Sprachnotizen:** Die OneNote-App bietet bislang keine Möglichkeiten der Audio- oder Videoaufzeichnung direkt in eine Notiz. Zumindest Ersteres ist aber angekündigt. Auch eine interne Abspielfunktion, die Stichwortsuche innerhalb von bestehenden Audio- oder Videoclips und das Verlinken von Notizen mit einer bestimmten Position in Aufnahmen fehlen.

Es gibt außer den aufgeführten noch eine ganze Reihe weiterer Beschränkungen. Was von diesen Funktionen möglicherweise in Form von Updates nachgereicht wird und wann das passiert, kann nur geraten werden. Microsoft hält sich da sehr bedeckt. Es scheint aber sicher, dass sich die Bemühungen des OneNote-Entwicklungsteams weiterhin eher auf die Universal-App richten werden als auf eine Weiterentwicklung von OneNote 2013/2016. Weniger aus technischen als vielmehr produktpolitischen Gründen. Schließlich folgt Microsoft seit der Führungsübernahme 2014 durch Satya Nadella sehr konsequent dem Mantra »cloud first, mobile first« und macht sich seither auch im Bereich mobiler Hardware besonders stark.

Die Surface-Tablets gibt es nun bereits in der vierten Generation und OneNote ist bei den Produktpräsentationen stets eine der wichtigsten Vorzeige-Anwendungen. Die Universal-App wohlgemerkt, nicht die Office-Ausgaben.

Und auch, wenn die Universal-App funktionell nicht mit dem »großen« OneNote mithalten kann, mag ihr Einsatz durchaus Sinn ergeben – vor allem, wenn Ihre Notizen vornehmlich aus Text- und Bildelementen bestehen. Ein paar Gründe:

- Die Oberfläche ist wesentlich einfacher zu bedienen – ganz besonders auf Touchscreens bzw. Tablet-PCs.
- Die aufgeräumte Oberfläche, auf der sich keinerlei Bedienelemente breitmachen, erlaubt das Fokussieren auf das Wesentliche – nämlich die Darstellung der Inhalte von Notizbuchseiten.
- In vielen Einsatzfällen geht es einfach nur um Notizen – getippt oder als Bild. Und hierfür reicht die Universal-App völlig aus, nicht nur auf Tablets, sondern auch auf dem Desktop-PC. Der weit größere Funktionsumfang von OneNote 2016 ist manchmal auch störender Ballast in der Benutzeroberfläche.

10.1.1 Besonderheiten der Universal-App

In einigen Bereichen ist die Windows-10-App sogar eine Evolutionsstufe weiter als das Office-OneNote. Dass Microsoft selbst das auch so sieht, zeigt sich nicht zuletzt an der internen Versionsnummer: OneNote 2013 heißt15.xx (wie auch das ganze Office 2013), OneNote 2016 trägt die interne Nummer 16.xx. Öffnet man den Info-Bereich der OneNote-Universal-App, springt einem eine 17er-Versionsnummer entgegen.

Die besondere Aufmerksamkeit, die die Entwickler der Universal-App zukommen lassen, zeigt sich allmählich aber auch funktionell. Nach und nach finden sich Features ein, die dem Desktop-OneNote fehlen, zum Beispiel in der Seitenliste: Anstelle einer schlichten Auflistung aller Seitenüberschriften bietet sie ein »Snipping«, also eine Kurzvorschau mit ein paar Textauszügen und dem ersten Bild auf einer Notiz, wenn eines vorhanden ist.

Außerdem lässt sie sich zwischen einer Anzeige der Seiten im aktuellen Abschnitt (wie in OneNote 2013/2016) und einer chronologisch sortierten Auflistung der zuletzt bearbeiteten oder erfassten Notizseiten umschalten. Letztere gilt sogar notizbuchübergreifend – allerdings beschränkt auf die derzeit geöffneten Notizbücher.

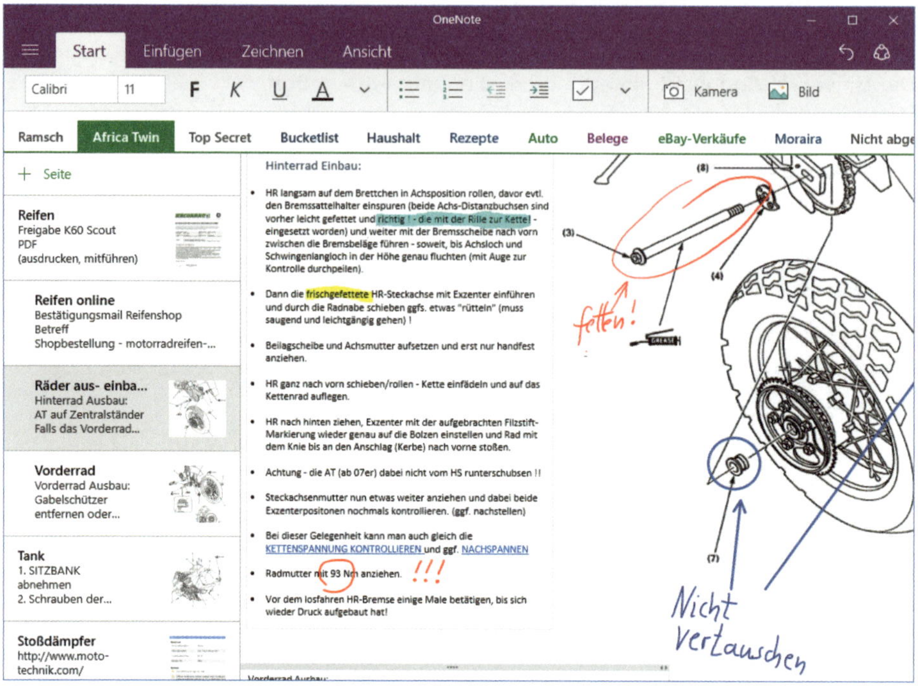

Eine der Funktionen, die die Universal-App dem Office-OneNote voraus hat, ist die Seitenliste (links) mit Kurzvorschau der jeweiligen Notizinhalte.

Beide Funktionen wurden kürzlich auch der OneNote-App für das iPad zuteil – ein weiterer Hinweis auf den Trend, OneNote auf allen Systemen zu vereinheitlichen. Allerdings mit einem deutlichen Schwerpunkt auf Mobilgeräte.

10.1.2 Nicht loszuwerden

Wenn Sie mit der Universal-App überhaupt nichts anfangen können, etwa, weil Sie kein Windows-Tablet nutzen, könnten Sie auf die Idee kommen, das überflüssige OneNote einfach zu deinstallieren. Versuchen Sie es gar nicht erst. Microsoft hat das schlichtweg nicht vorgesehen. Im Internet kursieren zwar etliche Anleitungen, wie Sie die App per Kommandozeilenbefehl trotzdem aus dem System verbannen können. Aber das dürfte der Mühe kaum wert sein.

Mit dem nächsten Windows-Update ist die OneNote-Universal-App sehr wahrscheinlich wieder da. Entfernen Sie doch einfach das »falsche« OneNote aus dem Startmenü und ignorieren es fortan. Allzu viel Plattenplatz belegt es nicht und den Betrieb von OneNote 2013 oder 2016 stört die bloße Existenz der App überhaupt nicht.

10.2 OneNote Online – die Webversion

Schon seit Längerem bietet Microsoft eine kostenlos nutzbare Onlineversion von Microsoft Office an. Lange unter »Office WebApps« firmierend und gern mit Office 365 verwechselt, nennt Microsoft sie nunmehr »Office Online«. Sie erfordert lediglich einen halbwegs aktuellen Webbrowser und einen OneDrive-Account. Neben Word und Excel ist auch OneNote Bestandteil der Office-Webversion.

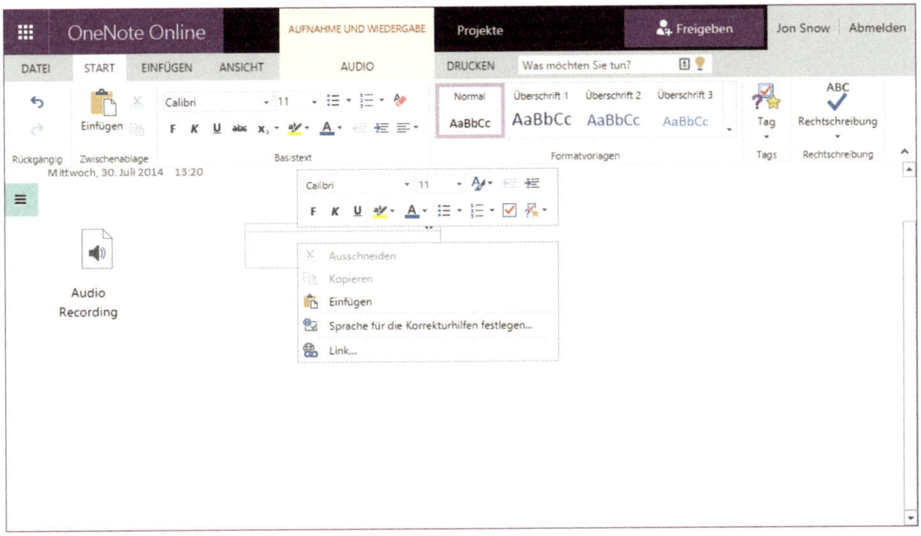

OneNote Online läuft in jedem halbwegs modernen Browser auf jedem Betriebssystem und benötigt lediglich einen Microsoft-Account.

Zwar können die Webausgaben funktionell bei Weitem nicht mit ihren Desktop-Pendants mithalten. Trotzdem ist OneNote Online eine nützliche Ergänzung und in manchen Fällen sogar die einzige Möglichkeit, Notizbücher zu bearbeiten:

- OneNote Online erlaubt es, Notizbücher Personen zur Ansicht oder zur Mitbearbeitung freizugeben, die kein Microsoft Office bzw. OneNote 2013 oder die OneNote-Windows-App besitzen.
- Wenn Sie mehrere Rechner (zum Beispiel ein zusätzliches Notebook) besitzen, nicht aber für jeden eine Office-Lizenz, und auch nicht das kostenlose OneNote 2016 installieren wollen, ist OneNote Online (wie vielleicht auch die anderen Webmodule von Microsoft Office) eine gute Alternative.
- OneNote 2013 ist nicht für alle Betriebssysteme verfügbar. So stellt die Web-App zum Beispiel für Nutzer von Linux die einzige Zugangsmöglichkeit zu OneNote-Notizbüchern dar.
- Möchten Sie auf Ihre Notizen zugreifen, haben aber gerade keinen eigenen Rechner zur Verfügung, können Sie einen beliebigen Fremd-PC mit Webbrowser (etwa in einem Internetcafé) nutzen.

10.2.1 Einschränkungen von OneNote Online

Da der Webausgabe von OneNote trotz vertrauter Benutzeroberfläche einige Funktionen fehlen, lassen sich viele der Anleitungen in diesem Buch nicht eins zu eins auf sie anwenden. Die folgenden Seiten geben Ihnen einen Überblick, was geht und was nicht.

> TIPP
>
> Da das Online-Office inzwischen vollständig in HTML5 realisiert ist, wäre rein technisch eine stärkere Funktionsanpassung an das Desktop-OneNote denkbar. Dieses Kapitel bezieht sich auf den Funktionsumfang der Webversion von Office Ende 2015. Microsoft verbessert Bedienung und Features von Office Online jedoch ständig, weshalb die unten stehenden Auflistungen möglicherweise nicht mehr ganz aktuell sind, wenn Sie dieses Buch lesen.

10.2.2 Was in der Webversion funktioniert

Die Grundfunktionen und viele Bedienelemente des Editors von OneNote 2013 und 2016 bietet auch OneNote Online. Das gilt also auch für das Konzept der Notizencontainer, die fehlende Größenbeschränkung von Notizbuchseiten oder das Anlegen von Abschnitten und Abschnittsgruppen. Nahezu alle Inhalte, auch solche, die Sie nur mit der Desktop-Ausgabe von OneNote erzeugen können, werden zudem in der Web-App korrekt – also auch im Originallayout – angezeigt.

Ein wesentlicher Unterschied ist die Anordnung von Seitenliste und Abschnitten. Sie folgen (noch) dem Design der alten Windows-8-App und der Android-Ausgabe. Das bedeutet, dass Abschnitte nicht als Register unterhalb des Menüs stehen, sondern als Liste am linken Rand, genau wie die Seitenliste.

Folgende Funktionen lassen sich zudem auch im Webbrowser so verwenden, wie Sie es von OneNote 2013/2016 gewohnt sind:

- **Positionieren von Elementen:** Sie können in der Webversion Notizencontainer oder grafische Elemente (auch Handschriftnotizen oder Zeichnungen) markieren und mit der Maus an eine andere Stelle verschieben.
- **Texteingabe und Formatierung:** Auch in der Webversion stehen alle wichtigen Textformatierungen und Auszeichnungen an gewohnter Stelle der Symbolleiste *Start* zur Verfügung: also Schriftart und Schriftgröße, Attribute wie fett, unterstrichen und kursiv, Farbe und Textmarker und sogar die bekannten Formatvorlagen, etwa für Überschriften. Außerdem funktionieren Aufzählungen, Punktlisten und Gliederungen, Einrückungen und die Textausrichtung von Absätzen.
- **Tabellen:** Das Anlegen von Tabellen (*Einfügen/Tabelle*) entspricht den Möglichkeiten der Desktop-Ausgabe von OneNote. Lediglich die Befehle im Kontextmenü, etwa zum Hinzufügen von Zeilen oder Spalten, sind nicht vorhanden. Das ist aber nicht weiter schlimm, denn die Symbolleiste *Tabellentools* steht in vollem Umfang zur Verfügung.

- **Dateien und Audioaufzeichnungen:** Erst kürzlich hinzugekommen sind im Menü *Einfügen* die Einträge *Dateianlage* (Dateien werden dabei von Ihrem Rechner hochgeladen) und *Audioaufnahme*.
- **Bilder:** Fotos und andere Bilder lassen sich über das *Einfügen*-Menü in einer Notiz unterbringen. Entweder per Upload vom lokalen Rechner (*Bild*) oder per Bing-Bildersuche aus dem Web (*Onlinebilder*).
- **Autorenanzeige:** Wenn mehrere Personen ein Notizbuch bearbeiten, lassen sich die Initialen der jeweiligen Urheber von Elementen einblenden. Die Funktion *Autoren anzeigen* findet sich in der Symbolleiste *Ansicht*.
- **Versionsverwaltung:** Besonders interessant bei mehreren Bearbeitern eines Notizbuchs ist das Speichern vorhergehender Seitenversionen. Auch das unterstützt die Web-App. Öffnen Sie die Symbolleiste *Ansicht* und klicken Sie auf *Seitenversionen*.
- **Kategorien (Tags):** Auch die Markierung von Absätzen oder Objekten mit Kategoriesymbolen ist in OneNote Online möglich. Dabei werden sogar deutlich mehr Kategorien angeboten als beispielsweise in der Universal-App für Windows 10 oder in den Mobilausgaben von OneNote. Eigene Kategorien lassen sich per Browser allerdings nicht definieren.
- **Drucken:** Immerhin die aktuelle Notizseite lässt sich auf einem Drucker (oder per entsprechendem Treiber auch als PDF) ausgeben. Komplette Abschnitte oder Notizbücher können Sie allerdings nicht in OneNote Online drucken.

10.2.3 Was die Webversion nicht kann

Etliche Funktionen bleiben OneNote Online leider verwehrt oder sind so stark eingeschränkt, dass sie kaum noch sinnvoll nutzbar sind (zum Beispiel das Suchen).

- **Mail-Funktionen:** Alle Funktionen zur Interaktion mit Microsoft Outlook fehlen in der Webversion. So ist das Senden einer Seite oder eines Abschnitts per E-Mail nicht vorgesehen, die Verbindung mit Outlook-Aufgaben fehlt (vorhandene, die mit der Windows-Ausgabe erstellt wurden, bleiben aber unbeschädigt), und auch die Besprechungs- oder Kontakt-Verknüpfungen fehlen. Eventuell vorhandene Links zu einem Outlook-Element werden zwar angezeigt. Ein Klick darauf führt aber nur zu einer Fehlermeldung, dass dieses Element in der Webversion nicht geöffnet werden kann.
- **Video:** Zwar lassen sich neuerdings mit OneNote Online auch Audioaufzeichnungen machen; Video klappt aber noch nicht. Das Abspielen innerhalb von OneNote Online funktioniert aber noch nicht.
- **Suchen:** Die Suche nach Stichwörtern ist auf den aktuellen Abschnitt oder die gerade angezeigte Notizseite beschränkt; eine übergreifende Recherche in Notizbüchern ist nicht möglich – ebenso wenig die Suche in Audio- oder Videodateien. Diese Einschränkung allein disqualifiziert die Web-App von OneNote leider derzeit als Ersatz für die Windows-Version – außer, Ihre Organisation der Notizbücher erlaubt es Ihnen, alle Informationen gezielt durch Blättern zu finden.

- **Vergrößern/Verkleinern der Ansicht:** Eine Vergrößerung oder Verkleinerung der Ansicht von Notizbuchseiten funktioniert nicht. Als Notbehelf können Sie lediglich die Zoomfunktion des verwendeten Browsers einsetzen.
- **Hilfslinien und Seitenhintergründe:** Während Hintergrundbilder einer Seite auch in der Web-App problemlos dargestellt werden, bleiben Seitenfarben oder eingeblendete Hilfs- oder Gitternetzlinien unsichtbar.
- **Schreibbereich einfügen:** Die Funktion zur Schaffung von freiem Platz auf einer Seite fehlt ebenfalls in OneNote Online. Abhilfe schafft nur das einzelne Verschieben von Notizencontainern.
- **Formatpinsel:** Das Übertragen von Textformatierungen mit dem Formatpinsel bleibt der Desktop-Version von OneNote vorbehalten. Das Löschen aller Auszeichnungen funktioniert hingegen.
- **Verlinkte Notizen:** Notizelemente, die mit Webseiten, einer PowerPoint-Präsentation oder einem Word-Dokument verlinkt sind (siehe Abschnitt 4.7), behalten zwar diese Verbindung. Sie wird aber online nicht durch das zugehörige Programmsymbol angezeigt, und es ist auch nicht möglich, solche Links zu erzeugen.
- **Berechnungen direkt ausführen:** Die Eingabe einer Gleichung sorgt leider in der Webversion nicht für das automatische Einfügen des Ergebnisses.

10.2.4 Notizbücher online anlegen und öffnen

In der Regel werden Sie ein neues Notizbuch, das auf OneDrive gespeichert werden soll, in der Windows-Version von OneNote anlegen. Sie können das aber auch per Browser direkt mit der OneNote-Web-App tun. Dafür gibt es sogar zwei Wege. Der erste nutzt die Weboberfläche von OneDrive:

1. Loggen Sie sich mit Ihrem Microsoft-Account in OneDrive (*www.onedrive.com*) ein.
2. Im Browser wird nun der Inhalt Ihres OneDrive-Bereichs angezeigt, und zwar im modernen Windows-10-Kachel-Look. Größere blaue Kacheln stellen Ordner dar, kleinere stehen für Dateien. Die Farbe weist auf das Format hin – Violett steht dabei für OneNote-Notizbücher. Wechseln Sie in den Ordner, der das neue Notizbuch enthalten soll (einfacher Linksklick auf die zugehörige Kachel), oder legen Sie einen neuen an (klicken Sie dazu auf *Neu* am oberen Rand, dann auf *Ordner*, und geben Sie dann den Namen ein).
3. Klicken Sie in der Menüzeile auf *Neu* und im Drop-down-Menü auf *OneNote-Notizbuch*.
4. Es öffnet sich ein Dialogfeld, in dem Sie dem Notizbuch einen Namen geben und ihn mit *Erstellen* bestätigen.

Mittlerweile verfügt aber auch OneNote Online über eine eigene Dateioberfläche. Auch hier können Sie Notizbücher anlegen, löschen oder öffnen:

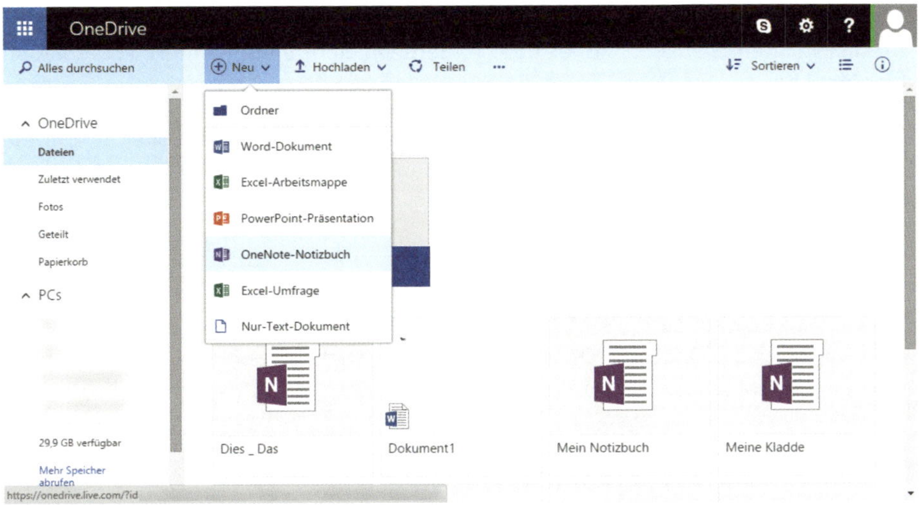

OneNote-Notizbücher lassen sich in der Weboberfläche von OneDrive anlegen.

Anstatt zu *www.onedrive.com* navigieren Sie gleich zu *www.onenote.com* und melden sich mit Ihrem Microsoft-Konto an. Haben Sie schon einen anderen Bereich von Office Online oder die Weboberfläche von OneDrive geöffnet, können Sie auch über das Kachelmenü links oben gehen und OneNote Online von dort aus starten.

Das Dateimenü von OneNote sieht der Oberfläche von OneDrive ein wenig ähnlich, ist aber viel einfacher. Es bietet keine Menübefehle, sondern nur OneNote-Symbole für alle Notizbücher und eine mit *+Neu* beschriftete Schaltfläche, mit der Sie ein neues Notizbuch anlegen.

Ein Kachelmenü"lässt Sie im Browser bequem zwischen den einzelnen Microsoft-Onlinediensten und Office-Modulen umschalten – auch zu OneNote Online.

Der Link *Verwalten und löschen* führt lediglich zur Weboberfläche von OneDrive. Nur hier können Sie Notizbücher (und andere Dateien) umbenennen, verschieben oder löschen.

Zum Öffnen eines Notizbuchs in OneNote Online spielt es keine Rolle, ob Sie die OneDrive- oder OneNote-Dateiübersicht verwenden. Ein einfacher Klick auf das entsprechende Notizbuchsymbol reicht aus.

TIPP

Haben Sie zum Beispiel per E-Mail einen Link zu einem auf OneDrive oder SharePoint freigegebenen Notizbuch bekommen (siehe Abschnitt 8.4.3), entfällt der Weg über die OneDrive-Oberfläche und das Inhaltsverzeichnis. Ein Klick auf den Link öffnet sofort OneNote Online und das zugehörige Notizbuch.

10.2.5 Die Oberfläche und erste Schritte

Die Benutzeroberfläche der Webversion von OneNote ähnelt zwar auf den ersten Blick der von OneNote 2013 und 2016. Es gibt aber auch einige deutliche Unterschiede:

- Ein Teil der Bildschirmfläche wird von Bedienelementen Ihres Browsers eingenommen. Hinzu kommt ein breiter Navigationsbalken von Office Online, der praktisch die Backstage-Ansicht (das *Datei*-Menü) von OneNote für Windows ersetzt. Das alles kostet etwas Platz. Nutzen Sie gegebenenfalls die Optionen des jeweiligen Browsers, um bestimmte Teile der Bedienoberfläche auszublenden – etwa die Statusleiste oder die Menüs.
- Es gibt weder eine Notizbuch-Navigationsleiste noch ein ausklappbares Menü zum Wechseln in ein anderes Notizbuch. Stattdessen finden Sie links oben das inzwischen weitverbreitete Symbol mit drei horizontalen Linien, gern scherzhaft als »Hamburger-Menü« bezeichnet. Ein Klick darauf öffnet am linken Rand zwei Listen mit den im aktuellen Notizbuch enthaltenen Abschnitten und Seiten. Ganz oben in der Abschnittsliste findet sich der Eintrag *Notizbücher*. Ein Klick darauf führt zur Dateioberfläche von OneNote Online zurück.
- Die von Windows-Office bekannte Leiste mit den Menübefehlen ist zwar vorhanden, und wenn Sie einen Menüpunkt anklicken, auch das jeweils zugehörige Menüband. Beides enthält aber merklich weniger Befehle, als Sie es von der Windows-Version von OneNote 2013 und 2016 gewohnt sind. Das liegt am stark eingeschränkten Funktionsumfang der Webversion.
- Zwar gibt es Kontextmenüs, diese enthalten aber ebenfalls deutlich weniger Funktionen als die Windows-Versionen von OneNote. Immerhin ist hier das von MS-Office bekannte Mini-Ribbon mit den wichtigsten Formatbefehlen für Texte enthalten.

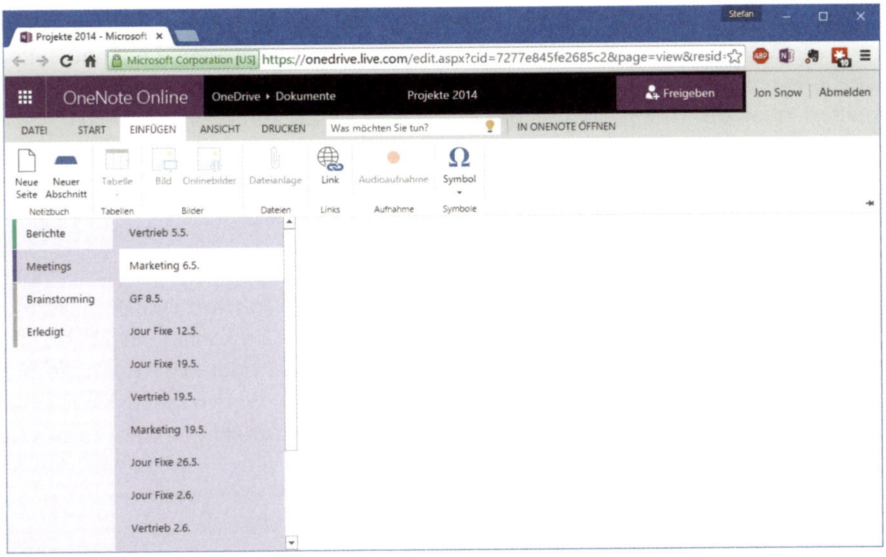

Die Oberfläche von OneNote Online ist zwar an das Desktop-OneNote angelehnt, unterscheidet sich aber doch in etlichen Punkten und bietet deutlich weniger Funktionen.

10.2.6 Wechsel zur Desktop-Version

Obwohl die Basisfunktionen zum Erfassen und Bearbeiten von Notizen auch in der Webversion von OneNote vorhanden sind, fehlt doch eine ganze Reihe weitergehender Funktionen. Wer die komplette Office-Version von OneNote 2013 oder 2016 auf seinem Rechner installiert hat, kann aber ganz einfach von der Browser-Version zur Desktop-Ausgabe wechseln und das bearbeitete Notizbuch dort gleich laden und an der zuletzt im Browser dargestellten Stelle öffnen: Klicken Sie im Browser, wenn das gewünschte Notizbuch geöffnet ist, auf die Schaltfläche *In OneNote öffnen*.

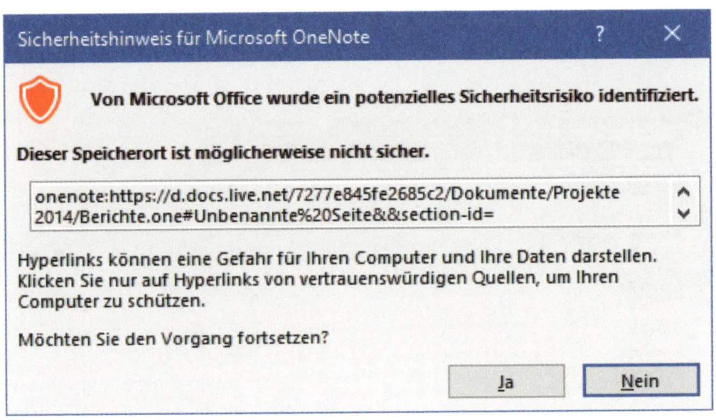

Diese schlimm aussehende Warnung stellt sich beim Wechsel von OneNote Online in OneNote 2013/2016 in den Weg. Keine Sorge; Sie können getrost auf »Ja« klicken.

OneNote für Windows wird automatisch geladen oder – falls schon gestartet – in den Vordergrund gebracht und das Notizbuch von OneDrive aus geöffnet. Jetzt stehen Ihnen alle Bearbeitungsfunktionen zur Verfügung, und Sie sehen auch den kompletten Inhalt der Notizseiten. In der Regel werden Sie dabei erst von einer beängstigt klingenden Warnung begrüßt. Sie weist darauf hin, dass direkt aus dem Internet geöffnete Seiten ein potenzielles Sicherheitsrisiko darstellen. In diesem Fall können Sie sie getrost mit *Ja* wegklicken.

> **TIPP**
>
> Beim ersten Wechsel von der Web- zur Windows-Version von OneNote werden Sie mit der Frage konfrontiert, mit welchem Programm Sie künftig OneNote-Links öffnen möchten. Wenn Sie zusätzlich zu OneNote 2013 oder 2016 auch die Universal-App installiert haben (oder Windows 10 nutzen, wo sie immer vorhanden ist), achten Sie darauf, nicht diese zu wählen. Sie ist funktionell nahezu genauso eingeschränkt wie die Webversion.

10.2.7 Freigabe und Teamarbeit

Da die Notizbücher, auf die Sie in der OneNote-Web-App zugreifen, auf OneDrive gespeichert sind, können Sie sie auch anderen Personen zur Einsicht oder zum Bearbeiten freigeben. Alle notwendigen Schritte nehmen Sie direkt im Browser vor – ein Öffnen des Notizbuchs in der Windows-Version ist nicht notwendig.

1. Öffnen Sie in OneNote Online das Notizbuch, das Sie anderen zur Einsicht oder Bearbeitung freigeben möchten.
2. Klicken Sie auf *Datei*, was eine vereinfachte Version der Backstage-Ansicht öffnet.
3. Wählen Sie links den Menüpunkt *Freigeben,* und klicken Sie dann rechts auf die Schaltfläche *Für andere Personen freigeben*.

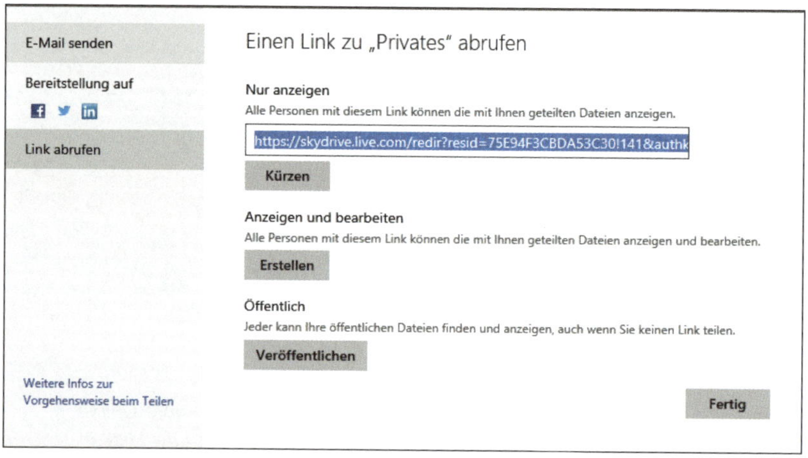

Die Freigabe von Notizbüchern erfolgt über einen Link, den Sie per Mail, sozialem Netzwerk oder auf anderem Weg weitergeben.

Es erscheint ein Dialogfeld, in dem Sie zunächst die Art der Freigabe wählen. Wie es schon in Kapitel 8, »Teilen und Teamwork«, beschrieben wurde, ist der Schlüssel zur Freigabe von Notizbüchern ein Link dorthin. Wer diesen besitzt, kann das Notizbuch im Webbrowser öffnen (die OneNote-Web-App wird dabei geladen) oder – wenn diese Erlaubnis codiert im Link enthalten ist – auch bearbeiten. Es gibt mehrere Möglichkeiten, der oder den berechtigten Person(en) diesen Link zukommen zu lassen. Die Auswahl erfolgt links im grau unterlegten Menübereich. Das sind die Optionen:

- *Benutzer einladen*: Diese Möglichkeit ist bereits vorgewählt. Im rechten Bereich des Dialogfelds füllen Sie zwei Felder aus. Unter *An:* geben Sie die E-Mail-Adresse der Person an, die den Freigabelink erhalten soll. Im großen Textfeld darunter können Sie noch eine persönliche Nachricht eingeben. Klicken Sie auf den Link *Empfänger können Elemente bearbeiten*, öffnen sich zwei Listenfelder. Hier legen Sie fest, ob die Besitzer des Links das Notizbuch nur ansehen oder auch bearbeiten dürfen und ob sie sich zuvor mit einem eigenen Microsoft-Konto anmelden müssen. Ein Klick auf die Schaltfläche *Teilen* verschickt den Link und den eventuell eingegebenen Nachrichtentext per E-Mail. Sie benötigen dafür übrigens kein eingerichtetes E-Mail-Programm auf Ihrem Rechner – das Versenden funktioniert also zum Beispiel auch von einem Fremdrechner aus, etwa in einem Internetcafé.
- *Bereitstellung auf Facebook, Twitter, LinkedIn:* Sie können den Freigabelink zum Notizbuch auch über eines der angegebenen sozialen Netzwerke veröffentlichen. Voraussetzung ist allerdings, dass Sie Ihr Microsoft-Konto mit dem jeweiligen Netz verbunden haben. Ist das nicht der Fall, holen Sie es mit einem Klick auf den Link *Fügen Sie bitte Dienste hinzu* nach. Wählen Sie dann im rechten Bereich den gewünschten Dienst aus, etwa *Facebook*, tippen Sie in das große Textfeld darunter vielleicht noch einen Kommentar oder eine Nachricht ein, und klicken Sie auf *Posten*. Im Gegensatz zum Versand per E-Mail ist das Kontrollkästchen *Empfänger können Elemente bearbeiten* standardmäßig nicht aktiviert – der veröffentlichte Link erlaubt also nur den Lesezugriff auf das Notizbuch. Das ändern Sie durch Setzen des Häkchens vor dem Abschicken.
- *Link abrufen*: Vielleicht möchten Sie den Link auch auf einem anderen Weg verbreiten – etwa durch Veröffentlichen auf Ihrer Webseite oder einem Blog, Versenden mit Ihrem persönlichen E-Mail-Programm oder in einem Chat oder Forum. Die Option *Link abrufen* erzeugt einen Link im Klartext, den Sie in die Zwischenablage übertragen, etwa um ihn in Ihrem E-Mail-Programm, einem Forenformular oder Webeditor einzusetzen. Wenn Sie auf die Schaltfläche *Erstellen* klicken, erscheint der Link als markierter Text in einem Feld. Mit Strg+C kopieren Sie ihn in die Zwischenablage. Klicken Sie zuvor auf die Schaltfläche *Link kürzen*, wird eine kompaktere Version des Links erzeugt.

Weitere Informationen zu freigegebenen Notizbüchern und zur Teamarbeit in OneNote finden Sie in Kapitel 8, »Teilen und Teamwork«.

KURZ NOTIERT

- OneNote Online erlaubt den Zugriff auf Notizbücher mit einem beliebigen Browser.
- Notizbücher lassen sich auf diese Weise auch an Personen weitergeben, auf deren Rechnern OneNote nicht installiert ist.
- Die Oberfläche der Webversion orientiert sich stark an OneNote 2013.
- Es fehlen allerdings viele Funktionen der Desktop-Version.

10.3 OneNote auf Mobilsystemen und Mac

Mit der Übernahme der Microsoft-Unternehmensführung durch Satya Nadella rief dieser eine neue Direktive aus: »cloud first, mobile first«. Gleichzeitig machte er deutlich, dass er sich nicht wie sein Vorgänger Steve Ballmer auf das Microsoft-Ökosystem beschränken, sondern einen wesentlich systemoffeneren Ansatz verfolgen möchte. Spätestens jetzt ging es richtig rund um OneNote. Denn das Programm eignet sich nicht nur für die Produktivität und Selbstorganisation am stationären Arbeitsplatz, sondern ist auch ein hervorragender mobiler Begleiter. Schließlich möchte man sein Gedächtnis ja jederzeit mit sich führen.

Die ersten OneNote-Versuche außerhalb des eigenen Tellerrands gab es zwar schon früher (namentlich eine weniger gelungene Version für Apples iPad), aber jetzt lief die Maschine auf Hochtouren. In schneller Folge erschienen neue OneNote-Apps für iPad und iPhone, Android-Geräte und sogar den »Windows-Erzfeind« Apple Macintosh. Lediglich Linux- und BlackBerry-Nutzer bleiben außen vor.

All diesen OneNote-Ablegern ist indes eines gemein: dass sie – vom Umgang mit derselben Datenbasis, den OneNote-Notizbüchern auf OneDrive abgesehen – eben fast nichts miteinander gemein haben. Man möchte meinen, in Redmond säßen voneinander komplett getrennte Entwicklungsteams für die einzelnen OneNote-Ausgaben, die sich in keiner Form miteinander abstimmen.

Dass OneNote auf einem Smartphone mit einem 4-Zoll-Bildschirm und reiner Fingerbedienung nicht so aussehen kann wie OneNote 2016 auf einem Desktop-PC, ist klar. Allerdings klafft die Feature-Schere zwischen den einzelnen OneNote-Inkarnationen schon arg weit auseinander und sie scheint sich mit jeder Version weiter zu öffnen. Als gäbe es einen Wettstreit, welches Team das coolste Feature für »sein« Betriebssystem in OneNote einbaut.

In einem Punkt sind sich aber offenbar alle einig: Ausnahmslos alle OneNote-Versionen von Android über iOS bis OS X können ausschließlich mit Notizen umgehen, die in der Cloud (sprich: auf OneDrive) liegen. Lokales Speichern ist – offenbar streng dem erwähnten Firmenmantra folgend – ausgeschlossen. Immerhin: Fast alles, was sich mit OneNote 2013 oder 2016 auf einer Notizseite festhalten lässt, kann mittlerweile auf einem Android-Smartphone ebenso fehlerfrei angezeigt werden wie auf einem iPad oder Mac.

Seit Monaten versuchen sich also die einzelnen OneNote-Versionen (nur eben nicht OneNote 2013/2016 – da tut sich praktisch gar nichts) gegenseitig mit neuen Features zu übertreffen. Alle paar Wochen gibt es ein Update mal für dieses, mal für jenes System. Deshalb kann die folgende Übersicht auch nur eine Momentaufnahme (November 2015) sein.

10.3.1 OneNote auf iOS

Wie schon erwähnt, kam die iPad-Version von OneNote recht früh, wusste aber wenig zu überzeugen. Microsoft bot hier (immerhin »artgerecht«) vor allem »eye candy«, also eine hübsche Optik, aber wenig Funktion. Zudem versuchte man sich anfangs an einem Freemium-Modell: Die App sollte als kostenlose Version auf 500 Notizen beschränkt sein. Wer mehr wollte, musste zahlen.

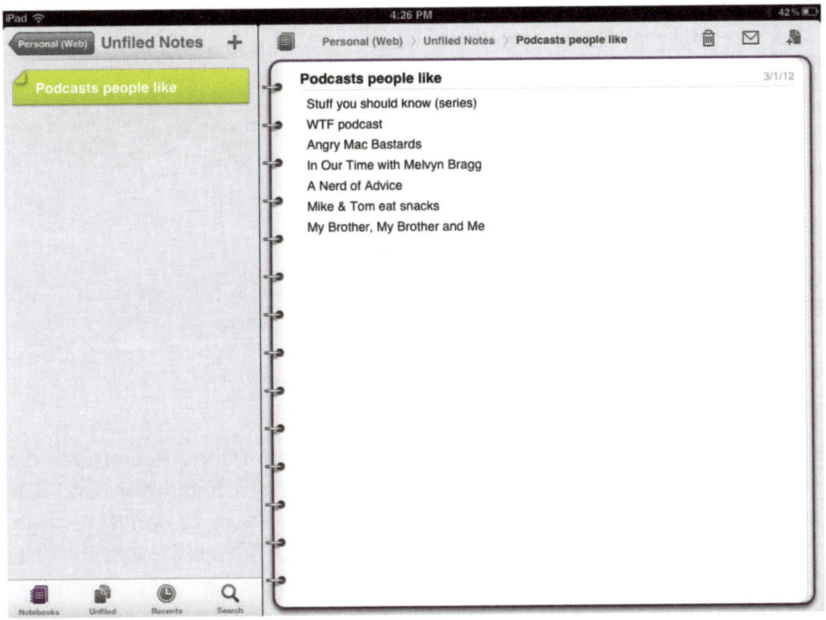

Die erste OneNote-Version für das iPad: optisch interessant, funktionell sehr schwach und dank versuchtem Bezahlmodell nicht erfolgreich.

Das gab Microsoft aber schnell wieder auf und begann mit der OneNote-App 2.0 komplett von vorn. Statt verschnörkelter Ringbuch-Hintergrundgrafik präsentierte sich die App nun in dem klaren und modernen Design, dem später auch die Mac-Version, OneNote Online und die Universal-App für Windows 10 folgen sollten.

Die OneNote-Versionen für iPad und iPhone sind unterschiedlich, was vor allem der verschiedenen Bildschirmgrößen und -formate geschuldet ist. Aber auch die Feature-Listen sind nicht identisch, obwohl sich beide Ausgaben immer mehr aneinander annähern. Trotzdem kommt es vor, dass das iPad-OneNote eine neue Funktion deutlich früher erhält als die Smartphone-Version oder umgekehrt.

Anfangs war die Zahl der Funktionen (immer verglichen mit dem Desktop-OneNote für Windows) arg dünn. Im Laufe der Zeit und diverser Patches kam aber immer mehr hinzu.

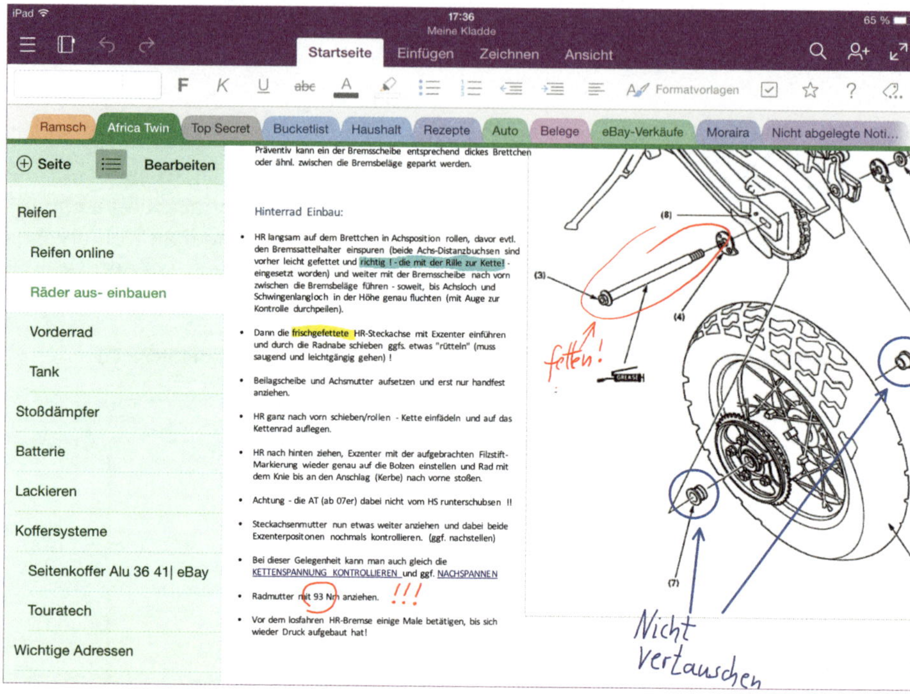

Ab Version 2.0 wurde OneNote für das iPad schon richtig gut; inzwischen auch mit Handschrift- und Stiftunterstützung.

Einen der größten Wünsche erfüllte Microsoft den iPad- und iPhone-Nutzern mit der Möglichkeit, in der App zu zeichnen und handschriftliche Notizen zu machen. Und das, obwohl die iOS-Geräte gar nicht dafür ausgelegt sind. Im Gegensatz zu den Surface-Tablets oder Samsungs Galaxy-Note-Serie fehlt nämlich eine spezielle Digitizer-Schicht im Display, die wirklich gute Stifte möglich macht. Stattdessen muss man sich mit passiven Styli begnügen, die mit ihrer dicken und weichen Spitze lediglich eine Verlängerung des Fingers darstellen. Erst mit dem iPad Pro stellte Apple Ende 2015 ein Tablet mit deutlich verbesserter Stifteingabe vor, die von OneNote auch unterstützt wird.

Nachdem Microsoft bei den iOS-Versionen von OneNote nach und nach Funktionen nachgerüstet hat, die man von OneNote 2013 und 2016 her kennt und vermisst hatte (Passwortschutz, Audioaufnahmen, Formeln, Hilfslinien), öffnete sich auch hier die Funktionsschere. Plötzlich kamen Features hinzu, die auch dem großen Windows-Bruder fremd waren (und nach wie vor sind), zum Beispiel:

- AutoFormen: Malt man per Hand einen »schrumpeligen« Kreis oder ein angedeutetes Rechteck, macht OneNote automatisch eine saubere geometrische Figur in denselben Ausmaßen daraus. Ganz klar abgeguckt von einer Funktion aus PowerPoint.

- Seitenliste mit Vorschau: Die Übersicht der in einem Abschnitt enthaltenen Seiten zeigt optional nicht nur den jeweiligen Seitentitel, sondern auch die ersten Textinhalte oder sogar Bilder. Ganz ähnlich wie beim Konkurrenten Evernote.
- Chronologische Notizenliste: Alternativ zur Auflistung aller Seiten im aktuell angezeigten Abschnitt enthält die Seitenübersicht die zuletzt erfassten oder geänderten Seiten – auch notizbuchübergreifend. Ebenfalls ähnlich wie in Evernote.

Dieser Experimentier- und Fortschrittsfreude gegenüber stehen aber auch einige sehr empfindliche Einschränkungen. So ist es (wie derzeit aber auch bei allen anderen Mobilversionen von OneNote) beispielsweise nicht möglich, Inhaltsrahmen oder Bilder auf einer Seite nachträglich zu verschieben oder in der Größe zu ändern. Die Audioaufzeichnung blockiert die gesamte App während der Aufnahme – paralleles Notieren ist also nicht möglich.

Dennoch dürfte zumindest zum gegenwärtigen Zeitpunkt (April 2016) die OneNote-Version für iPad und iPhone unter den Mobilausgaben die stabilste und nutzbarste sein.

10.3.2 OneNote und Windows Phone

Nutzer von Microsofts Mobil-Betriebssystem sind mit der Qualität der OneNote-App zurecht schon immer etwas unglücklich gewesen. Es ist auch nicht wirklich einzusehen, dass ausgerechnet das eigene Smartphone-Betriebssystem bzw. die OneNote-Implementierung darauf die notorisch schwächste ist.

Wenig tröstlich: Hier geht es immerhin ausschließlich um Smartphones. Im Gegensatz zu Android und iOS, wo Tablets dasselbe mobile Betriebssystem nutzen, laufen Windows-Tablets mit einem »richtigen« Windows 8 oder 10. Hier lässt sich also OneNote sogar wahlweise in der Office-Version 2013 oder 2016 oder in Form der Universal-App nutzen. Dennoch, die OneNote-App für Windows Phone 8 ist ziemlich mau und hinkte den Ausgaben für Android-Geräte und iPad/iPhone immer deutlich hinterher. Nur wenige Funktionen hatte sie den »Konkurrenten« voraus:

- Sprachaufzeichnungen transkribieren, also in Text umwandeln (das kann nicht einmal OneNote 2016, weil es sich um eine Funktion von Windows Phone 8 handelt) und – wenn Sie als Erstes das Wort »Notiz« sagen – direkt in eine OneNote-Seite einfügen.
- Notizen per E-Mail senden.
- Anheften einzelner Notizen auf der Startseite.

Sagte ich »hatte sie voraus«? Richtig. Mit der Einführung von Windows 10 und nun auch von Windows 10 Mobile mit ähnlichem Kern scheint klar, warum Microsoft die OneNote-App für Windows Phone 8 so stiefmütterlich behandelt hatte. Sehr wahrscheinlich wird es für Lumia-Smartphones (Ex-Nokia, die einzigen Mobiltelefone, die es noch mit Windows gibt) eine komplett neue OneNote-Version geben, die sich vermutlich stark an die Universal-App für Windows 10 anlehnt (siehe Abschnitt 10.2). Leider war sie zur Drucklegung dieses Buchs noch nicht erschienen; eine endgültige Einschätzung ist also leider nicht möglich. Man kann aber davon ausgehen, dass sich Microsoft diesmal deutlich mehr Mühe gibt.

10.3.3 OneNote für Android

Die OneNote-App für Android-Smartphones und -Tablets fällt noch ein wenig aus dem Rahmen. Auf der einen Seite fehlen ihr ganz essentielle Funktionen wie zum Beispiel ein Undo. Gerade angesichts der Stift- und Handschrift-Unterstützung – und hier war das Android-OneNote sogar Vorreiter unter den mobilen Ausgaben – eigentlich unverzichtbar.

Auf der anderen Seite hingegen scheint gerade die Android-App ein wenig die Spielwiese der OneNote-Entwickler zu sein. Vermutlich ist es auch der Tatsache geschuldet, dass das Android-System mehr Raum für Experimente lässt als zum Beispiel iOS oder auch Windows Phone, die Apps sehr stark gegen die Außenwelt (z. B. in Form anderer Apps) abschotten. Das macht sich zum Beispiel bei den äußerst praktischen Startbildschirm-Widgets bemerkbar, mit denen man verschiedene OneNote-Funktionen direkt ansteuern kann. So gibt es zum Beispiel einzelne Widgets, um eine neue Notiz oder eine Kameraaufnahme zu speichern. Größere Widgets gruppieren gleich mehrere Shortcuts zu einem Schnellstart-Block, der sogar die zuletzt bearbeiteten der erfassten Notizen auflisten kann. Für so etwas bieten iOS und Windows Phone gar nicht erst den passenden Unterbau.

Sehr praktisch sind die verschiedenen Widgets für den Android-Startscreen, mit denen sich bestimmte Funktionen ohne Umweg aufrufen lassen.

Und die OneNote-Entwickler scheinen weiter auf der Suche zu sein, wie sie die Möglichkeiten von Android für OneNote ausnutzen können. Neuester Clou ist ein Tool, das zuerst liebevoll »Floatie« getauft wurde, sich aber nunmehr unter dem Begriff »OneNote-Badge« manifestiert hat. Das ist ein kleiner schwebender (soll heißen: frei verschiebbarer) Button, der immer und überall, also in jeder App, sichtbar ist. Damit lässt sich eine Schnellnotiz erfassen und speichern, ohne die OneNote-App selbst aufrufen zu müssen.

Die Experimentierfreude der Entwickler bringt solche Gimmicks wie den OneNote-Badge hervor – ein omnipräsenter Button, mit dem sich zum Beispiel Notizen auch neben einem Telefonat machen lassen.

Wo die Android-Ausgabe von OneNote hingegen hinterherhinkt, ist die Benutzeroberfläche. Einerseits hält sie sich nicht an die aktuellen Standards des aktuellen Systems (Stichwort »Material Design«). Andererseits ist Microsofts offensichtliches Bemühen, die OneNote-Benutzeroberflächen für die einzelnen Systeme nach und nach zu vereinheitlichen, noch nicht bei Android angekommen. Zur Drucklegung dieses Buches verdichten sich aber die Anzeichen, dass Microsoft die OneNote-App für Android von Grund auf neu entwickeln will. Vielleicht hat sich deshalb schon seit Monaten nichts mehr in Sachen relevanter Funktionen (zum Beispiel das erwähnte Undo) getan.

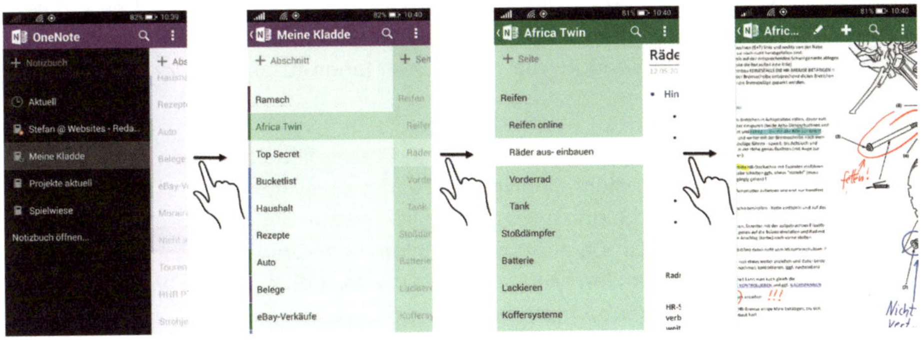

OneNote für Android folgt noch dem alten App-Design. Das ist natürlich auch den begrenzten Platzverhältnissen eines Smartphone-Bildschirms geschuldet, könnte sich aber bald ändern.

10.3.4 OneNote auf dem Mac

Sehr überraschend beschenkte Microsoft im Rahmen seiner »großen OneNote-Offensive« im März 2014 Apple-Anwender mit der langersehnten Version für Mac OS X. »Beschenkte« sogar im Wortsinn, denn das Programm lässt sich völlig kostenlos aus dem Apple Store laden und führte auch prompt wochenlang die Download-Listen an.

Bis dahin war die einzige Möglichkeit, OneNote auf dem Mac zu nutzen, zusätzlich Windows in einem Dual-Boot-System oder einer Virtualisierungslösung wie Parallels zu nutzen. Wem das zu umständlich war, dem blieb nur die Browser-Ausgabe OneNote Online.

Leider blieb der Jubel vor allem Kennern des »großen« OneNote 2013 für Windows schnell im Hals stecken. Denn die Mac-Version ist nicht nur ein wenig »funktionseingeschränkt«. Bis auf wenige Ausnahmen entspricht sie vielmehr der vergleichsweise schwachen iPad-Version. Die Liste der fehlenden Features wird durch die jüngsten Updates immerhin stetig kürzer. Mit folgenden Einschränkungen müssen Mac-Nutzer derzeit aber noch leben:

- Keine lokalen Notizbücher, OneDrive/OneDrive Business als Speicher ist Pflicht.
- Keine Videoaufzeichnungen (Audio geht).
- Keine Annotation/Zeichenfunktionen/Handschrift.
- Keine selbst definierten Kategorien.
- Keine Formatvorlagen für Notizseiten.
- Keine Outlook- oder sonstige Office-Anbindung.
- Kein OneNote-Drucker zum Senden von Inhalten aus anderen Programmen.

Das ist beileibe noch nicht die komplette Fehlliste.

Die letzte Hoffnung der Mac-Nutzer auf ein vollwertiges OneNote 2016 nach dem Windows-Vorbild starb im Sommer 2015. Dann nämlich, als endlich MS-Office 2016 für den Mac erschien und entgegen den Erwartungen eben kein OneNote enthielt. Stattdessen installierte es neben Neuausgaben von Word, Excel und PowerPoint nur exakt dieselbe OneNote-Version, die man schon lange für lau aus dem App Store downloaden konnte.

An und für sich ist die ja gar nicht schlecht. Und dem offensichtlichen Vorbild, nämlich OneNote für das iPad, nicht OneNote 2016, hat sie systembedingt sogar einiges voraus. So lassen sich im Gegensatz zur Mobilversion Inhalte nachträglich per Maus positionieren oder in der Größe ändern oder Inhalte per Drag-and-drop umsortieren. Zudem bietet OneNote für den Mac – weil das unter OS X einfach Vorschrift ist – auch alternativ zu den Menübändern und Symbolleisten »richtige« Pull-down-Menüs mit frei konfigurierbarer Tastatursteuerung.

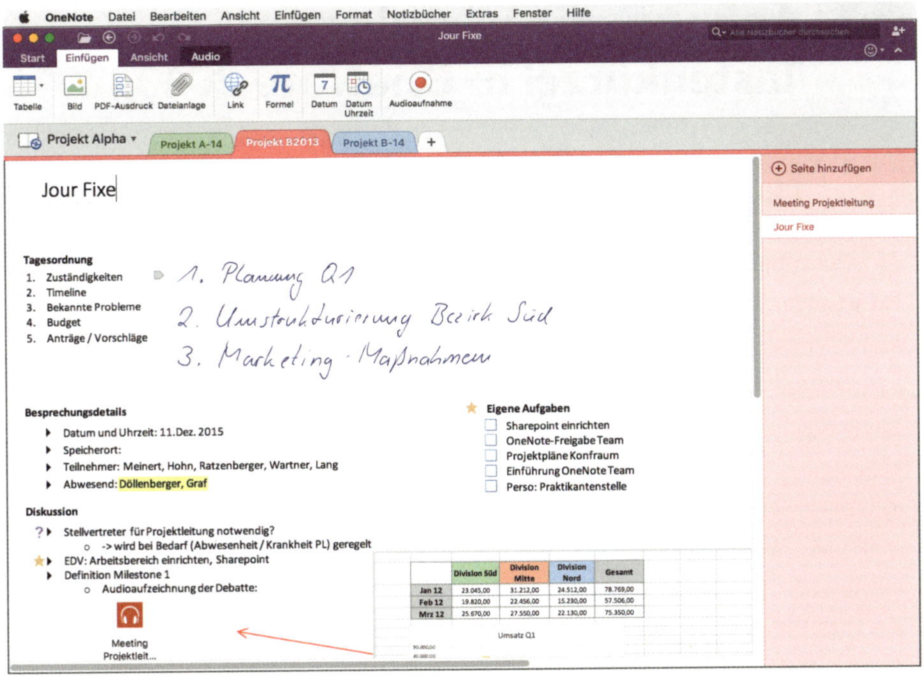

Die Mac-Version von OneNote sieht der iPad-Ausgabe recht ähnlich, bietet aber ein paar Funktionen mehr. An OneNote 2013/2016 kommt sie allerdings bei Weitem nicht heran.

An den Funktionsumfang von OneNote 2013/2016 kommt sie aber dennoch nicht heran und es gibt auch keinerlei Anzeichen seitens Microsoft, dass sich das in absehbarer Zeit noch ändern wird. Wer also auch auf dem Mac in den Genuss von lokalen Notizbüchern, selbst definierten Kategorien, Videoaufnahmen mit Sprachsuche oder Zeichenfunktionen kommen will, muss sich nach wie vor mit einer Virtualisierungslösung à la Parallels oder einem Dual-Boot-System (Bootcamp) behelfen.

KURZ NOTIERT

- Alle OneNote-Versionen außer denen, die mit MS-Office für Windows geliefert werden, setzen OneDrive als Speicherort für Notizen voraus.
- Ein mobiles OneNote ohne Einschränkungen gibt es nur auf Windows-10-Tablets.
- Für die ist aber auch die Universal-App von Windows 10 dank touchoptimierter Bedienung eine – allerdings funktionsschwächere – Alternative.
- Die Mac-, Windows-10- und iOS-Version werden stetig weiterentwickelt; bei Android dürfte eine komplett neue OneNote-App vor der Tür stehen.

A Anhang: die wichtigsten Tastenkürzel in OneNote 2013/2016

A.1 Eingeben und formatieren

Beschreibung	Taste
Ein neues OneNote-Fenster öffnen	Strg+M
Eine Schnellnotiz öffnen (aus OneNote)	Strg+⇧+M
Ein OneNote-Fenster andocken	Strg+Alt+D
Letzte Aktion rückgängig machen bzw. wiederholen	Strg+Z bzw. Y
Absatz/Abschnitt auf der aktuellen Seite markieren; mehrfaches Drücken, um Auswahl zu erweitern	Strg+A
Markierten Text hervorheben	Strg+⇧+H
Formatierung des markierten Textes kopieren	Strg+⇧+C
Formatierung des markierten Textes übertragen	Strg+⇧+V
Ein- bzw. Ausschalten von *Fett*, *Kursiv*, *Unterstreichen*	Strg+⇧+F bzw. K, U
Durchstreichen	Strg+-
Einfügen- bzw. Entfernen von Punkt- bzw. Ziffern-Aufzählung	Strg+., Strg+,
Vordefinierte Überschriftenformatierung einfügen (Format 1 bis 6)	Strg+Alt+1 bis Strg+Alt+6
Standardformatierung wieder zuweisen	Strg+⇧+N
Einen Link einfügen	Strg+K
Kategorienmarkierung 1 bis 9	Strg+1 bis Strg+9
Absatz nach rechts einrücken bzw. ausrücken	Alt+⇧+→ bzw. ←
Absatz rechtsbündig bzw. linksbündig setzen	Strg+R bzw. L
Schriftgröße erhöhen bzw. verringern	Strg+⇧+, bzw. .
Linierung ein- bzw. ausblenden	Strg+⇧+R
Alle Formatierungen entfernen	Strg+⇧+N
Tabelle: zweite/weitere Spalte einfügen	⇆
Tabelle: weitere Zeile einfügen (die Einfügemarke steht in der letzten Zelle der Tabelle)	↵
Tabelle beenden (die Einfügemarke steht in der letzten Zelle)	↵, ↵
Synonymwörterbuch (Thesaurus) öffnen	⇧+F7
Rechtschreibprüfung	F7

A.2 Notizbücher organisieren und in ihnen navigieren

Beschreibung	Taste
Seitenansicht ein/aus	F11
Neue Seite erzeugen (gleiche Hierarchie)	Strg+N
Neue Unterseite erzeugen	Strg+⇧+Alt+N
Zur ersten bzw. letzten Seite eines Abschnitts springen	Alt+Bild↑ bzw. Bild↓
Zum nächsten/vorherigen Absatz springen	Strg+↓ bzw. ↑
Zum nächsten Container springen	Alt+↓
Zur zuletzt besuchten Seite bzw. nächsten besuchten Seite wechseln	Alt+← bzw. →
Ein- bzw. auszoomen	Alt+Strg+⇧++ bzw. -
Ein Notizbuch öffnen	Strg+O
Einen neuen Abschnitt erzeugen	Strg+T
Zum nächsten bzw. vorherigen Abschnitt springen	Strg+⇆ bzw. Strg+⇧+⇆
Die aktuelle Seite kopieren oder verschieben	Strg+Alt+M
Die markierten Seiten per E-Mail versenden	Strg+⇧+E
Alle Notizbücher bzw. die aktuelle Seite durchsuchen	Strg+E bzw. F
Suche über alle Notizbücher: Vorschau auf Treffer	↓
Suche auf aktueller Seite: zum nächsten/vorherigen Treffer	F3 bzw. ⇧+F3

Index

S

T

U

V

W

X

Z